城市轨道交通装配式轨道技术

杨秀仁　陈　鹏　著

中国铁道出版社有限公司

2025年·北　京

内 容 简 介

本书结合我国目前大力推广的绿色建造、装配式建筑技术需求，提出了“装配式轨道”技术理念。书中内容涵盖了装配式轨道技术相关的理论、设计、生产、施工、装备制造、工程示范等方面，与工程应用结合紧密，具有较强的实用性。

本书对于从事城市轨道交通轨道工程建设管理、设计、施工的技术人员或从事城市轨道交通轨道专业技术研究的科研人员具有很好的参考价值。

图书在版编目(CIP)数据

城市轨道交通装配式轨道技术/杨秀仁，陈鹏著. —北京 ：中国铁道出版社有限公司，2025.3

ISBN 978-7-113-26350-8

Ⅰ.①城… Ⅱ.①杨…②陈… Ⅲ.①城市铁路-轨道交通-研究 Ⅳ.①U239.5

中国版本图书馆 CIP 数据核字(2019)第 239543 号

书　　名：**城市轨道交通装配式轨道技术**
作　　者：杨秀仁　陈　鹏

策　　划：张卫晓
责任编辑：冯海燕　　　　**编辑部电话**：(010)51873017
封面设计：郑春鹏
责任校对：苗　丹
责任印制：高春晓

出版发行：中国铁道出版社有限公司(100054，北京市西城区右安门西街 8 号)
网　　址：https://www.tdpress.com
印　　刷：北京联兴盛业印刷股份有限公司
版　　次：2025 年 3 月第 1 版　2025 年 3 月第 1 次印刷
开　　本：787 mm×1 092 mm 1/16　**印张**：12.25　**字数**：287 千
书　　号：ISBN 978-7-113-26350-8
定　　价：60.00 元

序一

本书总结了专著背后的技术团队6年多来在预制装配式轨道设计、生产、施工和装备研制等方面刻苦研究后取得的创新成果，也是牵头单位北京城建设计发展集团轨道设计研究团队，从事城市轨道交通轨道工程设计研究50多年来，始终秉持不断创新、争当城市轨道交通轨道技术引领者的又一体现。

我国城市轨道交通经过20年的集中快速发展，现已成为城市轨道交通大国。目前超过60个城市正在建设以及近5年内计划开工建设的线路总长度达7 611 km，发展势头有增无减。2019年中共中央、国务院印发的《交通强国建设纲要》，提出了两阶段交通强国建设目标，即到2035年，基本建成交通强国，到本世纪中叶，全面建成人民满意、保障有力、世界前列的交通强国。城市轨道交通作为重要的城市基础设施工程，势必将得到更加长足的发展。

轨道结构的作用是引导机车车辆运行，承受由车轮传来的荷载，并把荷载传给下部基础，此外在局部区段还承担到了一定的减振降噪功能。“轨通”作为城市轨道交通重要的里程碑节点，起到了承上启下的作用，工期通常较为紧张。然而目前城市轨道交通的轨道结构以现浇道床为主，存在大量的现场人工作业，工序复杂、劳动强度大，为确保按工期要求完成铺轨，施工质量、精度的保证存在困难。在此大背景下，如何创新轨道技术，使其具有施工进度快、施工精度高、轨道平顺性好、劳动强度低等诸多优点，成为轨道工程领域亟待解决的问题，也是当前轨道技术的重要发展方向。

本书所涉及的新技术正是基于以上考虑提出的。技术团队提出的预制装配式轨道成套技术系统性强、创新性突出，且与当前我国大力推广的绿色建造、装配式建筑相关技术非常契合，对于从事城市轨道交通轨道建设及科研人员有很好的参考价值。

中国工程院院士

2019年11月1日

序二

自2008年8月1日中国第一条时速350公里高铁——京津城际铁路开通运营以来，高铁在我国快速发展。高铁营业里程，目前已超过2.9万公里。板式轨道因其具有线路平顺性好、结构耐久性强、施工建造进度快、维修工作量小等突出特点，在我国高铁轨道工程中得以全面运用。板式轨道的成功运用，尤其是我国具有自主知识产权的CRTSⅢ型无砟轨道系统的应用，对我国高铁实现高速、安全和平稳运行起到了重要作用。

板式轨道技术同样适用于城市轨道交通，但与高铁相比，城市轨道交通无论是在线路条件、运行速度、列车载荷、信号制式、施工条件还是环境要求等方面都有比较大的差异，必须进行适应性创新。以杨秀仁同志为首的研究团队，在借鉴高铁轨道技术主要理念的基础上，以进一步推进轨道结构绿色建造技术发展、促进轨道结构及建造技术水平提高、研发系列配套施工装备、提升轨道平顺性、方便轨道结构施工和运营维护等为目标，率先开展了“城市轨道交通装配式减振轨道系统成套技术”研究工作。首次提出了“装配式减振轨道”建造理念，并形成了具有自主知识产权的系列研究成果。试验验证表明，成果的系统性、创新性和实用性强。已经在国内得到了良好的推广应用，并在行业内产生了一定影响。

本书的主要内容出自对项目研究成果的凝炼，体现了该技术团队多年来潜心研究的成果，尤其在“装配式减振轨道”建造理念与主要技术方案的深度融合以及创新的“逆作法”施工工艺等方面，具有较高的借鉴意义。

另外，装配式减振轨道技术的推广应用，对于提升城市轨道交通线路的平顺度、减少轨道病害发生、降低环境振动噪声污染、升级施工机械化和智能化水平、提高施工作业效率、方便运维等方面具有重要意义。该书的出版将有助于促进我国城市轨道交通轨道技术更健康、更高效地发展。

中国工程院院士 何华武

2019年11月1日

前　言

全国目前已有超过60个城市正在开展城市轨道交通工程的规划和建设工作，北京、上海、广州、成都、深圳、武汉、杭州、重庆、南京、青岛等大城市的轨道交通已经实现网络化运营。

城市轨道交通轨道结构是列车运行的基础，它直接关系着列车运营的安全、平稳，减振轨道结构还承担着减少振动及噪声对周边环境影响的作用。近些年来因建设工期紧，加之传统现浇轨道结构及施工工艺导致施工质量难以保证，轨道病害繁多，已成为当前城市轨道交通面临的主要问题。

高速铁路预制板式轨道结构虽具有可靠性高、线路平顺性好、乘客舒适度佳等诸多优点，但在使用条件、结构形式、环保要求等方面与城市轨道交通存在较大差异。鉴于此，本书的技术团队结合我国目前大力推广的绿色建造、装配式建筑技术，提出了“装配式轨道”技术理念，力图通过采用此技术理念，实现轨道结构施工工序简单、施工速度快、施工精度高、轨道平顺性好、劳动强度低等目标。此技术理念已逐步得到业内同行的广泛认可，并成为轨道技术领域又一重要研究方向。

本书的内容是由北京城建设计发展集团股份有限公司、北京交通大学、安徽兴宇轨道装备有限公司、浙江天铁实业股份有限公司组成的技术团队10余年来部分研究成果的总结。该研究取得的成果丰硕，共形成了50余项相关发明专利，大部分专利成果已在城市轨道交通中逐步推广应用。相信该研究对推动我国城市轨道交通轨道结构技术进步将起到良好的促进作用。

撰写过程中，得到了多位研究团队成员的支持，在此一并表示感谢！他们分别是北京城建设计发展集团股份有限公司的曲村、徐寿伟、彭智勇，北京交通大学的高亮、辛涛、钟阳龙，浙江天铁实业股份有限公司的王博、许静、李绍辉，安徽兴宇轨道装备有限公司的薛恒鹤、周会等。

最后，对支持项目研究工作和本书编制工作的领导和专家深表谢意。尤其中国工程院施仲衡院士、何华武院士对装配式轨道技术的研究工作给予了极大的关注和支持,并在百忙中为本书作序,这是对编者的极大勉励。本书撰写过程中参考了业界同行出版和发表的一些文献资料,在此也一并表示感谢。

由于作者水平有限,加之装配式轨道技术还在不断更新和发展,书中难免有疏漏和不当之处,敬请读者批评指正。

作　者

目　　录

第1章　绪　　论

轨道系统的作用是引导机车车辆运行，直接承受来自列车的荷载，并将荷载传至路基或者桥隧结构物。轨道结构应具有足够的强度、稳定性和耐久性，并具有固定的几何形位，保证列车安全、平稳、不间断地运行。因此，轨道结构的性质和状况决定了列车的运行品质。轨道系统包含钢轨、扣件、轨枕、道床等部件，主要有有砟轨道和无砟轨道两大类，如图 1-1、图 1-2 所示。最早的轨道结构诞生于第一次工业革命期间：1814 年，英国人斯蒂芬森发明了蒸汽机车，意味着轨道交通的诞生；1825 年，斯蒂芬森亲自驾驶着一列拖有 30 多节小车厢的火车试车成功，从此开始了人类的轨道交通运输时代，当时的轨道结构采用的均是碎石道床。

图 1-1　有砟轨道

图 1-2　无砟轨道

有砟轨道结构的缺点包括稳定性差、维修量大和容许运行列车速度低，碎石道床在列车荷载的长期作用下，道砟磨损和粉化、道床结构累积变形使线路运行条件劣化等弊端对轨道交通的安全快速发展，尤其是对轨道交通提速造成了一定的影响。随着高速、重载铁路的不断发展，道砟粉化及道床累积变形的速率随之加快，必须通过轨道结构的强化及频繁的养护维修工作来满足线路高平顺性、高稳定性的要求。由于无砟轨道取消了碎石道床，轨道保持几何状态的能力得到提高，轨道稳定性相应增强，维修工作量也随之减少，已成为轨道结构的发展方向。鉴于无砟轨道与有砟轨道相比，具有稳定性高、刚度均匀性好、结构耐久性强、维修工作量少、整洁美观等优点，我国高速铁路及城市轨道交通轨道结均大量采用了无砟轨道。

国内外高速铁路无砟轨道的研制工作起步均较早，比较有代表性的是德国、日本及中国。

德国早期高速铁路较多采用有砟轨道形式，在应用中发现列车运营速度提高会带来明显的道砟粉化现象，导致维修工作量明显增加，道砟耐久性迅速降低，运营成本也随之增加。自1959年开始研究、试铺无砟轨道，共计研发了上百种无砟轨道形式。德国规定任何一种新开发的无砟轨道方案必须首先通过EBA（Eusebbahn-Bundesamt）的综合评定获得许可后，方有资格在线路上进行有限长度的试铺，经过5年的运营考验后，再经EBA审定通过后才可正式使用。目前德国无砟轨道共有近百种形式，但只有近30种无砟轨道结构形式得以试铺和运用。首先在希尔赛德车站试铺了3种结构，随后又在Rheda车站和奥尔德车站试铺2种结构，1977年又在慕尼黑试验线试铺6种。1959—1988年是德国无砟轨道的试铺期，共铺设无砟轨道36处，累计21.6 km。在此期间先后在土质路基、隧道内及高架桥上试铺了各种混凝土道床和沥青混凝土道床的无砟轨道。经过不断改进、优化和完善，不仅形成了德国铁路的无砟轨道系列，而且还形成了比较成熟的技术规范和管理体系，研制了成套的施工机械设备和工程质量检测设备，为无砟轨道在德国铁路的推广应用创造了良好条件。EBA最终批准通过的无砟轨道类型仅有十几种，其中得到大范围推广应用的有博格板式无砟轨道、Rheda2000式无砟轨道、旭普林双块式无砟轨道。

铺设中的Rheda2000无砟轨道和Züblin无砟轨道如图1-3所示。

(a)Rheda2000 无砟轨道　　(b)Züblin 无砟轨道

图1-3　铺设中的无砟轨道（德国）

日本的无砟轨道类型以板式轨道为主。板式轨道研发始于20世纪60年代东海道新干线开通运营之后，最早应用于山阳新干线。其研发初衷主要是提高轨道精度以适应更高速度的列车运行，解决有砟轨道在高速列车下的道砟飞溅、养护维修工作量大等问题。在研制开发中，首先提出结构方案，随后是进行理论仿真、部件试验、实尺模型试验、研讨分析，再进行设计、运营线试铺试验。荷载试验是在试验车的中间设置特殊的加力轴，将任意的轮重和横压通过车轮作用于轨道上，测定荷载作用下轨道各部件的位移、应力和压力，并与设计值进行对比。此外，将两轴车固定在试验轨道上，在车轴上安装激振装置进行振动试验，测定钢轨和轨道板的振幅，得到轨道的振动特性，随后又进行了轨道各部件的疲劳试验，研究轨道各部件的松弛、变形、耐久性等，以确定在营业线上的实用性。在进行运营线试铺时，日本先后在既有线、新干线的桥梁、隧道和路基上进行了各种形式无砟轨道的试铺，共建立了20多处30多公里的试验段，同时开展了大量的室内、运营线上的动力测试和长期观测研究工作，并在试验研究结果的基础上，不断改进完善结构设计参数和技术条件，最终将普通A型、框架型以及特殊减振区段用的防振G型板式轨道结构作为标准定型，在山阳、东北、上越、北陆和九州新干线的桥梁、隧道和部分路基区段上广泛应用。日本板式轨道主要应用于隧道、桥梁区段，在土质路基上的应用相对较少。

日本板式无砟轨道如图1-4所示。

图1-4 日本板式无砟轨道

我国对无砟轨道的研究始于20世纪60年代，与国外的研究几乎同时起步。初期曾试铺过支承块式、短木枕式、整体灌注式等整体道床以及框架式沥青道床等形式，正式推广应用的仅为支承块式整体道床。80年代曾试铺过沥青整体道床，由沥青混凝土铺装层与宽枕组成的整体道床，以及由沥青灌注的固化道床等，在大型客站和隧道内试铺，但并未正式推广。进入90年代以来，开始针对高速铁路无砟轨道技术进行试验研究，为适应我国铁路高速行车，发展高速铁路的需求，初步提出了几种高速铁路无砟轨道结构形式(板式、双块式、轨枕埋入式等)，我国无砟轨道的研制工作又步入了一个新阶段。自2005年开始，铁道部先后引进了国外高速铁路先进成熟的无砟轨道系统，包括德国的Bögl型、Rheda2000型、Züblin型及日本板式轨道的设计、制造、施工及相关接口技术。在铁道部的统一部署和领导下，各相关的科研、设计、制造及施工单位开展了一系列国外无砟轨道引进技术的消化吸收工作，使客运专线无砟轨道系统技术得以提升。无砟轨道再创新攻关组于2006年正式通车的遂渝线上对所引进的多种无砟轨道形式进行了大型的综合试验，充分消化吸收了国外先进无砟轨道技术，逐渐形成了具有我国技术特色的CRTSⅠ型板式及双块式无砟轨道、CRTS Ⅱ型板式及双块式无砟轨道。在对国外无砟轨道技术进行消化吸收的同时，我国也开始研发具有完全自主知识产权的CRTS Ⅲ型板式无砟轨道，并在2008年正式通车的成灌线上进行了多种形式无砟轨道综合试验，在设计、建设、运营维护经验的基础上，逐步得以正式推广应用。CRTS Ⅲ型板式无砟轨道成套技术的形成对于扩大我国高速铁路在世界范围的影响力具有重要意义。CRTS Ⅲ型板式无砟轨道结构如图1-5所示。

对于城市轨道交通而言，目前碎石道床的应用较少，主要用于地质条件较差、沉降难以控制的区段等。无砟轨道因自身的优点决定了其特别适用于城市轨道交通这类主要敷设方式为地下及高架的线路。目前城市轨道交通中大量采用的无砟轨道为现浇整体道床。近些年随着轨道交通的快速发展，现浇道床的问题日益突出，主要表现在：施工工序繁多，现场需绑扎钢筋及浇筑混凝土，混凝土养护也需一定时间，导致施工进度较慢；抢工期时因养护不当还会产生道床裂缝(图1-6)；地下线隧道空间狭小，加之现浇施工粉尘严重，导致工作环境较差；施工过程中需大量的人工现场作业，施工精度控制难。

图 1-5　CRTS Ⅲ型板式无砟轨道结构

图 1-6　现浇整体道床裂缝(修补后)

与高铁相比,城市轨道交通的预制板式轨道在使用条件、速度等级、结构形式、环保要求等方面存在较大差异,同时高铁轨道板应用中也存在一些亟待解决的问题,如轨道板仍需人工精调,存在劳动强度大、效率低、精度控制难的问题。因此,在城市轨道交通中推广预制板轨道,不能将高铁相关技术直接照搬到城市轨道交通中使用,尚需不断探索研究,以形成适用于城市轨道交通的板式轨道技术体系。

鉴于此,本书结合我国目前大力推广的绿色建造、装配式建筑技术理念,提出了“装配式轨道”技术理念。该技术理念的核心思想是通过研发适用于城市轨道交通的预制板式轨道结构及配套的系列化施工装备,实现轨道结构的装配化及绿色建造。

第 2 章　板式轨道技术的发展现状

2.1　轨道技术的发展

轨道的作用是引导机车车辆的运行，直接承受来自列车的荷载，并将荷载传至路基或者桥隧结构物。轨道结构应具有足够的强度、稳定性和耐久性，并具有固定的几何形位，保证列车安全、平稳、不间断地运行。因此，轨道结构的性质和状况决定了列车的运行品质。轨道结构主要包括有砟轨道和无砟轨道两大类。

无砟轨道具有稳定性高、刚度均匀性好、结构耐久性强、维修工作量少等特点，已成为高速铁路的首选。无砟轨道类型较多，常见的有板式轨道、双块式轨道、长枕埋入式轨道、弹性支承轨道等结构形式。板式轨道具有无砟轨道所具有的线路稳定性好、刚度均匀性好，线路平顺性高、耐久性好等突出优点，可避免现浇道床的诸多缺陷，显著减少线路的维修工作量，在世界范围内得到了广泛应用。

板式轨道是将预制好的轨道板直接"放置"在混凝土底座上，将轨道板形位调整完毕后，通过板下充填材料形成固定、连接或限位，以确保轨道的整体性和铺设精度。板式轨道以预制轨道板为核心，轨道板结构形式、抵抗纵横向作用力方式和高性能的调整层材料是板式轨道结构设计的关键技术。板式轨道主要由下部基础、调整层、轨道板、扣件和钢轨等部分组成，是一种新型的轨道结构，它能够依靠特定的结构方式发挥支承、传递、分散荷载，保持轨道几何形位，提供弹性，减缓冲击等功能。目前高速铁路较发达国家的主要轨道结构形式之一就是板式轨道。

日本是最早研发板式轨道的国家，日本板式轨道研发始于 20 世纪 60 年代东海道新干线开通运营之后。其研发初衷主要是提高轨道精度以适应更高速度的列车运行，解决有砟轨道在高速行车下的道砟飞溅、养护维修工作量大等问题。日本首先形成的板式轨道结构为 A 型轨道板，之后随着北陆等新干线的建设，板式轨道又有了较大发展。为了满足降低振动噪声、不均匀沉降和适应寒冷气候等特殊需求，框架型板式轨道、减振 G 型板式轨道及 RA 型板式轨道相继问世。

20 世纪 80 年代，其他国家也开始了板式轨道的研发。例如，意大利在高速铁路上应用了 IPA 板式轨道，从 1984 年开始铺设里程超过 98 km。奥地利研发了 ÖBB-POPP 型板式轨道，在 20 世纪 90 年代成为奥地利铁路无砟轨道的标准结构。但是这些板式轨道并没有得到广泛应用。

1979 年德国在卡尔斯费尔德—达豪线铺设了一种预制板式无砟轨道。博格公司以其为前身，对达豪试验段预制板式轨道进行了包括预应力、结构尺寸、纵向连接等方面的优化改进，采用先进的数控机床加工预制轨道板上的承轨槽，采用高性能沥青水泥砂浆提供适当的弹性和黏结，并使用高精度、快速便捷的测量系统，研发出了博格板式轨道系统。博格公司为轨道板施工研制了成套设备，使得博格板式轨道施工机械化程度高于一般轨道结构。2000 年，德国联邦铁路管理局（EBA）颁发了"博格系统"无砟轨道的建造许可证。

国外板式轨道的发展历程如图 2-1 所示。

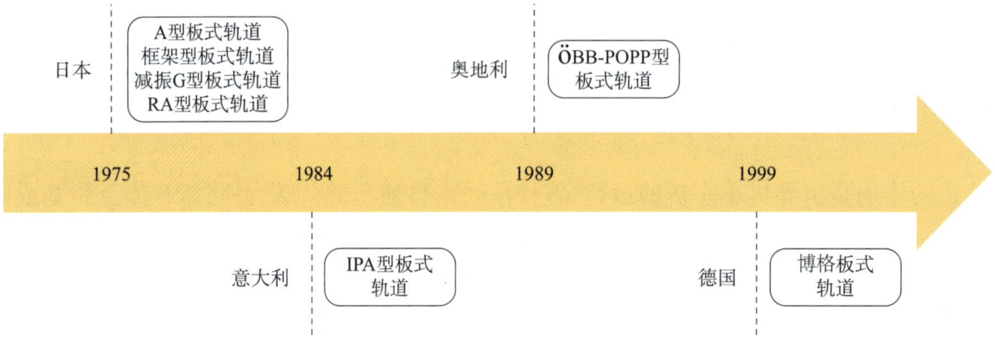

图 2-1 国外板式轨道的发展历程

20 世纪 90 年代，我国在国外板式轨道技术的基础上，通过自主创新发展了板式轨道。以往铁路工程中最常采用的有砟轨道结构受其平顺性、运营维护性和线路稳定性指标限制，无法满足较高运行速度的需求，而我国铁路自 1997 年开始的线路提速，迫切需要改进轨道的结构形式，尤其是我国高速铁路发展对轨道结构的各项性能提出了更高要求。在此大背景下，我国铁路系统自 20 世纪 90 年代起，投入大量精力开展新型轨道结构形式的研发工作。

在 1995—2003 年期间，随着京沪高速铁路可行性研究的进展，在"九五"国家科技攻关专题"高速铁路无砟轨道设计参数的研究"中，我国初步提出了板式、长枕埋入式和弹性支承块式 3 种无砟轨道，其中板式无砟轨道在秦沈客运专线桥上进行了研究及铺设，相关板式轨道技术是参照日本板式轨道的技术标准，并结合我国的工程实践经验提出的。

在之后的 2004—2006 年，通过引进国外成熟的无砟轨道结构先进技术、装备和应用经验，铁道部在遂渝线的区段组织开展了无砟轨道综合试验段，并进行了大型的综合试验研究。此后，无砟轨道再创新攻关组结合遂渝线综合试验段的研究成果，在充分消化吸收所引进的国外先进无砟轨道技术的基础上，逐渐形成了具有我国技术特色的 CRTS Ⅰ 型板式无砟轨道和 CRTSⅡ型板式无砟轨道，形成了一整套完备的设计理论、施工装备及施工工艺，为后期高速铁路的大规模建设奠定了坚实的基础。随后，在引进国外轨道板的同时，也开始研发具有我国完全自主知识产权的 CRTS Ⅲ型板式无砟轨道，并在 2008 年的成灌线上进行了试铺，在具有设计、建设运营及养护维修经验之后，逐步得以推广应用。

2.2 国外板式轨道结构技术及应用

从应用情况来看，日本和德国的板式轨道应用较为广泛，国际上大多数国家均是引进这两个国家的板式轨道技术并将其应用于高速铁路建设中。日本板式轨道最早应用于山阳新干线。由于日本板式轨道桥上及路基上均为单元式结构，其后期的养护与维修也较为便利，实际应用也证明，板式轨道的维修成本远低于普通有砟轨道，在列车运营速度较高的情况下养修成本的降低尤为显著。东北、上越新干线板式轨道分别占全线延长公里的 90％和 93％。目前 A 型板式轨道已定型，并作为基本轨道结构推广应用。德国最具代表性的板式轨道结构为博格板式轨道，博格板式无砟轨道是预制板式无砟轨道。表 2-1 列出了国外部分板式轨道的应用概况。

表 2-1　国外部分板式轨道的应用概况

序号	名称	国家	应用年代	应用情况
1	A 型板式轨道	日本	20 世纪 70 年代	北陆新干线
2	框架型板式轨道			北陆、东北、九州新干线
3	减振 G 型板式轨道			东北新干线
4	RA 型板式轨道			北陆新干线
5	预应力板式轨道			东北、上越新干线
6	博格板式轨道	德国	2006	纽伦堡—英格施塔特线
7	ÖBB-POPP 型板式轨道	奥地利	1989	—
8	IPA 型板式轨道	意大利	1984	罗马—佛罗伦萨高速铁路

1. A 型板式轨道

A 型板式轨道主要由钢轨、扣件(扣件形式主要为直结型扣件)、轨道板、CA 砂浆及底座等组成。其中轨道板采用的是强度等级为 C50 的部分预应力后张轨道板，尺寸为 2 400 mm×190 mm×4 950 mm。最初为了考虑结构接缝的需要，A 型轨道板长度隧道内取 4 950 mm，非隧道内取 4 930 mm。为实现模板的统一，从北陆新干线建设开始全部取 4 900 mm。轨道板的宽度一般为 2 340 mm，经过进一步优化，缩小到 2 220 mm。轨道板厚度一般为 190 mm，用于隧道时减少到 160 mm。作为调整层和填充层使用的水泥乳化沥青砂浆层厚度为 50～100 mm，弹性模量 E 为 100～300 MPa。凸形挡台不仅可以固定轨道板的纵横向位置，承受来自轨道板的纵、横向力，还可以作为轨道板铺设和调整的依据。凸形挡台直径一般为 500～600 mm，高度为 250 mm。凸形挡台和轨道板之间通常填充弹性模量较小的树脂材料，以起到缓冲作用，树脂层的厚度通常取 40 mm。

日本新干线板式轨道早期主要铺设在桥梁和隧道内，到北陆新干线时才在路基上铺设了 21.6 km 试验段。桥上和隧道内常用的轨道板为 A 型轨道板如图 2-2 所示。

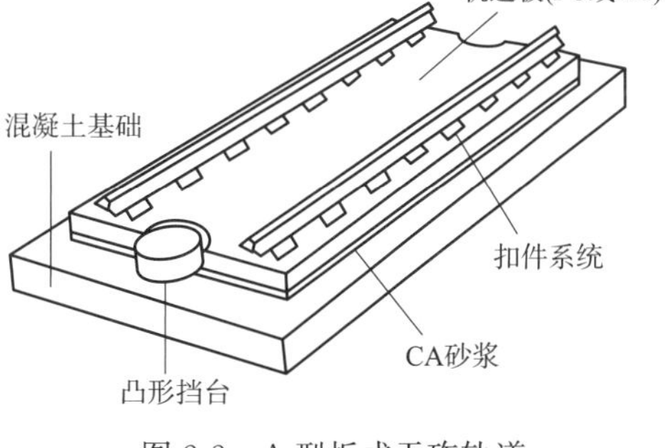

图 2-2　A 型板式无砟轨道

A 型板式轨道的优点：

(1)预应力轨道板采用后张法，避免了先张法的预应力自由锚固区，减小了板宽，降低了轨道结构自重。

(2)采用凸形挡台结构，轨道板单独成一单元，便于轨道结构的维护，充填式无级调高垫板实现了对轨道不平顺的精细调整。

(3)轨道板生产、现场铺设方法简单可靠、灵活机动。

缺点：设置凸形挡台作为轨道主要的受力构件，但其也成为轨道结构的薄弱环节，由于凸形挡台处砂浆容易破坏，为保证该部位的耐久性能设计采用灌注树脂的方式，其造价提升较高，铺轨时轨道状态调整工作量大。

2. 框架型板式轨道

框架型板式无砟轨道在原有 A 型平面大板的基础上，将预制轨道板精简化为框架式结构，保留板端部的凸台限位，其承载能力与原有大板相当，轨道板预制混凝土使用量明显降低，但实际使用过程中板内积水对砂浆层耐久性有较大的影响。框架型轨道板长度一般为 4 900 mm，宽度为 2 220 mm。在隧道内直线段应用时，一般采用直结 4 型扣件，需要设计承轨台，此处轨道板厚 220 mm，其他地方厚 160 mm；在隧道内曲线地段和桥梁、路基上，一般采用直结 8 型扣件，不设承轨台，轨道板厚 190 mm。

从日本北陆新干线开始，隧道内全部采用框架型轨道板(图 2-3)。在东北新干线盛冈—八户段和九州新干线新八代—鹿儿岛段的桥梁和路基上也铺设了框架型轨道板。

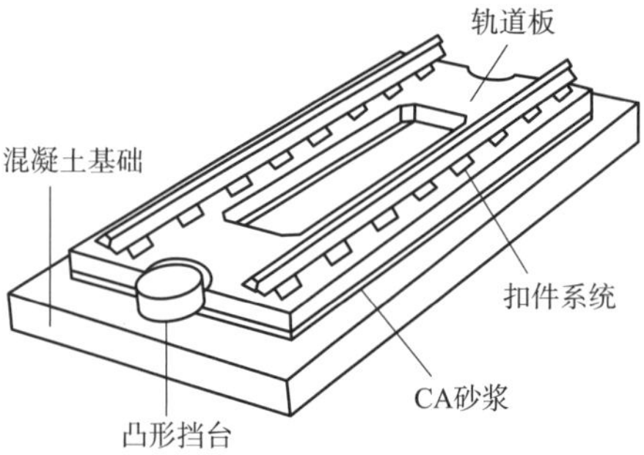

图 2-3　框架型板式无砟轨道

框架轨道板的优点：

(1)可以减小轨道板因温度梯度而引起的翘曲应力以及翘曲变形。由于这种结构方式可以大大减少 CA 砂浆的损失量，从而使轨道结构的维修工作量也大大降低。

(2)和整体平板结构相比，框架板空间体积的优势使得 CA 砂浆用量和钢筋混凝土的用量大大减少，从而节约了施工成本，创造了良好的经济价值。同时也在很大程度上减轻了轨道板的自身重量。

(3)在框架型板式轨道结构施工过程中，由于底座板较高精度的施工，可有效提高 CA 砂浆垫层填充的均匀性。

3. 减振 G 型板式轨道

为解决新干线的噪声振动问题，实现高速铁路发展与社会环保兼容的目的，从 20 世纪

70 年代后期开始，在日本土木研究所、东北新干线上的“小山试验线”、北上地区、古河地区的高架桥上分别试铺了 20 多种形式的减振型板式无砟轨道结构，观测其噪声振动效果，在进行技术、经济分析后，最终将减振 G 型板式无砟轨道（图 2-4）作为标准形式在减振降噪区段推广铺设。减振 G 型轨道板几何形式和尺寸与 A 型轨道板相同，在 A 型板的基础上，它在轨道板与砂浆层间设置聚乙烯泡沫和橡胶垫层为轨道板提供弹性。橡胶层粘贴时分为 7 个区域，厚度一般为 20 mm，但不同区域橡胶垫板模量不同。

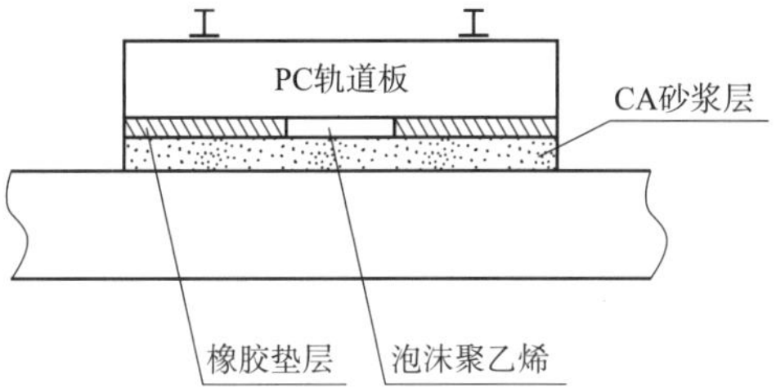

图 2-4　减振 G 型板式无砟轨道

4. RA 型板式轨道

RA 型板式无砟轨道是在标准 A 型板的基础上，将轨道板纵向长度降低为 1.15 m，以应对路基不均匀沉降对无砟轨道所造成的影响。日本早期用于土质路基上的无砟轨道形式是 RA 型板式无砟轨道，它由钢轨、扣件、RA 型轨道板、CA 砂浆层、沥青混凝土层、沥青稳定处理层、级配碎石层组成（图 2-5），轨道板断面尺寸为 1 150 mm×2 340 mm×190 mm。由于轨道板比较短，用板底凹槽代替凸形挡台，抵抗纵横向作用力，凹槽尺寸为 650 mm×650 mm×30 mm，板间距为 100 mm。

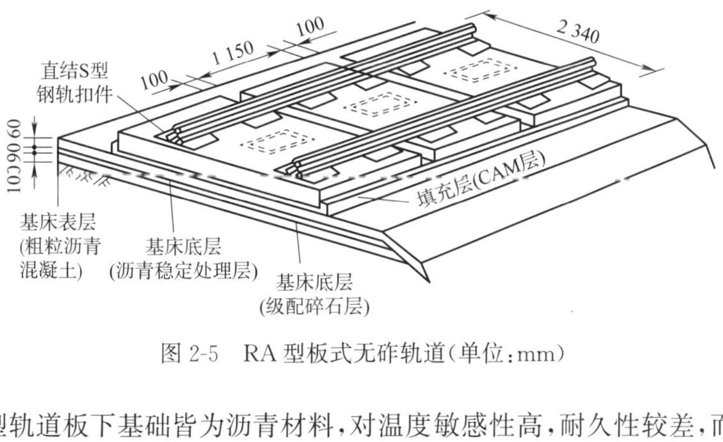

图 2-5　RA 型板式无砟轨道（单位：mm）

由于 RA 型轨道板下基础皆为沥青材料，对温度敏感性高，耐久性较差，而且道床板比较短，结构的整体性差，其轨道的平顺性以及对高速的适应性影响比较大。为此，提出了用水泥混凝土道床代替沥青混凝土道床，用 A 型轨道板代替 RA 型轨道板的结构方案。

5. 预应力板式轨道

最初的轨道板为普通钢筋混凝土结构，为适应东北、上越新干线寒冷气候条件的要求，研制了双向预应力结构的轨道板，以防止混凝土裂纹的发生和扩展。

新干线预应力轨道板生产工艺为后张法，以确保预应力作用范围，特别是保证轨道板端部的预应力水平。

由于日本新干线高架桥所占比例较高，对高架桥上无砟轨道的各项关键技术开展了多专业、多部门之间的系统研究，特别考虑了预应力混凝土桥梁徐变上拱、墩台沉降等对无砟轨道的影响。在桥上无砟轨道的施工时间上，规范也要求必须在桥梁放张应力后半年以上，方可进行。

6. 博格板式轨道

德国的博格板式无砟轨道结构组成类似于新干线板式无砟轨道，差异是抵抗纵横向作用力方式不同，前者采用板间螺杆连接或板下凹槽连接方式，后者采用凸形挡台连接方式。博格轨道板的主要特点在于其承轨部位依靠厂内精磨机床打磨以保证精度，在保证钢轨、扣件等加工精度的前提下，轨道板一经施工完成即可保证轨道的最终精度，无需像日本板式轨道充填式垫板的二次调整过程。另外，博格轨道板通过连接锁件连接，最大限度地减少了轨道板自由端数目，对于改善填充砂浆和轨道板受力状态有很大好处，可采用弹性模量相对较高的 BZM 填充砂浆。

路基上的博格板式无砟轨道由钢轨、扣件、轨道板、砂浆调整层及水硬性材料支承层等部分组成(图 2-6)，曲线地段超高设在路基表层。短桥上博格板式轨道系统由钢轨、扣件、轨道板、砂浆垫层、底座、滑动层、泡沫塑料板等部分组成，泡沫塑料板与桥面间设置混凝土保护层和防水层，超高在底座板上设置；长桥上博格板式无砟轨道由钢轨、扣件、轨道板、限位凸台、砂浆调整层、底座板等部分组成，超高在底座板上设置，轨道板通过凸台结构与梁体构成刚性连接，通过这种耦合的梁-轨系统将大部分的制动力和牵引力等水平力传递到桥梁支座上。隧道内博格板式无砟轨道在隧道回填层上铺设，与路基上结构形式一致。博格板式无砟轨道的轨道板之间通过精轧螺纹钢筋连接，增加了对轨道板板端的约束，整体性好，可以有效抵抗板角翘曲变形。

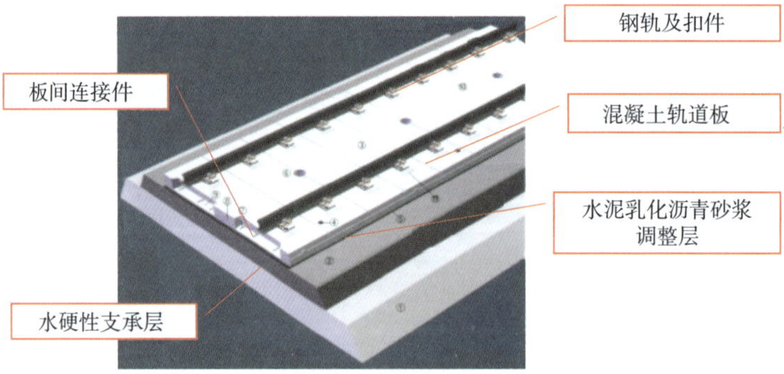

图 2-6　路基上的博格板式无砟轨道

博格轨道板为横向设预应力轨道板，标准轨道板板长 6.45 m、宽 2.55 m、厚度 0.2 m，每块板设置 10 个承轨台，为控制轨道板裂纹不通过扣件锚固点，板上每个枕间(65 cm)设横向预裂缝，允许轨道板在假缝处开裂。铺设完成后通过连接锁件将轨道板纵向连接，轨道板横向设预应力，即使轨道板在假缝处完全开裂，也不会影响其承载性能，可靠性较高。水硬性支承层和轨道板间通过特制水泥沥青砂浆(BZM)填充，轨道整体性好，纵横向阻力大，无需设置凸形挡台等限位装置。博格板式无砟轨道结构最大特点是采用纵连式板间连接形式,用侧向挡块保证轨道结构侧向稳定性。

1999年,博格公司分别在卡尔斯鲁厄—海德堡的罗特马耳西车站铺设了656 m博格无砟轨道试验段,在汉堡—威斯特兰德的哈特斯德特铺设了285 m博格板式无砟轨道试验段,试验效果良好。2006年5月,投入运营的纽伦堡—英格施塔特特线铺设了35 km的博格板式无砟轨道(图2-7),设计速度330 km/h。

图2-7 纽伦堡—英格施塔特高速铁路

博格板式轨道的主要优点:

(1)产品制造工艺化、程序化、标准化、自动化。

(2)产品尺寸精度高,使高速铁路轨道高平顺性在轨下基础就基本得到了解决,铺轨后轨道状态调整工作量较小。

(3)轨道板纵向连接,取消凸形挡台,整体性好。

(4)长桥上采用的滑动层方案,可降低梁轨间相互作用力,取消了大跨桥上伸缩调节器,且轨道板可跨梁缝布置,实现了轨道板的标准化,提高了施工进度。

缺点:

(1)预应力轨道板采用先张法,受自由锚固区影响,板宽度加大,造成轨道结构加重。

(2)每一块轨道板上承轨槽需在精磨机床上打磨,加工工艺复杂,尤其是曲线区间上每块轨道板的承轨槽打磨加工量均不同,施工不灵活,通用性差。

(3)桥上滑动层不可更换,轨道结构的耐久性受其材料质量控制,滑动层材料的耐久性有待进一步研究。

(4)轨道维修时需进行切割,可维修性低于单元板。

(5)制造成本相对较高。

博格板式无砟轨道系统的轨道板有以下三种形式:

(1)标准预制轨道板。标准预制轨道板是长度6.5 m、板厚200 mm的单向预应力混凝土板,板与板之间有纵向连接,适用于路基、桥长25 m及以下的桥梁和隧道。

(2)特殊预制轨道板。特殊预制轨道板的最大板长为4.5 m,板厚为300 mm(非预应力),可用在长度大于25 m的桥上。

(3)其他补充型预制轨道板。由于存在着桥梁、隧道、道岔和新线与既有线的连接处等控制点，必要时需对预制轨道板的长度进行调整，为此生产了长度从 0.6 m 到 6.5 m 不等的预制轨道板。

7. öBB-POPP 型板式轨道

奥地利开发的 öBB-POPP 型板式无砟轨道，轨道板尺寸为 5 160 mm×2 400 mm×(160～240 mm)，中间开有 2 个矩形孔，尺寸为 910 mm×640 mm，以便于充填砂浆和传递水平力。轨道板底部有一层厚度为 3 mm、刚度为 0.5 N/mm^3 的聚亚安酯-水泥弹性隔离层，矩形孔四周也有一层厚 6 mm 的该种材料隔离层。充填砂浆的同时，在矩形孔处制作一个锥形锚块，以抵抗上拔力作用。在标准设计中，这是一个质量-弹簧系统，每延米质量为 1 t，具有减振的优点。

8. IPA 型板式轨道

意大利的 IPA 型板式无砟轨道与新干线板式无砟轨道相似，轨道板尺寸为 4 150 mm×2 500 mm×180 mm，砂浆层厚度 50 mm。轨道板两端各有一个半圆柱，以插进混凝土底座预留孔中(有别于凸形挡台)。

2.3 国内板式轨道结构技术及应用

2.3.1 高速铁路板式轨道技术及应用

通过吸收国外经验、不断完善自身，我国的板式无砟轨道技术体系逐渐走向成熟。目前，CRTS Ⅲ型板式无砟轨道已占据我国新建高速铁路无砟轨道的主要市场，并且也为我国的高速铁路建设及高速铁路技术走向世界提供了有力的技术支撑。我国高速铁路主要的板式轨道结构形式及应用情况见表 2-2。

表 2-2 我国高速铁路主要的板式轨道结构形式及应用情况

结构形式	应用情况	特点
CRTSⅠ型板式无砟轨道	哈大高速铁路、海南东环高速铁路、哈齐高速铁路、遂渝试验段、石太高速铁路、广州南站、广深港高速铁路、广株铁路、沪宁城际等	优点：轨道结构设计和建造的标准化程度较高；轨道结构承载和传力路径较为明确；施工效率高；稳定性受整体温度升降引起的温度荷载影响较小；具有较强的可修复性。 缺点：梁端轨道结构的受力和变形受梁轨相互作用的影响较大；单元轨道板易产生温度翘曲变形；施工性和经济性稍差
CRTSⅡ型板式无砟轨道	京津城际、京沪、京石、石武、津秦、沪杭、合蚌、杭甬、杭长高速铁路等	优点：减小桥梁伸缩引起的钢轨和底座板内纵向附加力，减少大跨桥上钢轨伸缩调节器的设置；设计、制造和施工铺设的标准化程度高；轨道纵向刚度均匀性较好；轨道平顺性较高；经济性较好。 缺点：纵向连续的轨道结构体系受温度荷载的影响较大；低温条件下会产生裂缝，严寒地区使用有一定的局限性；高温季节易产生上拱；修复有一定的复杂性

续上表

结构形式	应用情况	特点
CRTS Ⅲ型板式无砟轨道	成绵乐城际、武汉城市圈（武汉至孝感、武汉至黄石、武汉至咸宁）城际、盘营高速铁路、成灌线、沈丹高速铁路、京沈高速铁路（京沈段）等	优点：与路桥隧等不同线下基础工程的适应性较好；环境适应性和耐久性较好；轨道结构设计和建造的标准化程度较高；可修复性较好；施工效率高。 缺点：路基、隧道地段轨道结构的施工性和经济性稍差；复合板结构受温度梯度影响产生一定的翘曲变形

1. CRTSⅠ型板式无砟轨道

CRTSⅠ型板式无砟轨道，源自日本技术，属于单元板式轨道。预制轨道板通过水泥沥青砂浆调整层，铺设在现浇的具有凸形挡台的钢筋混凝土底座上，板与板之间不纵连，不设横向挡块，根据应用条件的不同可分为预应力、非预应力平板，预应力、非预应力框架板及减振板五种轨道板结构，如图2-8所示。

图2-8　CRTSⅠ型板式无砟轨道

(1)结构形式

CRTSⅠ型板式无砟轨道由钢轨、扣件、预制混凝土轨道板、水泥乳化沥青砂浆填充层、钢筋混凝土底座、凸形挡台及其周围填充树脂等部分组成，如图2-9所示。

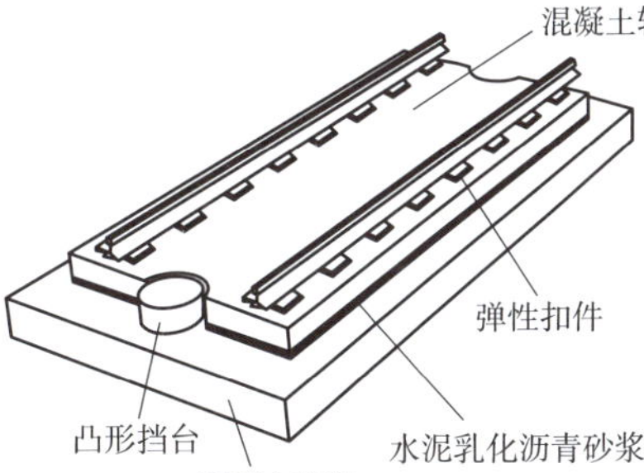

图2-9　CRTSⅠ型板式无砟轨道结构

(2)构造要求

①CRTSⅠ型板式无砟轨道在路基、桥梁和隧道等不同结构物上的轨道结构组成相同,钢筋混凝土底座分段设置于基床表层、梁面或隧道回填层上,固定于钢筋混凝土底座的凸形挡台为轨道板提供纵、横向限位,轨道板单元铺设,轨道板下采用强度和弹模较低、施工性能好的水泥乳化沥青砂浆,为方便施工和维修,砂浆层采用袋装灌注。

②道床结构由轨道板、水泥乳化沥青砂浆填充层、混凝土底座、凸形挡台及其周围填充树脂等部分组成。曲线超高在底座上设置。

③标准轨道板长度为 4 962 mm,轨道板宽度为 2 400 mm,厚度不宜小于 190 mm。轨道板两端设平圆形缺口,半径为 300 mm。扣件节点间距不宜大于 650 mm。

④水泥乳化沥青砂浆充填层厚度为 50 mm,不应小于 40 mm。减振型板式轨道水泥乳化沥青砂浆充填层厚度为 40 mm,不应小于 35 mm。

⑤水泥乳化沥青砂浆应灌注饱满,与轨道板底部密贴,轨道板边角悬空深度应小于 30 mm。

⑥凸形挡台分为圆形和半圆形,半径为 260 mm,其周围填充树脂厚度为 40 mm,不应小于 30 mm。

⑦预应力混凝土轨道板不允许开裂,普通混凝土框架板混凝土裂缝宽度不得大于 0.2 mm。

⑧底座混凝土裂缝宽度不得大于 0.2 mm,路基和隧道地段混凝土底座间伸缩缝宽度为 20 mm,状态应良好。

⑨排水通道,特别是框架式轨道板内排水、底座内预埋横向排水管道,应保持通畅。

(3)技术优势

①轨道结构设计和建造的标准化程度较高。由于路桥隧等不同结构物上的轨道结构组成相同,可根据不同环境和基础工程条件,制定较统一的标准化设计和建造技术要求。

②轨道结构承载和传力路径较为明确。作用于轨道上的轮轨垂向力通过钢轨、轨道板、底座分散传递至线下基础,凸形挡台为轨道板提供水平限位,轮轨水平力通过钢轨、轨道板、凸形挡台传递至底座和线下基础。

③施工效率高。现场混凝土浇筑量少,CA 砂浆袋装浇筑,施工进度快。

④轨道系统采用单元结构,稳定性受整体温度升降引起的温度荷载影响较小。

⑤具有较强的可修复性。轨道板底部袋装灌注水泥乳化沥青砂浆,凸形挡台周围袋装填充树脂材料,轨道板与底部及凸形挡台间的竖向约束较小,轨道结构失效修复较为便利,这也是地震多发的日本新干线采用此类轨道结构考虑的主要因素。

(4)技术不足

①梁端轨道结构的受力和变形受梁轨相互作用的影响较大。针对温度跨度较大的桥梁地段,受温度荷载作用,梁端半圆形凸形挡台受力较大,凸形挡台周围树脂易产生离缝伤损,轨道结构需作特殊设计和稳定性检算。因此 CRTSⅠ型板式无砟轨道的限位结构特征在一定程度上限制了其在大跨桥梁上的应用。

②单元轨道板易产生温度翘曲变形。轨道结构的纵向单元特征使结构受整体温度变化的影响较小,但受日温差引起的温度梯度影响,竖向约束较小的单元轨道板易产生一定的翘曲

变形。

③路基、隧道地段底座考虑基础沉降变形及与凸形挡台的连接，采用钢筋混凝土结构，与采用支承层的纵向连续轨道系统相比，施工性和经济性稍差。

(5)结构病害

CRTSⅠ型板式无砟轨道在使用过程中，受往复车辆荷载及下部基础等多因素影响，出现了轨道板掉块、劣化，砂浆层离缝，部分预应力钢棒窜出，长大桥梁梁端限位结构及底座板破坏等诸多病害，如图2-10、图2-11所示。

(a)CA砂浆掉块　　(b)底座板剪坏　　(c)限位结构破坏

图2-10　CRTSⅠ型板式无砟轨道结构病害

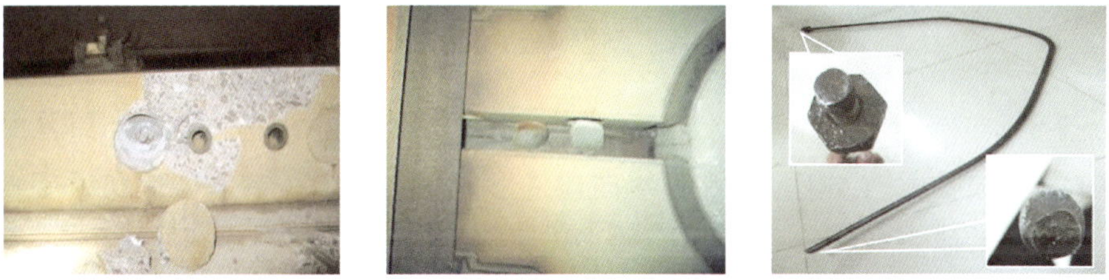

(a)横向预应力筋破坏　　(b)纵向预应力筋破坏　　(c)破坏预应力筋细部

图2-11　轨道板预应力筋破坏

2. CRTSⅡ型板式无砟轨道

CRTSⅡ型板式无砟轨道，源自德国博格板技术，属于纵连板式轨道，如图2-12所示。预制

图2-12　CRTSⅡ型板式无砟轨道

轨道板通过水泥沥青砂浆调整层，铺设在现场摊铺的混凝土支撑层或现场浇筑的钢筋混凝土底座上，每块板的端部有突出的钢筋，铺好后用连接器连接，所有板在纵向连接成为一个整体。

(1)结构形式

CRTSⅡ型板式无砟轨道主要由钢轨、扣件系统、轨道板、高弹性模量CA砂浆及下部支承结构等构成，如图2-13所示。

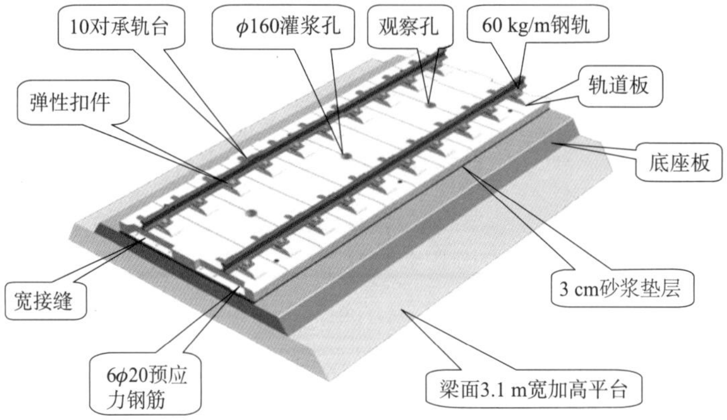

图2-13 CRTSⅡ型板式无砟轨道结构

(2)构造要求

①轨道板通过预留螺纹钢筋及夹具纵向连接形成纵向连续体系以传递和承受纵向力，下部支承结构在路基段为水硬性支承层，在桥上为混凝土底座板。另外，在底座板下设置两布一膜滑动层以隔离温度引起的桥梁伸缩对无砟轨道的影响，同时在桥梁固定支座位置处设置固结机构，将底座与桥梁支座连接以限制轨道结构纵向位移，并在桥梁段设置侧向挡块限制轨道板的横向位移。

②路基地段道床结构由轨道板、水泥乳化沥青砂浆充填层、支承层等部分组成。曲线超高在路基基床表层上设置。

③桥梁地段道床结构由轨道板、水泥乳化沥青砂浆充填层、底座板、滑动层、高强度挤塑板、侧向挡块及弹性限位板等部分组成。桥台后路基设置锚固结构(包括摩擦板、土工布、端刺)及过渡板。曲线超高在底座板上设置。长大桥区段底座板设有钢板连接器后浇带。

④隧道地段道床结构由轨道板、水泥乳化沥青砂浆充填层、支承层等部分组成。曲线超高一般在仰拱回填层(有仰拱隧道)或底板(无仰拱隧道)上设置。

⑤水泥乳化沥青砂浆充填层应与轨道板底部和支承层或底座板密贴，厚度为30 mm，不应小于20 mm，不宜大于40 mm。

⑥轨道板除预裂缝处以外，其他部位不得有裂缝。

⑦轨道板间接缝处混凝土裂缝不得大于0.2 mm，接缝现浇混凝土与轨道板间离缝不得大于0.3 mm。

⑧桥梁地段连续底座板(含后浇带部位)混凝土裂缝不得大于0.3 mm，侧向挡块与底座板不得粘连。

⑨路基和隧道地段支承层不得有竖向贯通裂缝。

(3)技术优势

①桥上 CRTSⅡ型板式无砟轨道可一定程度减少大跨桥上钢轨伸缩调节器的设置。梁面设置“两布一膜”滑动层,实现底座板跨梁缝的纵向连续,可减小桥梁伸缩引起的钢轨和底座板内纵向附加力。

②预制轨道板及配套扣件设计、制造和施工铺设的标准化程度高。桥梁地段底座板跨梁缝的纵向连续为标准轨道板和常阻力扣件的应用创造了条件,减少了非标准轨道板的使用。

③轨道结构沿线路纵向连续,轨道纵向刚度均匀性较好。

④轨道板设置挡肩,承轨槽部位利用数控磨床进行打磨,将轨道板“一一对应”精确定位铺设,可一定程度减少后期轨道精调工作量,轨道平顺性较高。

⑤路基、隧道地段轨道板下部支承基础采用无配筋的支承层,经济性较好。

(4)技术不足

①纵向连续的轨道结构体系受温度荷载的影响较大。轨道板通过纵向精轧钢筋和张拉锁件相互连接、板间接缝填充微膨胀混凝土形成的道床结构难以实现像路基地段双块式无轨道结构整体刚度的纵向连续,同时受列车荷载和环境因素影响,轨道板混凝土与水泥沥青砂浆层间易产生离缝,黏结约束降低,导致板间接缝部位较为薄弱。

②低温条件下,轨道板(预裂缝处)、底座板、支承层等均会产生裂缝,使用范围有一定局限性(如严寒地区),若施工和运营维护阶段处理不当,高温季节易产生上拱。对于桥梁地段,底座板设计有严格的混凝土浇筑纵连温度要求,施工难度较大。

③修复有一定的复杂性。轨道结构纵向连续,温度荷载作用下其结构内力较大,特殊情况下轨道结构失效修复需根据当时温度条件对相邻完好轨道板进行锚固锁定,并对失效轨道板解锁后方可进行。

(5)结构病害

CRTSⅡ型板式无砟轨道在服役过程中,受车辆荷载及温度等复杂因素影响,出现了线间混凝土封闭层上拱与破损、侧向挡块破损、宽接缝破损、轨道板掉块、注浆孔上拱、轨道板与砂浆层间漏浆与离缝等诸多病害,如图 2-14、图 2-15 所示。

(a)线间封闭层拱起　　(b)侧向挡块破坏　　(c)轨道板掉块

图 2-14　CRTSⅡ型板式无砟轨道结构病害示意

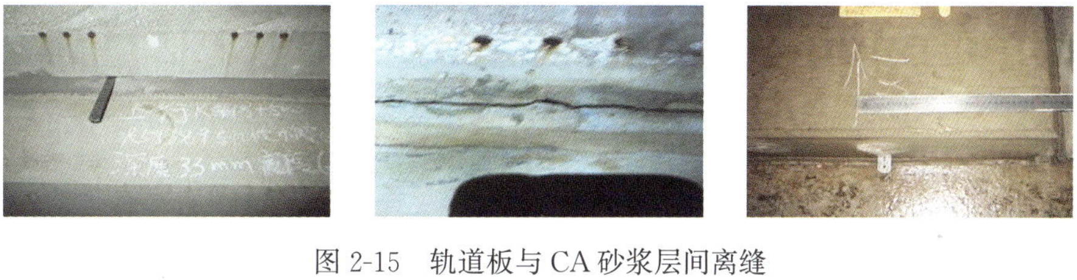

图 2-15　轨道板与 CA 砂浆层间离缝

3. CRTS Ⅲ型板式无砟轨道

CRTS Ⅲ型板式无砟轨道是我国基于CRTSⅠ型、CRTSⅡ型板式无砟轨道技术研究与应用经验，并在分析总结国内外高速铁路无砟轨道系统技术的基础上，研发出的具有完全自主知识产权的一种新型单元板式无砟轨道结构，如图2-16所示。

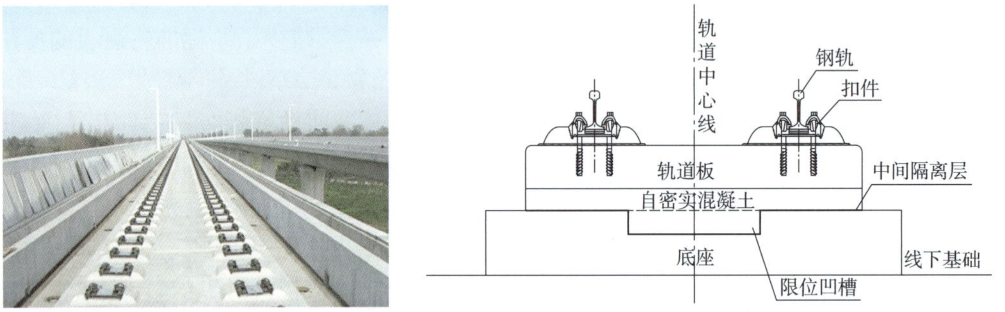

图2-16 CRTS Ⅲ型板式无砟轨道

(1)结构形式

CRTS Ⅲ型板式无砟轨道由钢轨、扣件、预制轨道板、自密实混凝土层、钢筋混凝土底座、限位凹槽及隔离层等部分组成，如图2-17所示。

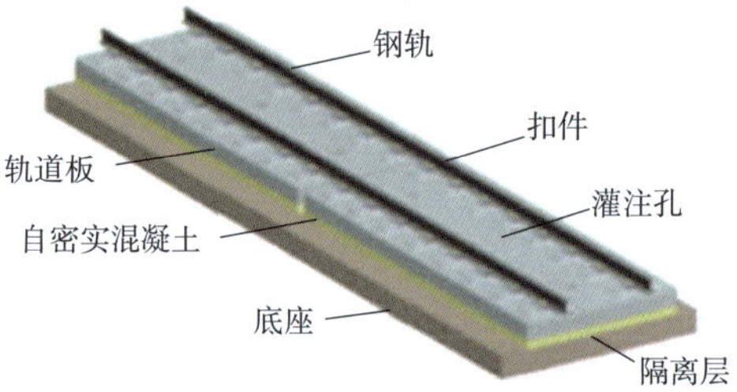

图2-17 CRTS Ⅲ型板式无砟轨道结构

(2)构造要求

①轨道板采用预应力体系(后张和先张法均有，目前以先张法轨道板的应用较为广泛)，板顶面设置承轨台，板底预留连接钢筋，通过轨道板与自密实混凝土之间的黏结以及连接钢筋限制轨道板纵横向位移。板长有5 600 mm、4 925 mm、4 856 mm三种，32 m简支梁梁端采用4 925 mm长轨道板，中部采用5 600 mm长轨道板，24 m简支梁采用4 856 mm长轨道板。路基、大跨连续梁和隧道区段以5 600 mm板为主。轨道板宽2 500 mm、厚度200 mm。

②自密实混凝土层采用强度较高、流动性及耐久性良好的自密实混凝土砂浆作为板式无砟轨道充填层。设计厚度一般在90～100 mm范围，不仅作为调整层(为预制轨道板提供支承和调整)，同时也作为结构层(自密实混凝土层内设有钢筋网片)，通过轨道板中部灌注孔充填自密实混凝土后，与预制轨道板形成复合结构，并与下部底座形成凹凸限位结构。

③底座现场浇筑完成，路基地段宽3 100 mm，厚度为200～300 mm；桥梁和隧道区段宽度为2 900 mm，厚度一般为200 mm。底座中部设置限位凹槽(图2-18)，底座顶面设隔离层

（土工布），凹槽侧立面设弹性缓冲垫层。

图 2-18　底座限位凹槽示意

④路基地段 2～4 块轨道板范围的底座设置伸缩缝，桥梁地段对应每块轨道板设置独立混凝土底座，隧道地段一般 2 块轨道板范围设置一横向伸缩缝，遇隧道沉降缝对应设置伸缩缝。

⑤采用弹性不分开式扣件（如 WJ-8 型），板面承轨部位设置挡肩。

⑥轨道板底面预留门形筋与自密实混凝土层连接，形成复合结构。

（3）技术优势

①与路桥隧等不同线下基础工程的适应性较好，轨道结构承载和传力路径较为明确。作用于轨道上的轮轨力通过钢轨、复合轨道板及凹凸限位结构传至底座和线下基础。

②环境适应性和耐久性较好。采用自密实混凝土作为轨道板充填层，道床主体结构工程材料主要为钢筋混凝土；沿线路纵向道床采用单元式结构，受环境温度变化的影响较小；轨道板采用预制混凝土结构，耐久性和外观质量相比现浇混凝土道床有明显提升。

③轨道结构设计和建造的标准化程度较高。由于路桥隧等不同结构物上的轨道结构组成相同，利于实现标准化设计、制造和施工。

④可修复性较好。底座顶面设置了隔离层，轨道板侧面设有吊装孔，复合轨道板与底座间的竖向约束较小，为轨道结构的失效修复提供了便利。

⑤施工效率高。由于取消了砂浆，即取消了复杂的制造工艺和专用砂浆搅拌车及相应施工装备等。此外，用自密实混凝土作为填充层，不需要配备专用施工设备，施工工艺较为成熟。

（4）技术不足

①与纵向连续的无砟轨道系统相比，路基、隧道地段轨道结构的施工性和经济性稍差。

②复合板结构受温度梯度影响产生一定的翘曲变形。

③轨道结构配套采用弹性较好、但横向调整量相对较小的不分开式扣件，轨道静态、动态高平顺性（尤其是曲线地段）需要轨道板的精确定位和严格细致的轨道精调提供保证。

（5）结构病害

CRTS Ⅲ型板式无砟轨道在高速铁路上的应用时间相对较短，总体状态良好。调研过程中发现局部区段自密实混凝土与轨道板在边角位置处存在离缝，虽然两层间设置了门形筋，其整体离缝可能性较小，但边角离缝可能带来的进水析浆等问题值得注意，如图 2-19 所示。

(a)轨道板与自密实混凝土离缝

(b)自密实混凝土掉块

图 2-19 CRTS Ⅲ型板式无砟轨道结构病害示意

2.3.2 城市轨道交通板式轨道技术及应用

城市轨道交通传统轨道结构多采用人工现浇混凝土整体道床的建造模式,面临线路平顺性差、振动噪声突出,作业工序繁杂、施工效率低下,轨道病害频发、养护维修困难等问题。因此城市轨道交通领域也在逐步尝试研发并应用板式轨道技术,力求减缓轨道病害、提高运营品质。目前国内城市轨道交通主要的板式轨道结构形式及应用情况见表 2-3。

表 2-3 城市轨道交通主要的板式轨道结构形式及应用情况

类型	应用情况	特点
STⅠ型板式轨道	上海地铁 12 号线、17 号线	与高速铁路 CRTS Ⅲ型板式轨道结构类似
改进型 CRTSⅠ型板式轨道	深圳地铁 7 号线暗挖区段试验段	与高速铁路 CRTSⅠ型板式轨道结构类似,自密实混凝土代替了 CA 砂浆
改进型博格板式轨道	天津轨道交通 5 号线试验段、北京大兴机场线部分明挖段及地面段	与德国长桥上的博格板轨道结构体系类似,限位凸台设置在板中
SZ 型板式轨道	已成为深圳地铁标准化的方案,在深圳全面采用	隔离层设置在轨道板下,限位通过采用板内灌注孔实现
改进型 SZ 型板式轨道	北京地铁 6 号线西延试验段	板下仅设置自密实混凝土,取消了钢筋混凝土基底
预制钢弹簧浮置板轨道	上海、天津、深圳、武汉及青岛多个城市广泛应用	内置式钢弹簧隔振器
预制橡胶弹簧浮置板轨道	宁波、深圳、成都、兰州等城市轨道交通	内置式橡胶弹簧隔振器

1. STⅠ型板式轨道

(1)结构形式

板式轨道结构形式如图 2-20～图 2-22 所示。该类型的板式轨道结构最早在上海地铁

12 号线上铺设了 370 m 试验段，之后在上海地铁 17 号线上铺设了 2 km，再之后就在上海地铁中全面推广，目前已成为上海地铁的标准图。

(2)构造特点

①此类板式轨道结构与高速铁路 CRTS Ⅲ型板式轨道结构类似。

②板式轨道结构由钢轨、扣件、轨道板、自密实混凝土(标准厚度 80 mm)、土工布隔离层、现浇钢筋混凝土基底组成。

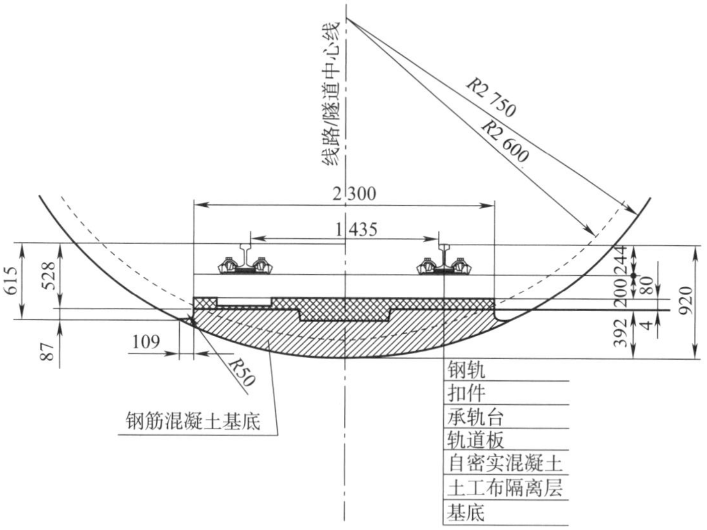

(a)地下线断面

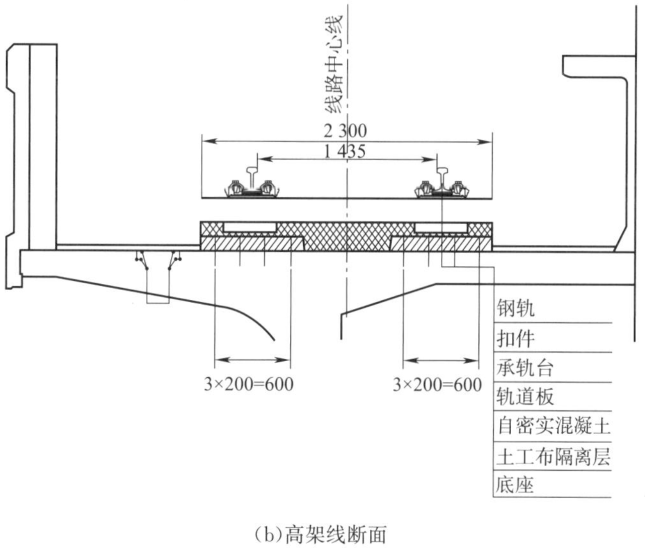

(b)高架线断面

图 2-20　STⅠ型预制轨道板结构断面(单位：mm)

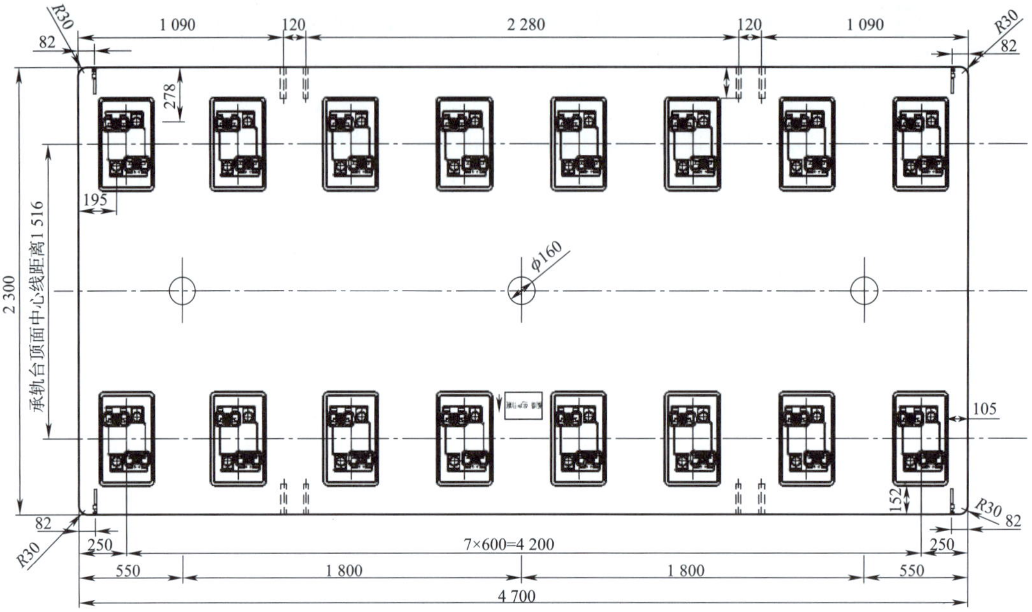

图 2-21 STⅠ型预制轨道板结构平面(单位:mm)

图 2-22 STⅠ型预制轨道板现场照片

③轨道板为普通钢筋混凝土板，板长分为 3 500 mm 和 4 700 mm 两种，板宽 2 300 mm，板厚 200 mm。其中，曲线半径 $R>550$ m 的区段铺设 4 700 mm 长轨道板，曲线半径 $R\leqslant 550$ m 的区段铺设长 3 500 mm 轨道板，3 500 mm 长轨道板兼做调整板使用。板内设置三个圆形孔作为观察孔和灌注孔。

④标准板缝 100 mm。管线从板缝处通过时，最大板缝按 150 mm 控制。

⑤限位方式:基底表面设置限位凹槽，轨道板底部设置预埋门形钢筋(与自密实混凝土连成一体)。自密实混凝土通过基底设置的方形限位凹槽(每块轨道板下两个)实现限位。

⑥减振形式:通过在自密实混凝土凸台与底部凹槽之间设置弹性垫，可以实现板式轨道结构的减振功能，如图 2-23 所示。

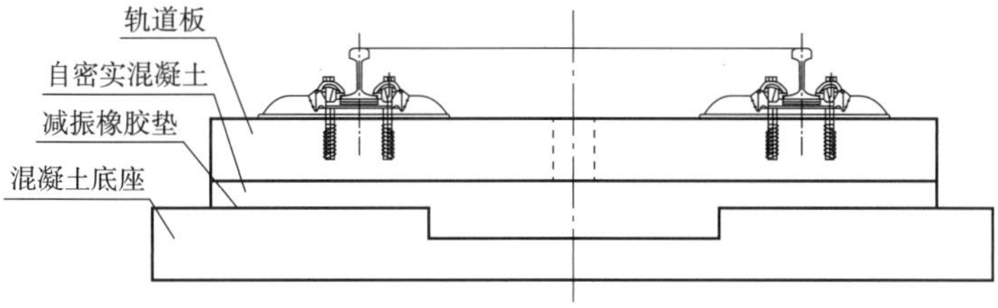

图 2-23　减振垫板式轨道结构断面(STⅠ型预制轨道板)

2. 改进型 CRTSⅠ型板式轨道

(1)结构形式

板式轨道结构形式如图 2-24～图 2-26 所示。此类轨道结构在深圳地铁 7 号线暗挖区段铺设了约 300 m 试验段,目前已很少采用。

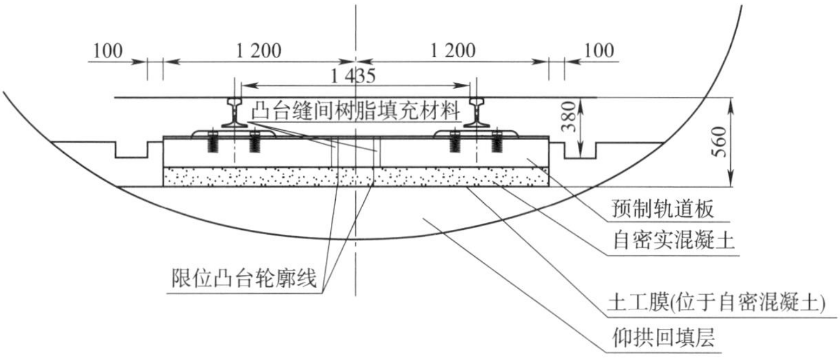

图 2-24　改进型 CRTSⅠ型板式轨道结构断面(单位:mm)

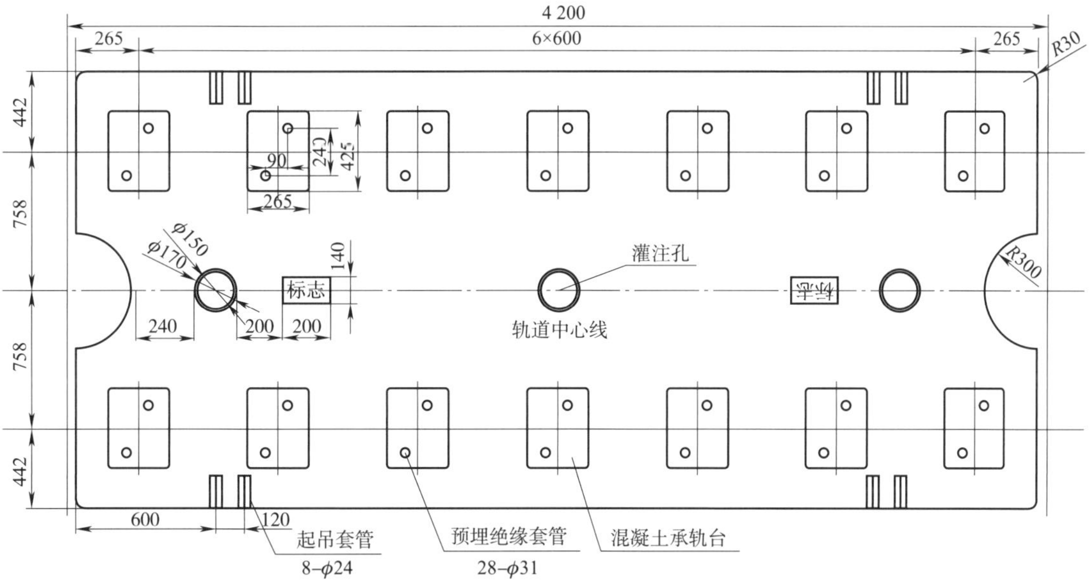

图 2-25　改进型 CRTSⅠ型板式轨道结构平面(单位:mm)

图 2-26 改进型 CRTSⅠ型板式轨道现场照片

(2)构造特点

①此类板式轨道结构的体系与高速铁路 CRTSⅠ型板式轨道结构类似，主要区别在于用自密实混凝土代替了 CRTSⅠ型板式轨道采用的 CA 砂浆。

②轨道板结构由钢轨、扣件、轨道板、自密实混凝土(厚度 124 mm)、土工布隔离层、限位凸台、两侧现浇混凝土构成，下部有仰拱回填层(可由土建或轨道浇筑)。

③轨道板为普通钢筋混凝土板，板长 4 130 mm，板宽 2 400 mm，板厚 190 mm。板内设置三个圆形孔作为观察孔和灌注孔。

④板缝设计为 70 mm，要求管线从仰拱回填层中完成过轨。

⑤限位方式：凸台直接从仰拱回填层伸出至轨道板顶面，凸台与仰拱同时施工，需要确保凸台位置准确。凸台与轨道板之间缝隙采用树脂材料填充。

⑥减振形式：通过在 CA 砂浆层下设置弹性垫，可以实现板式轨道结构的减振功能，如图 2-27 所示。此类结构在深圳地铁 11 号线铺设了约 2.6 km，如图 2-28 所示。

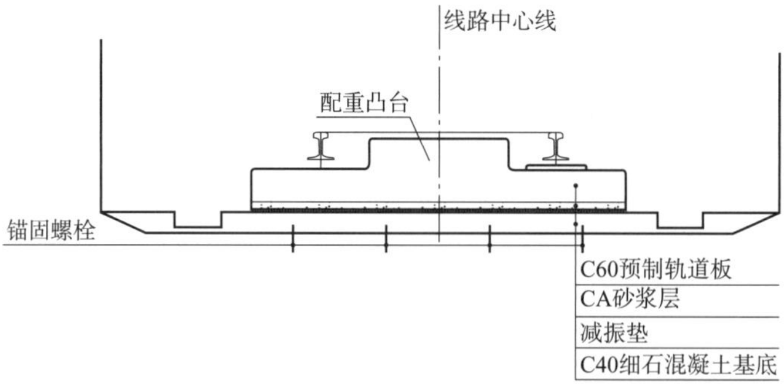

图 2-27 减振垫板式轨道结构断面(改进型 CRTSⅠ型板式轨道)

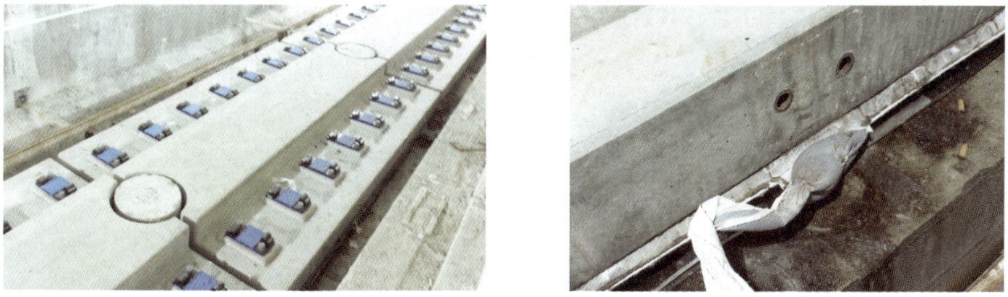

图 2-28　减振垫板式轨道结构现场照片(改进型 CRTSⅠ型板式轨道)

3. 改进型博格板式轨道

(1)结构形式

板式轨道结构形式如图 2-29～图 2-31 所示。此类轨道结构在天津轨道交通 5 号线铺设了试验段,随后在北京大兴机场线部分明挖段及地面段铺设,共计约 5 km。

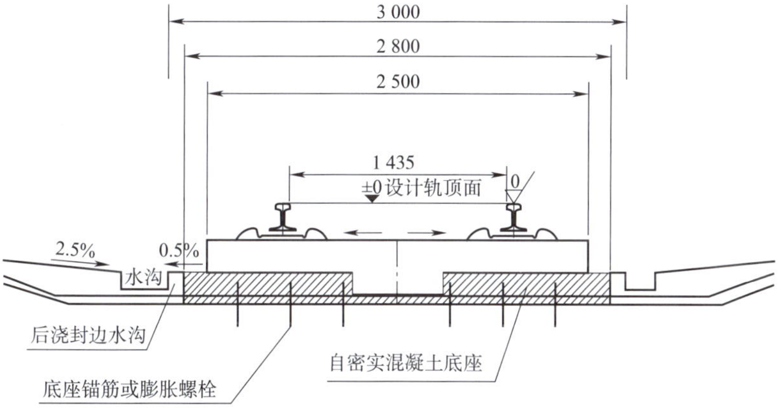

图 2-29　改进型博格板式轨道结构断面(单位:mm)

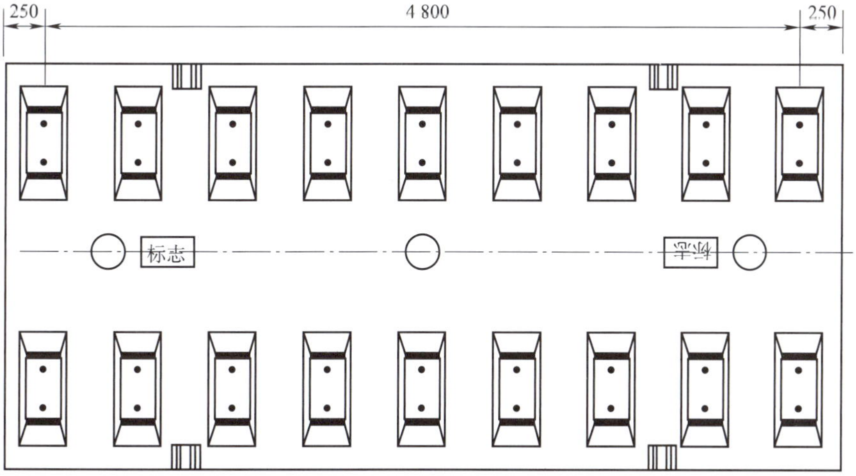

图 2-30　改进型博格板式轨道结构平面(单位:mm)

图 2-31 改进型博格板式轨道现场照片

(2)构造特点

①预制板轨道结构体系与德国长桥上的博格板轨道结构体系类似。轨道板为单元分块式结构,即轨道板上设置限位块,通过轨道板下的限位块将力继续传给下部结构。德国的限位凸台设在板的两端,本预制板轨道结构则是设置在板中。

②预制板轨道结构由钢轨、扣件、轨道板、自密实混凝土、土工布隔离层、钢筋混凝土底座构成,当轨道结构高度不足时也可取消钢筋混凝土底座,自密实混凝土直接与下部结构衔接。

③轨道板双向预应力体系,北京大兴机场线用轨道板尺寸为板长 5 300 mm,板宽 2 500 mm,板厚 200 mm。板内设置三个圆形孔作为观察孔和灌注孔。

④标准板缝为 100 mm,施工时根据需要可对板缝适当调整,但需控制在 40～160 mm 范围,消防及排水管过轨地段最大可增大到 200 mm。

⑤限位方式:轨道板下部设置有限位凸台,与底座的凹槽形成凹凸限位结构,每块板共计两个限位凸台,限位凸台在工厂内粘贴有弹性垫层(三元乙丙橡胶),凸台底部采用聚乙烯泡沫板隔离。

⑥减振形式:通过将自密实混凝土下设置的土工布隔离层更换为弹性垫,可以实现板式轨道结构的减振功能,如图 2-32 所示。此类结构在北京大兴机场线有采用,铺设了约 4.8 km。

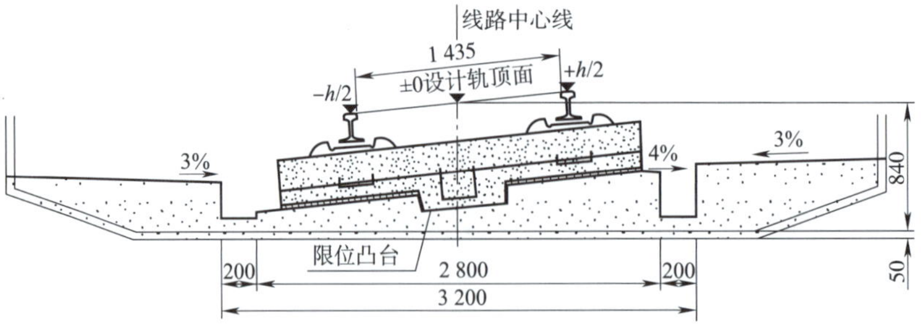

图 2-32 减振垫板式轨道结构断面(改进型博格板式轨道)(单位:mm)

4. SZ 型板式轨道

(1)结构形式

板式轨道结构形式如图 2-33～图 2-35 所示。此类轨道结构首先在深圳地铁 6 号线穿山隧道内得以应用,目前逐步在深圳地铁中推广应用。

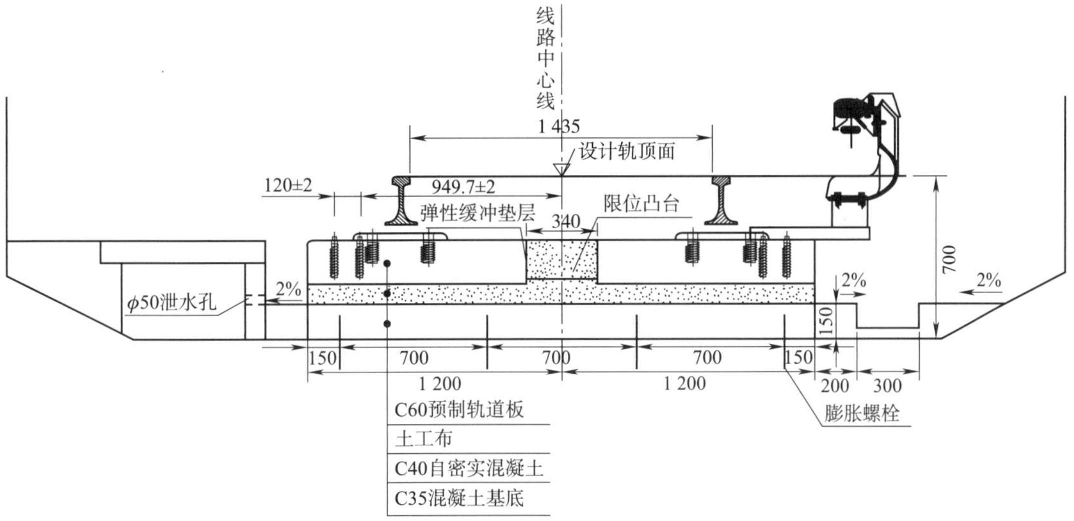

图 2-33　SZ 型板式轨道结构断面(单位:mm)

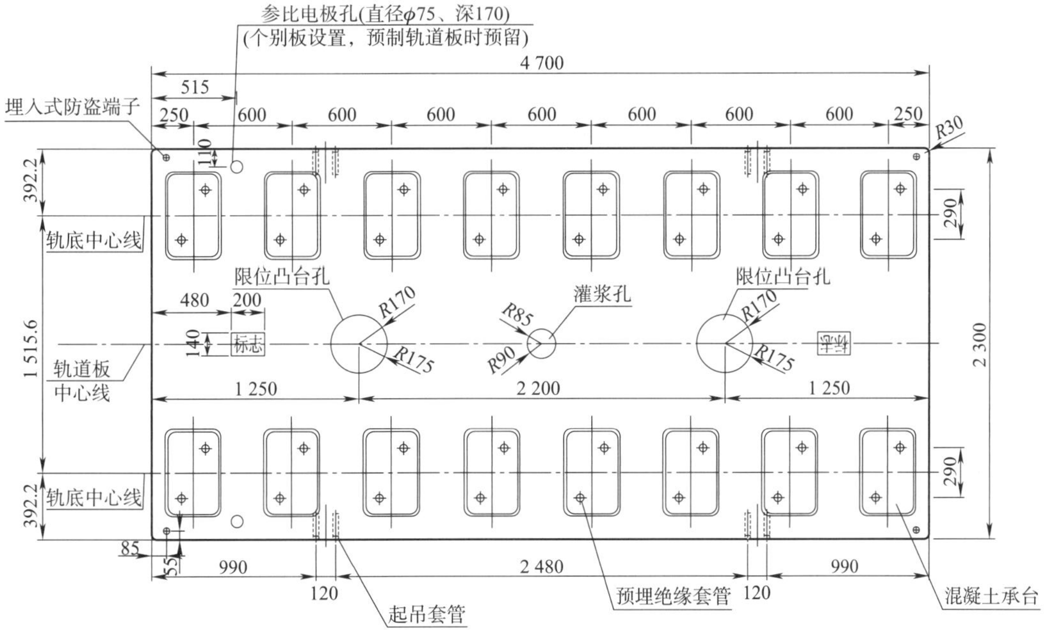

图 2-34　SZ 型板式轨道结构平面(单位:mm)

图 2-35 SZ 型板式轨道现场照片

(2)构造特点

①预制板轨道结构仍然分为钢轨、扣件、轨道板、隔离层、自密实混凝土调整层(厚100 mm)、钢筋混凝土基底、限位结构等主要部分,但与高速铁路预制板轨道结构有一定区别,主要是:隔离层设置在轨道板下,而非自密实混凝土下;限位通过采用板内灌注孔实现。

②轨道板为普通钢筋混凝土板,轨道板尺寸为板长 4 100 mm,板宽 2 300 mm,板厚200 mm。板内设置两个尺寸较大的圆形限位孔,中间设置了观察孔。

③标准板缝为 100 mm,过轨管线处最大一般按 200 mm 控制。

④限位方式:板内预留两个圆形限位孔,浇筑板下自密实混凝土时,自密实混凝土将圆形孔填充后自动形成限位桩。限位桩与轨道板之间采用弹性垫层隔开。轨道板下铺设土工布,土工布与弹性垫层之间的搭接处采用氯丁胶黏结。

⑤减振形式:通过将自密实混凝土下设置的土工布隔离层更换为弹性垫,可以实现板式轨道结构的减振功能,如图 2-36 所示。在高架上采用时,考虑降低轨道结构高度,减少桥梁二期恒载,取消了混凝土基底,自密实混凝土与桥梁通过桥梁上预留的预埋钢筋连成一体。

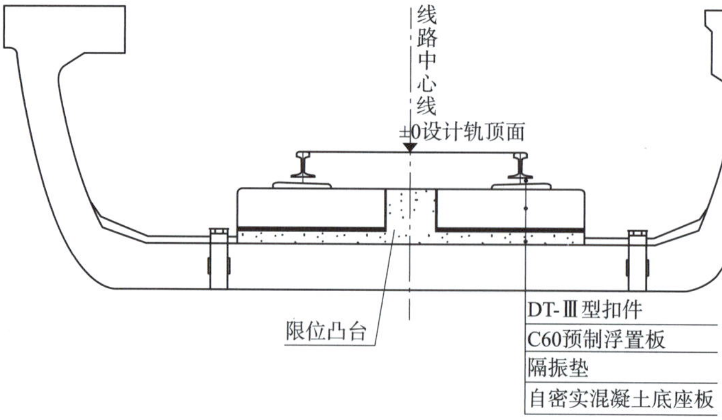

图 2-36 减振垫板式轨道结构断面(SZ 型板式轨道)

5. 改进型 SZ 型板式轨道

(1)结构形式

板式轨道结构形式如图 2-37、图 2-38 所示，北京地铁 6 号线西延铺设了试验段。

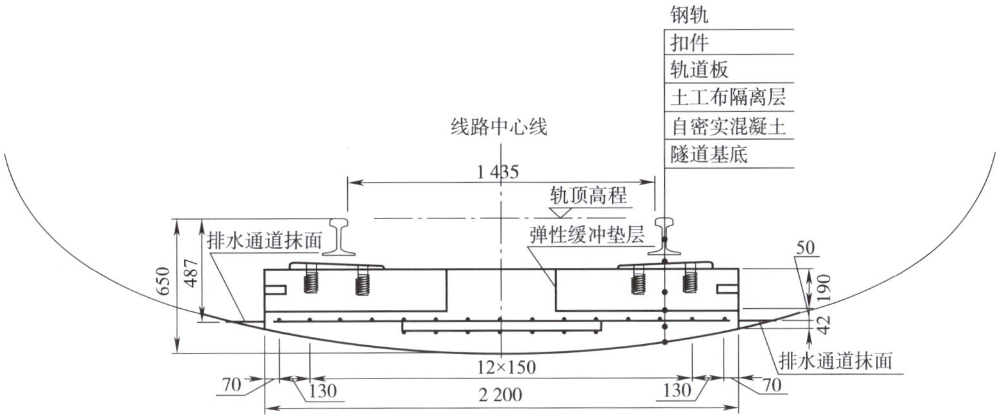

图 2-37　改进型 SZ 型板式轨道结构断面(单位:mm)

图 2-38　改进型 SZ 型板式轨道现场照片

(2)构造特点

①因铺设在暗挖断面，轨道结构高度有限，板下仅设置自密实混凝土，取消了钢筋混凝土基底。轨道板为普通钢筋混凝土板，轨道板尺寸为板长 4 700 mm、板宽 2 200 mm、板厚 190 mm。

②减振形式:通过将自密实混凝土下设置的土工布隔离层更换为弹性垫，可以实现板式轨

道结构的减振功能。改进型 SZ 型板式轨道与 SZ 型板式轨道结构不同的是，板下的弹性垫层并未满铺，而是采用了类似减振 G 型预制板轨道的设计方法，在钢轨正下方的轨道板底部一定范围内铺设条带状的弹性垫，其余部分设置泡沫板，如图 2-39 所示。

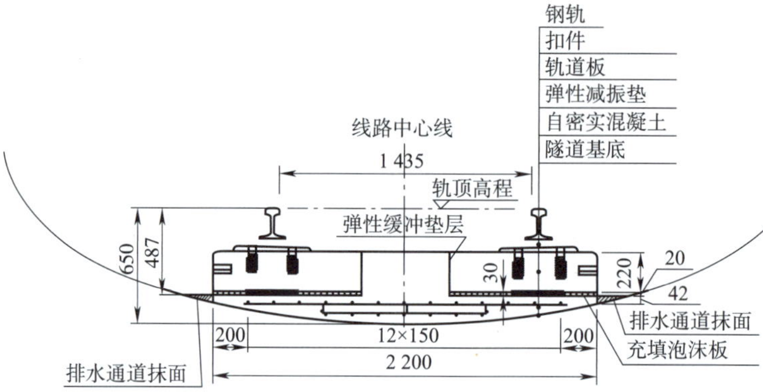

图 2-39 减振垫板式轨道结构断面(改进型 SZ 型板式轨道)

6. 预制钢弹簧浮置板轨道

(1)结构形式

预制钢弹簧浮置板结构与传统现浇弹簧浮置板结构类似，轨道结构形式如图 2-40 所示。预制钢弹簧浮置板用隔振器如图 2-41 所示。

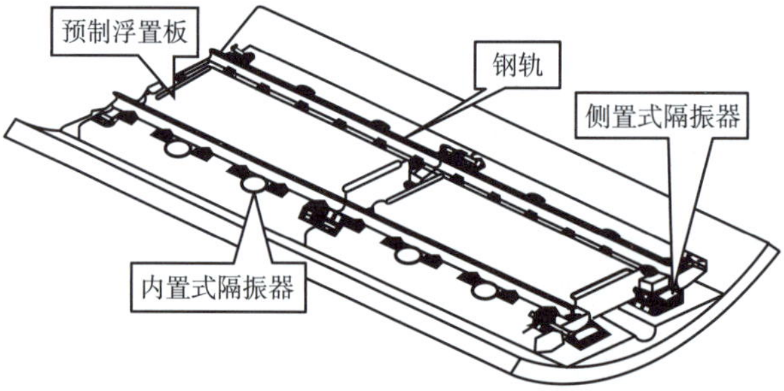

图 2-40 预制钢弹簧浮置板方案

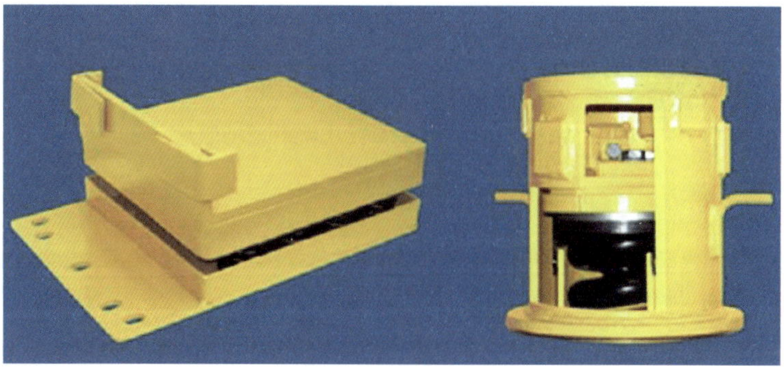

图 2-41 预制钢弹簧浮置板用隔振器

2010 年 10 月，对上海地铁 10 号线预制钢弹簧浮置板试验段的安全性及平稳性进行了现场测试。试验段成功验收后，预制钢弹簧浮置板在上海地铁 11～13 号线和 9 号线南延伸段获得应用。2014 年和 2015 年，预制钢弹簧浮置板道床应用于南京地铁 3 号线和深圳地铁 9 号线。

目前，此项技术已在上海、天津、深圳、武汉及青岛等多个城市实现了应用。北京最早在地铁 8 号线昌八联络线铺设了 18 m 的预制钢弹簧浮置板试验段，随后在北京地铁 19 号线、17 号线以及北京地铁 27 号线二期（昌平线南延）等工程中均有推广应用。预制钢弹簧浮置板轨道现场照片如图 2-42 所示。

图 2-42　预制钢弹簧浮置板轨道现场照片

（2）构造特点

为方便工厂化预制，轨道板尺寸比现浇道床结构有所缩减，长 3.6 m，宽 2.7 m，厚度一般控制在 325～340 mm 之间，并可根据实际需要考虑是否在板上增设凸台，以增加配重。轨道板用隔振器有全内置式的，也有板端侧置＋板中内置式的。

7. 预制橡胶弹簧浮置板轨道

早期的点支撑式橡胶弹簧浮置板为下置式结构，在德国的波恩、汉堡、慕尼黑、纽伦堡、美国的亚特兰大、加拿大的多伦多、新加坡等地以及我国的香港、广州、深圳地铁中有所采用，该结构形式由于橡胶弹簧设置在轨道板下部，其轨道结构高度相对较大，施工和运营维护中调高较为困难，因此在国内未曾得到大面积推广。轨道结构形式如图 2-43 所示。

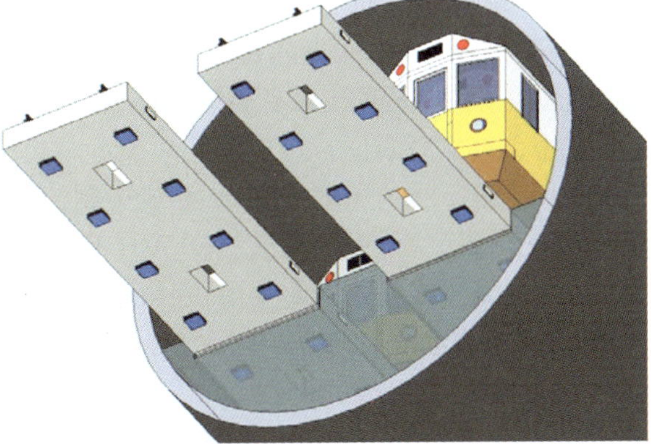

图 2-43　下置式橡胶弹簧浮置板轨道示意

近些年在内置式钢弹簧浮置板轨道结构基础上，开发出了内置式橡胶弹簧隔振器(图 2-44)，解决了现有轨道采用下置式橡胶支座的养护维修或更换困难等实际问题。目前在宁波、深圳、成都、兰州等城市地铁中得以应用。

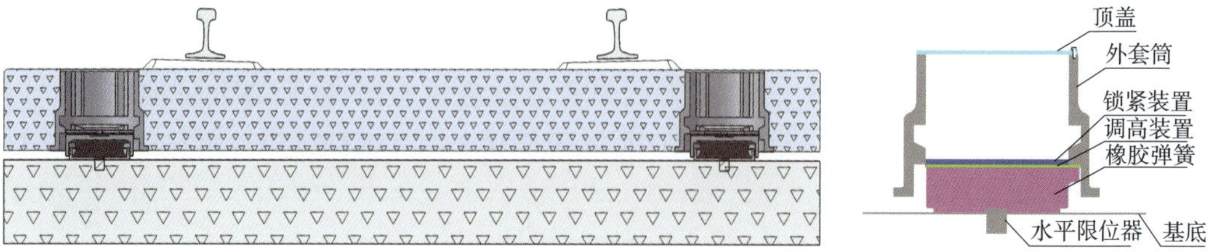

图 2-44　内置式橡胶弹簧浮置板轨道

2.3.3　城市轨道交通用板式轨道目前存在的问题

早期的城市轨道交通板式轨道大多借鉴高速铁路板式轨道结构，高速铁路的板式轨道平顺性和舒适度优势突出，但两者的建设环境和建设标准存在较大差异，技术应用具有极大的局限性。部分城市引入高速铁路板式轨道技术后，仍存在施工效率低、人工调板难度大、抗浮措施繁杂和运营病害频发难治等问题，无法从根本上有效解决，尤其轨道结构的病害治理和大修更换已成为世界性难题。目前城市轨道交通用板式轨道结构主要存在以下问题：

(1)板式轨道技术不够成熟。除了预制钢弹簧浮置板轨道比较成熟外，大部分结构类型还处于起步阶段，板式轨道结构类型众多，尚缺乏预制板轨道结构系统的理论、设计、试验、制造、施工及更换运维的全过程经验，后续还需开展大量的总结和优化工作。

(2)轨道板较薄，易变形。高速铁路用板式轨道采用预应力轨道板结构，厚度较薄，易起拱变形，且参振质量较小，在减振地段应用时减振效果差；根据城市轨道交通的要求，需要对板式轨道结构进行特殊设计，研究采用大厚度轨道板，以保证不起拱变形，且增加参振质量，提高减振效果。

(3)隔振垫铺设施工复杂。相对于高速铁路，城市轨道交通对于环境要求更高，板式轨道需实现减振功能，要研究板下复合减振垫层在工厂内的实现方式，便于现场施工。

(4)限位结构施工复杂。STⅠ型板式轨道和改进型博格板式轨道通过自密实混凝土向基底设置的方形限位凹槽中浇筑形成凸台实现限位，施工质量较难控制；改进型 CRTSⅠ型板式轨道采用板端设置凸形挡台限位，实践证明凸台易受剪损坏；SZ 型板式轨道通过自密实混凝土将圆形孔填充后自动形成限位桩实现限位。

(5)施工工序复杂、效率低。地下线的施工进度慢，已成为制约预制板轨道结构应用的主要因素之一。地下线预制板轨道铺设综合进度为 30～50 m/(d·工作面)，铺设进度甚至低于现浇道床。进度慢的主要原因是地下线作业空间受限，现场施工工序多且受现浇道床穿插施工的影响。此外，施工装备如门式起重机走行轨、模板、防上浮梁的倒运时间等均对进度有一定影响。

(6)轨道板灌注过程中存在上浮问题。自密实混凝土或砂浆灌注过程中的上浮问题是预制板轨道结构施工的一个重点和难点。灌注时，需时刻观察轨道板的上浮情况，或采用抗上浮支架避免预制板上浮，施工工序复杂。若轨道板上浮过大，还需揭板并凿除自密实混凝土或砂浆，重新灌注。需要研究特殊的施工方案，以避免轨道板在灌注过程中发生上浮。

(7)调板速度慢、精度不高。现有板式轨道结构采用人工调板的方式，为粗铺与精调相结合。调板速度较慢，调板时间大于 20 min，需要研究自动化、智能化的调板方式，提高调板速度，同时提升调板精度。

(8)施工装备不够先进。目前采用的铺轨装备，大都需要先在盾构隧道管片上设置临时轨，对盾构管片有一定的影响，且各种铺轨装备互相牵制，倒运时间对铺轨进度有一定的影响。铺轨装备机械性不高，需要人工参与协助，也会造成铺轨精度差。需要研制一整套无需架设临时轨、适应不同隧道断面的铺轨装备，真正实现施工的机械化、智能化、自动化。

(9)更换运维困难。更换轨道板时需凿除和重新浇筑混凝土，速度慢，效率低。需要研发先进的更换运维技术和装备，大幅提升更换轨道板的效率，降低对正常运营的影响。

当前，我国城市轨道交通正经历由高速发展向高质量发展的重要转型时期，轨道领域面临的诸多技术难题，制约了城市轨道交通的绿色健康和可持续发展，轨道技术的升级换代势在必行。

第3章　装配式技术简介及装配式轨道结构技术理念

3.1　建筑产业化政策与装配式建造方法

我国城市轨道交通自2000年进入快速发展期后，一直保持了高速增长态势，各城市在工程建设环节都面临着工期紧张、环境影响大、劳动力紧缺、工程质量难控制等方面的巨大压力。传统明挖法地铁车站结构一般均采用现浇施工工艺建造，施工环节多、受气候条件影响大、施工速度慢，施工粉尘和噪声污染严重，现场作业人数多且劳动强度大，工程质量稳定难、渗漏水现象频发。传统现浇技术带来的诸多问题成为制约轨道交通建造产业发展的瓶颈。为突破这一限制，摆脱当前高劳动力、高风险、低效益、环境影响大、发展乏力的现状，推动轨道交通建造技术的转型和升级，发展装配式建造技术的趋势应运而生。

装配式建造技术以工厂化制作、现场快速连接为主；具有占用劳动力资源少、环境污染少、建造质量高等特点，成为建筑产业化升级的重要方向之一。2016年2月6日国务院发布的《进一步加强城市规划建设管理工作的若干意见》中明确指出要争取在10年左右的时间，使装配式建筑在新建建筑中的比例达到30%。随后9月国务院办公厅发布了《关于大力发展装配式建筑的指导意见》对全国装配式建筑的发展做出了更详细的指示。文件发布之后，从中央到地方关于发展装配式建筑的政策相继出台，“推动装配式建筑取得突破性进展”成为住房和城乡建设部近年来的重点工作之一。

在国家的大力倡导下，地面装配式建筑已经得到了很好的发展，相关技术和管理体系日趋完善，工程应用案例逐年增加。相较而言，我国以轨道交通为代表的地下工程及相关领域，预制装配建造技术的研究和应用仍有较大拓展空间。

总体上看装配式建造方法主要通过工厂化制作和现场组装连接两个关键环节实现。工厂化制作这一环节的标准化程度较高，在装配式产业体系中属于相对成熟的产业环节。现场组装连接这一环节受到结构形式、功能的影响，使得装配方式和结构体系多种多样。装配式建造模式体现在不同的结构体系和应用场景(类型)方面可以有很大的区别，如地上、地下建筑工程装配的关键都集中在接头连接方面，而两者在构件连接方式上可以采用截然不同的连接工艺。对于轨道结构的装配化建造而言，核心思想是通过轨道结构形式优化，施工工艺简化，降低施工质量控制难度，同时配以系列化的专用施工装备，实现轨道结构的装配化建造。

3.2　装配式地面建筑

装配式地面建筑是指将工厂制作好的预制构件(部品、部件)，在施工现场通过某种连接方式进行连接安装，形成地面建筑结构。受地面建筑承载特性的影响，装配式建筑结构受力构件的连接，按我国现浇理念进行设计，因此关键连接节点均考虑钢筋的连续受力，其主要连接方法包括套筒灌浆连接、浆锚搭接连接、焊接和绑扎栓接等。接头连接后，连接部位需二次浇筑混凝土。

3.2.1　装配式地面建筑发展简况

地面建筑结构预制装配技术相对现浇技术而言，具备高效率、高质量、高寿命、绿色环保等优势，在欧美及日本等发达国家得到了较广泛的应用，据统计美国装配式建筑在混凝土房屋系统架构中所占比值超过 1/3，日本超过 70%的房屋系统都为装配式建筑，上述发达国家在预制装配式地面建筑结构领域形成了较为成熟的技术体系。我国装配式建筑起步于 20 世纪 50 年代后期，随着科技进步，我国预制装配式工程专业技术也取得了稳步发展，较好地促进了预制装配式建筑在建筑行业领域占比的提升。

3.2.2　装配式地面建筑分类

装配式地面建筑有多种分类方式，如按建筑特点、构件种类、结构体系以及装配率等进行分类。

装配式地面建筑按结构体系可分为框架结构、框架剪力墙结构、筒体结构、剪力墙结构、无梁板结构、空间薄壁结构、悬索结构。

而按构件种类分，装配式地面建筑结构主要分为三大类：混凝土结构、钢结构和叠合结构。无论采用何种结构形式和构件组成类型，装配式地面建筑建造技术的关键在于预制构件的连接工艺。

以装配式混凝土地面建筑结构的接驳或套筒连接工艺为例，其主要连接特征包括：

(1)预制构件与现浇混凝土的连接，一般采用将现浇区钢筋接驳进预制构件预埋接驳器，通过现浇方式连接。

(2)预制构件之间的连接，一般需要将待连接构件连接节点区域的钢筋逐一连接在一起，然后针对连接节点进行二次浇筑。目前采用最多的是套筒灌浆连接(图 3-1)，也可以采用焊接、螺栓连接以及绑扎连接等形式。

实际应用过程中，上述连接方式也面临一些问题，以套筒灌浆式连接为例(图 3-2)，在实施过程中容易出现钢筋对中套筒难度大，灌浆不充分，缺乏必要的监测(检测)灌浆饱满度的手段等诸多技术问题。

图 3-1　接头灌浆套筒连接

图 3-2　灌浆套筒实际连接情况

3.3 装配式地下结构

装配式地下结构是指将在工厂预制好的混凝土构件，通过某种连接方式装配形成整体结构，并与周围地质(围岩)一起共同形成承载体系的地下结构。从结构体系承载特征、防水要求、施工条件等方面比较，装配式地下结构与装配式地面建筑结构之间有着本质的区别：

(1)在结构体系的受力特征方面，地面建筑位于地面以上，结构体需要承受所有荷载的作用，结构体即为承载体。而地下结构位于地层之中，承受巨大的水土压力，与此同时，地层即是荷载，同时也与结构体一起共同承载，是结构体系的一部分。

(2)在防水要求方面，地面建筑因不会承受巨大的水压力，因而其防水理念和做法类似于"打雨伞和穿雨衣"的性质，主要结构防水构造也以防止外部淋水的渗入为目标；而位于地层中的地下结构通常都承载巨大的水压力，其防水理念类似于"潜水艇"，构件及接缝的构造和防水必须要能够抵触巨大的水压力。

(3)装配式地面建筑作业环境开敞，在装配施工期间有良好的吊运和拼装作业空间。而地下装配式结构是位于开挖好的基坑或隧道中，作业环境局促，可视性差，其拼装作业类似于"在一个盒子中搭积木"，对于装配工艺的要求较高，尤其在拼装施工便捷性方面有很高的要求，因此要求接头的连接方式要简单且高效。

基于上述原因，地下结构预制装配技术与地面装配式的通常采用不同的结构体系和构件连接方法。

3.3.1 国外装配式地下结构发展简况

国外地下工程预制装配技术发展早于我国，盾构法隧道是最早应用预制装配技术建造的现代地下结构。1869 年，英国人詹尼斯·亨利·格瑞海德用圆形盾构机在泰晤士河底修建了第一条盾构隧道，该隧道首次采用了装配式衬砌结构，至今已有 150 余年的历史。盾构法发展至今，已广泛应用于世界各国的铁路、公路、地铁、市政管线、综合管廊等地下工程。结构多采用构件全预制、接头干式连接的方式；结构形式由单一的圆形结构，发展到双圆、三圆及类矩形结构等多种形式，以适应不同功能需求。

在国外盾构法发展较为深入的同时，世界各国在地下管廊、沉管隧道、人行地下通道、公路铁路隧道等地下结构装配化上做了诸多有益的尝试。

荷兰鹿特丹市地铁一段东西向隧道，埋深浅 1.5～2.7 m，隧道长 6 km，其中一段 600 m 受历史名街环境影响，施工场地非常局促。当时采用了一种"壳式隧道"装配式结构(图 3-3)。在现场施作完混凝土基桩并在基坑内浇筑钢筋混凝土隧道底板后，把壳式构件安置在底板上，形成封闭的隧道结构。构件环向连接的方式为在隧道底板上两侧各有预留一个凹槽，用于插入壳式构件，接缝灌注砂浆充填。纵向连接方式为在壳构件接缝侧预留连接钢筋，并在接缝放置连续的分布筋，现场灌填混凝土形成整体连接(图 3-4)。采用这种预制装配方法，施工速度较现浇结构快，拼装完可立刻回填恢复路面，建造速度每周 30 m。此种装配式地下结构在交付使用数年后，仍然保持着良好的防水效果。

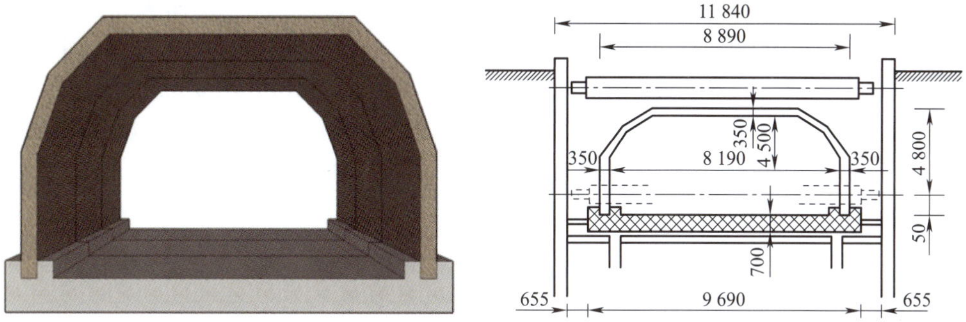

图 3-3　鹿特丹市地铁壳式隧道示意(单位:mm)

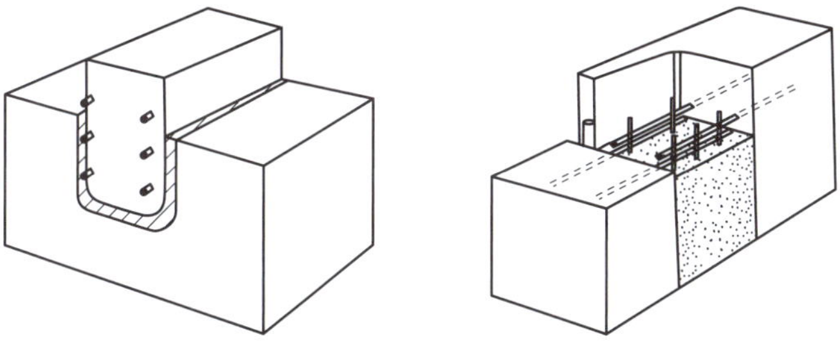

(a)环向连接　　(b)纵向连接

图 3-4　壳构件连接方式示意

另外针对明挖区间装配式隧道结构(图 3-5),国外还出现过两种做法:一种是采用整段预制管段纵向拼装形式,管段环与环之间采用水泥材料密封填充,这种后来传入我国,在地下管廊中多有应用;另一种是采用分块装配做法,将多块预制构件组成双线矩形隧道,其中底板直构件和两块 L 形边墙构件之间甩出连接钢筋,接缝采用现浇混凝土实现整体化连接;中墙插入底板构件预留好的凹槽中,用水泥浆填充捣实;顶板构件两端落在侧、中墙构件专设的牛腿上,各块构件间用膨胀水泥砂浆灌注;结构整体采用全包防水层进行防水。尽管分块装配法施工工序较多,但比现浇钢筋混凝土结构进度快许多。这种分块装配法技术是后来苏联部分明挖装配式地铁车站的雏形。

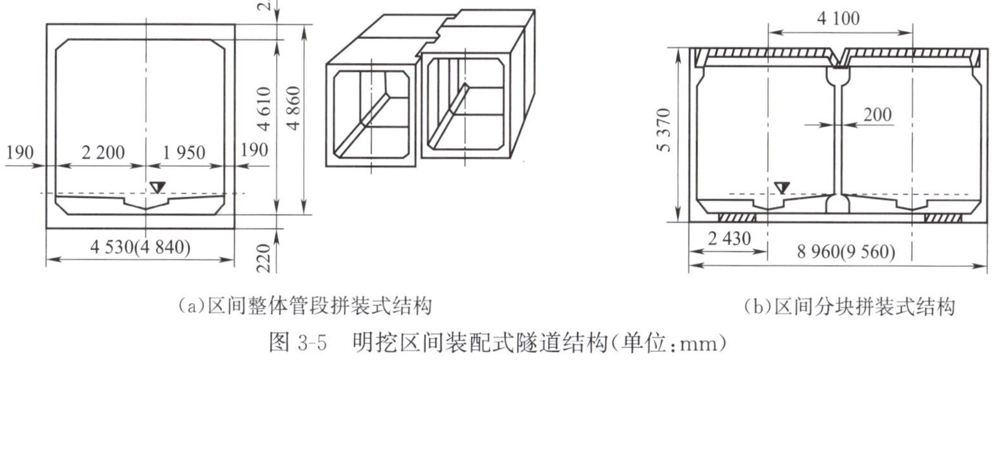

(a)区间整体管段拼装式结构　　(b)区间分块拼装式结构

图 3-5　明挖区间装配式隧道结构(单位:mm)

20 世纪 70 年代，苏联为了解决冬季施工问题，在明挖地铁车站和区间工程中研究应用了预制装配技术，明挖条件下地下结构预制装配技术开始出现，早期的装配式车站基本是在明挖区间分块装配式结构基础上的升级版，规模更庞大，体系更复杂，如图 3-6 所示。底板结构通常采用整体现浇或现浇湿式连接的方式，上部结构一般为搭接式装配而成。后期苏联部分车站还采用了单拱大跨结构，衬砌结构可实现整体装配式结构建造，如图 3-7 所示，明斯克地铁车站装配式车站，车站结构顶、底部分别用三块预制构件通过接头湿式连接，侧墙设置钢筋混凝土现浇段。

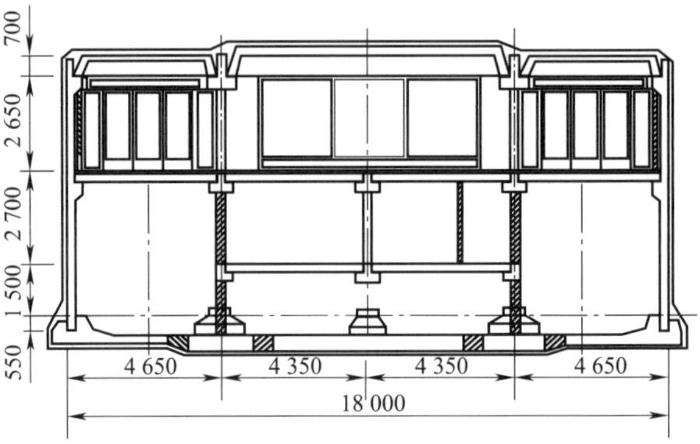

图 3-6 明挖矩形装配式地铁车站结构示意(单位:mm)

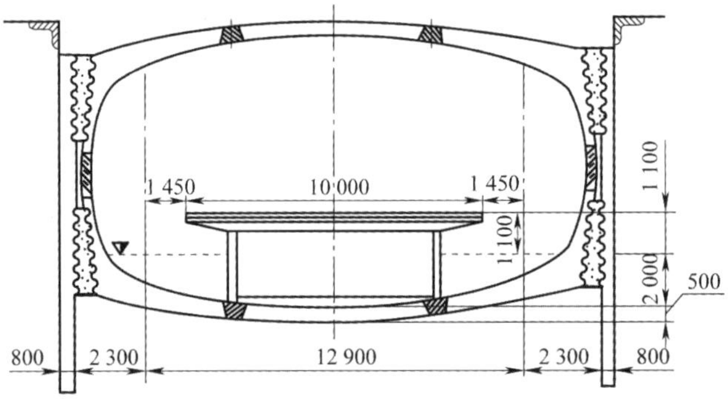

图 3-7 明挖坦拱型装配式车站结构示意(单位:mm)

明挖条件下接头湿式连接的方式，不仅制约了机械化拼装水平和施工效率，而且对于大构件、高配筋率的地铁结构，在有限的基坑空间内进行钢筋连接和混凝土浇筑，施工难度极大，工程质量难以控制。同时大量现浇施工缝的存在也严重影响到地下结构的整体防水性能，一般需要在结构外侧设置外包防水层进行加强。受种种因素制约，上述预制装配施工方法在后来的工程中很少使用。但因装配整体式结构接头为现浇钢筋混凝土的刚性连接，从而具有与现浇混凝土结构同等的结构性能，国内外地面建筑装配式结构基本采用的都是这一装配整体式技术，适合地面建筑的承载环境特点和受力特性，安全可靠、经济合理。

除此之外，国外还曾尝试在矿山法施工的车站结构建造中实施装配化。如俄罗斯圣彼得堡体育场站，该站是一座双层地铁换乘站，位于 60 m 深的黏土层中，采用矿山法施工。在进行主体结构装配施工前,在先行的盾构隧道内浇筑混凝土形成主体顶拱和仰拱的拱脚支座,然后扩挖出车站主体空间,最后完成顶拱和仰拱的预制构件拼装如图 3-8 所示。

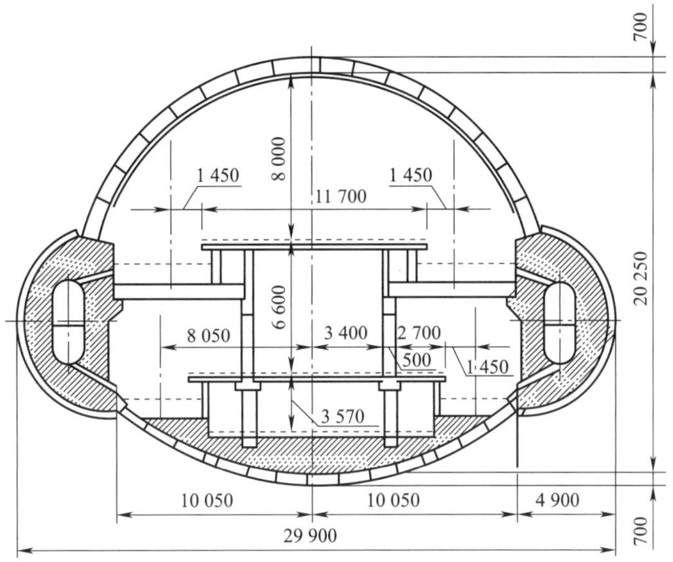

图 3-8　圣彼得堡体育场站装配式结构示意(单位:mm)

法国奥贝尔车站也属于利用矿山法拼装地铁车站的成功案例,如图 3-9 所示,该车站拱部结构由预制构件装配而成,且是在狭窄的暗挖空间内,使用机械装备完成拱部结构的拼装施工。

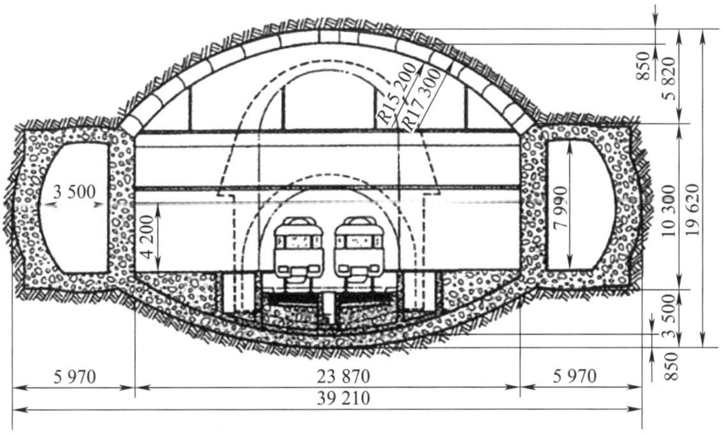

图 3-9　奥贝尔车站装配式结构示意(单位:mm)

矿山法隧道内装配的衬砌结构,由于作业空间的局限,拱部结构基本均拆分为小型预制构件,并通过干式楔形接头连接。另外,矿山法建造装配式地铁车站易受围岩环境和措施限制,结构诸多部位通常需采用现浇和装配结合形式建造。

3.3.2 国内装配式地下结构发展简况

总体上我国地下工程领域预制装配建造技术的应用主要集中在盾构法修建的铁路、公路、地铁区间、市政管廊等工程中，且应用广泛，多以单一的圆形结构为主，多圆盾构隧道、矩形和类矩形盾构隧道也有涉及，如图 3-10、图 3-11 所示。

图 3-10 多块构件拼合综合管廊

图 3-11 宁波地铁 3 号线类矩形盾构隧道

在铁路隧道工程领域，曾有局部采用装配式衬砌的先例，如西秦岭特长铁路隧道的仰拱采用预制化的技术，墙和拱现场浇筑，如图 3-12 所示。

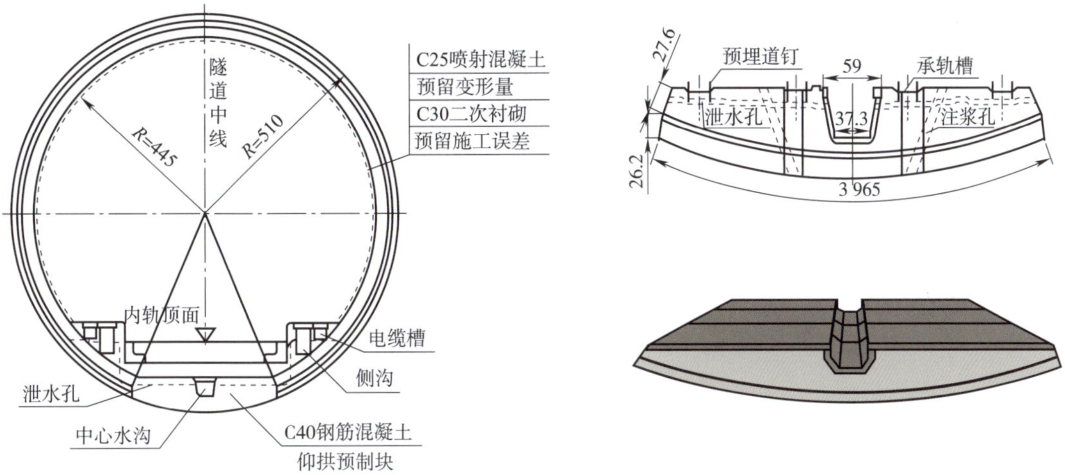

图 3-12　西秦岭隧道预制装配式仰拱结构示意(单位:mm)

2012 年国内首次采用预制装配技术建造地铁车站。由北京城建设计发展集团牵头的研发团队依托长春地铁 2 号线双丰站建造工程,在国内率先开展了预制装配式地下车站的研究与试验工作。该站为单拱大跨结构,采用明挖法桩锚支护体系施工。车站单环由 7 块预制构件拼装而成,如图 3-13 所示,构件与构件之间采用灌浆式榫槽接头连接,拼装期间均为干式连接,无需浇筑混凝土,建造效率大幅提升。预制装配式结构试验站建成后,于 2018 年实现国内首座装配式地下车站的正式使用,这项技术在国内一经推出就广受业内高度关注,截至 2023 年年底已有 68 座预制装配式地下车站在长春、青岛、深圳等主要城市中获得应用,成为中国乃至世界规模最大的装配式地下车站集群。预制装配式地下车站结构形式从拱形、坦拱到矩形结构,从单拱大跨到多层多跨全面拓展,灵活匹配不同城市地铁车站建造的各类需求,展现出极强的技术生命力。

图 3-13　长春预制装配式地铁车站

除全装配式地铁车站结构之外,国内也展开了其他预制装配式地下车站结构建造技术的研究与探索,如哈尔滨地铁采用的矩形预制叠合现浇的方式建成的丁香公园站,如图 3-14 所示,上海地铁采用拱形预制叠合现浇法建成的 15 号线吴中路站,如图 3-15 所示。

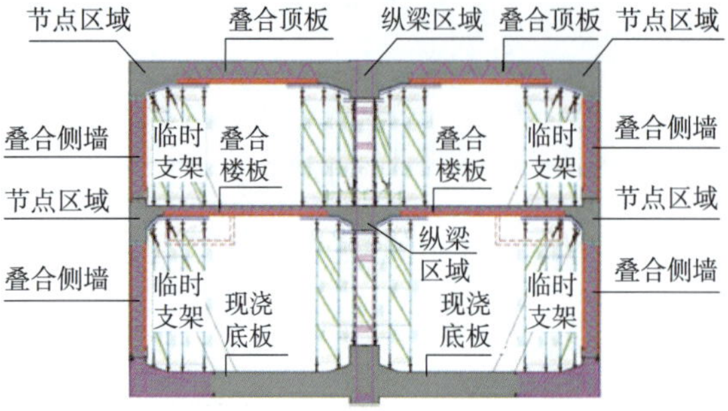

图 3-14 哈尔滨地铁 3 号线丁香公园站

图 3-15 上海地铁 15 号线吴中路站

3.4 装配式建造技术核心意义

无论地面装配式建筑结构，还是装配式地下结构，其装配式的核心均集中于构件与构件之间的连接，而从广义的概念来讲，装配式建造技术的核心不仅单纯指构件与构件的连接装配，而是从应用场景考虑，将传统建造方法的大量现场作业转移至工厂进行高效率和高质量的制作，在此基础上实现施工现场的快速安装，有效减少现场的作业环节和提升施工作业效率。因此，在不同的应用场景，装配式建造技术的重点会有所不同，但归纳起来，装配式建造技术的核心意义不外乎以下五个方面。

1. 工厂化制造

工厂化制造的目的不仅为减少现场作业，工厂化制造实质上是生产模式的改变。与现场浇筑混凝土的作业模式相比，工厂化制造有诸多明显的优势：

(1)产品的质量高。工厂预制的构件混凝土质量远高于现场浇筑混凝土质量。

(2)生产效率高。工厂作业有利于优化作业模式，充分利用工厂生产机械化和标准化程度高的优势，提升生产作业效率。

(3)劳动力使用量少。工厂的机械化和集中化作业能够大幅度减少作业人员数量，节省人力成本。

(4)环境影响小。工厂化生产能消除施工现场的环境影响，而工厂生产环境也有利于减小和控制因生产造成的环境影响。

2. 机械化施工

机械化施工是装配式建造技术的重要支柱。传统现场作业模式大部分作业均靠人工完成，不仅用工量大，而且施工效率低、作业风险高。采用装配式技术后，预制好的构件重量和体量都已经不是靠人力能够完成的工作，因此需要配套相应的机械设备辅助施工，由此能够大幅减少现场作业人员，并大幅降低现场作业人员的劳动强度，提升施工作业的效率。由于现场作业环节的减少，诸多传统施工作业的风险环节也同时被消除，施工安全性大幅提升。

3. 大幅减少现场和工厂施工作业人员

装配化施工所减少的施工作业环节，机械化施工省掉的人工作业，工厂化制作、机械化标准化程度提高省掉的人工作业环节，上述三方面能够大幅度减少整个施工作业的用工数量。

4. 提升施工效率和工程质量

装配化施工的最大特点是将现场施工作业转化为快速的安装作业。以往大量繁杂的现场作业均被移至工厂,因而现场的施工作业效率将有大幅度的提升。与此同时,工厂制作的构件(部品)质量远高于现场施工质量,机械化施工和标准化作业更加有利于现场施工作业环节对成品的把控,整体工程质量将有大幅度提升。

5. 现场作业环境影响降低,施工安全性提高

装配式建造方式能够有效减少现场材料用量,进而减少施工用地面积,减少现场施工作业的环境噪声和粉尘污染,减少作业环节的风险,使工程建设的安全性得到提高。

3.5　装配式轨道技术理念

3.5.1　现有轨道结构施工技术调研

1. 铁路有砟轨道施工作业步序

图 3-16 为铁路有砟轨道施工作业步序,在有砟轨道施工作业环节中,除混凝土轨枕为工厂制作之外,其余均为现场作业。

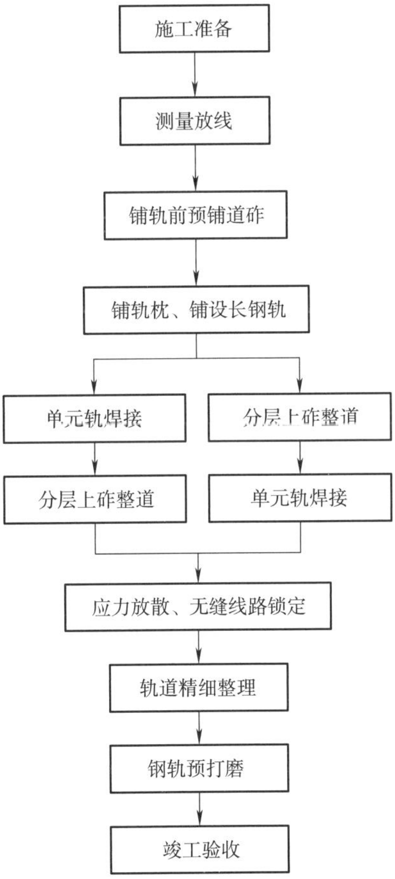

图 3-16　铁路有砟轨道施工作业步序

2. 铁路 CRTSⅠ型板式无砟轨道施工作业步序

图 3-17 为铁路 CRTSⅠ型板式无砟轨道施工作业步序，在 CRTSⅠ型板式无砟轨道施工作业环节中，除预制轨道板为工厂制作之外，其余均为现场作业。

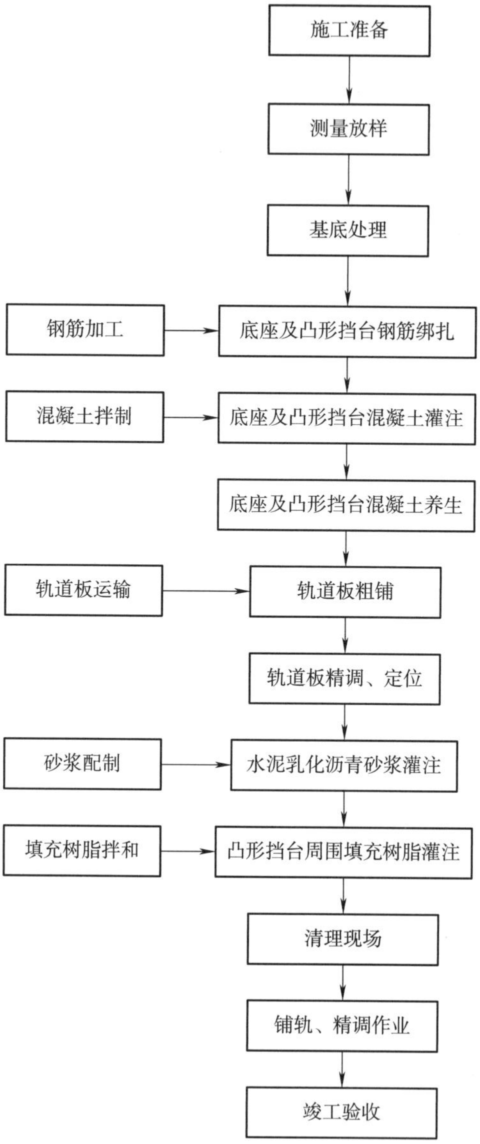

图 3-17 铁路 CRTSⅠ型板式无砟轨道施工作业步序

3. 铁路 CRTSⅡ型板式无砟轨道施工作业步序

图 3-18 为铁路 CRTSⅡ型板式无砟轨道施工作业步序（以桥上为例），在 CRTSⅡ型板式无砟轨道施工作业环节中，除预制轨道板为工厂制作之外，其余均为现场作业。

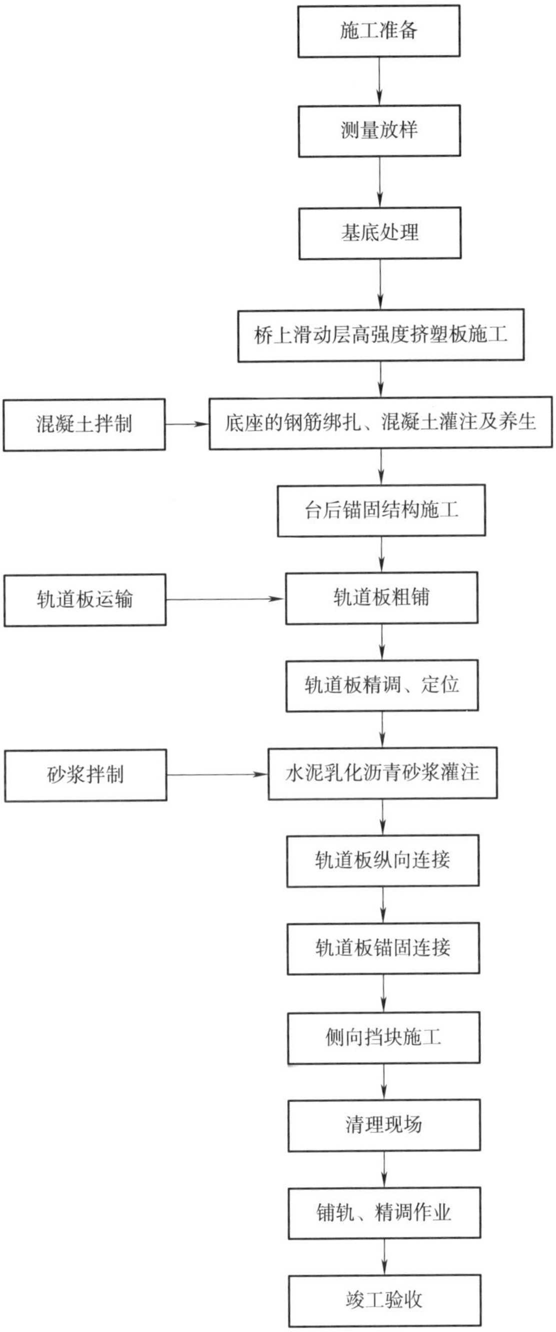

图 3-18　铁路 CRTSⅡ型板式无砟轨道施工作业步序

4. 铁路 CRTS Ⅲ型板式无砟轨道施工作业步序

图 3-19 为铁路 CRTS Ⅲ型板式无砟轨道施工作业步序，在 CRTS Ⅲ型板式无砟轨道施工作业环节中，除预制轨道板为工厂制作之外，其余均为现场作业。

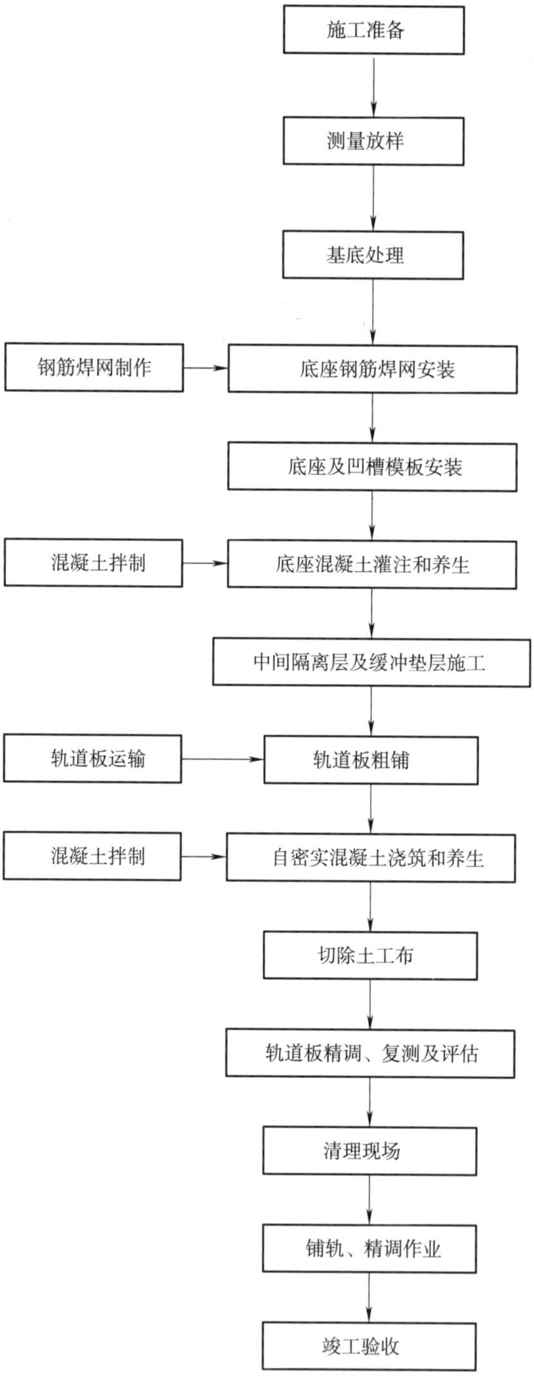

图 3-19 铁路 CRTSⅢ型板式无砟轨道施工作业步序

5. 铁路双块式无砟轨道施工作业步序

图 3-20 为铁路双块式无砟轨道施工作业步序，在双块式无砟轨道施工作业环节中，除双块式轨枕为工厂制作之外，其余均为现场作业。

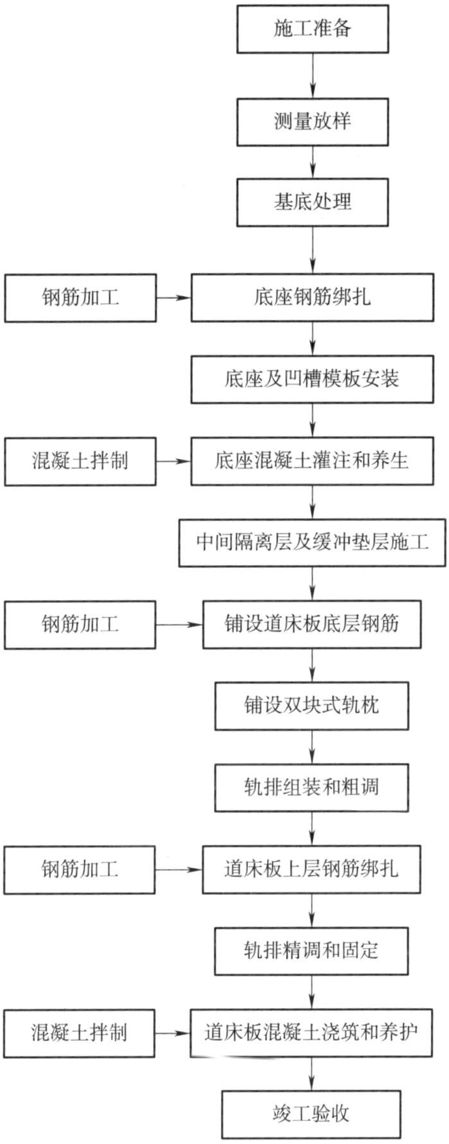

图 3-20　铁路双块式无砟轨道施工作业步序

6. 城市轨道交通现浇整体道床施工作业步序

图 3-21 为城市轨道交通现浇整体道床施工作业步序，在城市轨道交通现浇整体道床施工作业环节中，除混凝土轨枕为工厂制作之外，其余均为现场作业。

7. 城市轨道交通现有传统板式无砟轨道施工作业步序

图 3-22 为城市轨道交通现有传统板式无砟轨道施工作业步序，在城市轨道交通现有传统板式无砟轨道施工作业环节中，除轨道板为工厂制作之外，其余均为现场作业。

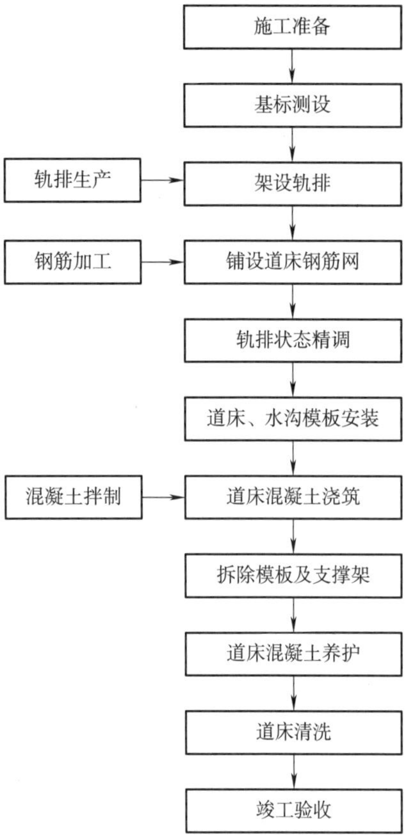

图 3-21 城市轨道交通现浇整体道床施工作业步序

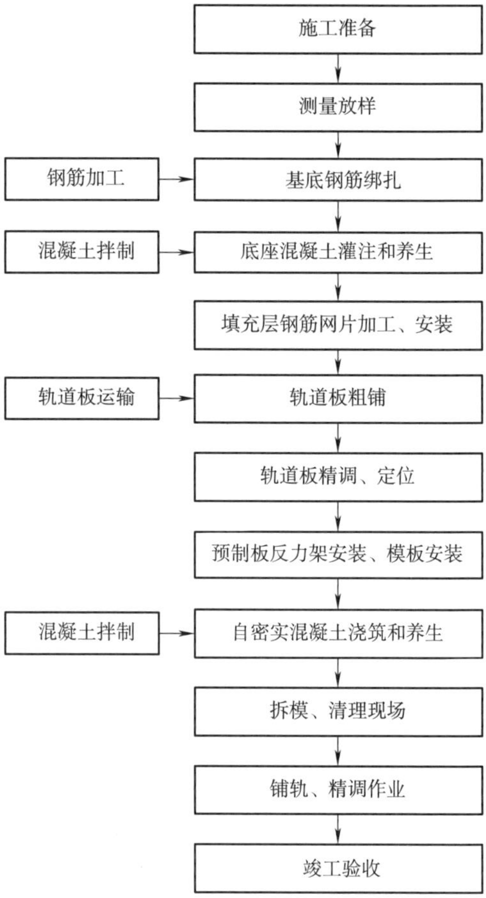

图 3-22 城市轨道交通现有传统板式无砟轨道施工作业步序

3.5.2 现有轨道结构技术及建造模式的问题分析

城市轨道交通自开始建设以来，轨道结构建造技术就始终受结构形式、施工工艺、施工装备、建设工期等方面的制约，存在诸多亟待解决的核心技术难题。

(1)作业工序繁杂、施工效率低下。传统现浇或板式轨道结构的施工，钢筋绑扎、模板组立、测量定位、混凝土浇筑等现场作业工序多，不仅用工量大、劳动强度高，而且施工效率低下。据统计，传统轨道结构施工每个工作面需要投入的作业人员数量可达 90 余人，而每天的综合铺轨进度一般仅为 30～75 m。

传统的施工装备基本处于低端的辅助人工作业状态，同时受矩形、圆形、马蹄形隧道底面轮廓的制约，施工装备均需要设置临时钢轨，采用有轨运输的方式行走，形成了严重的交叉作业影响，且临时钢轨的安装和拆除均对永久隧道结构造成一定的损伤。

(2)轨道平顺性差、振动噪声突出。传统轨道结构相对粗放的建造模式，导致轨道精度控制难、平顺性差，出现车体晃动、钢轨波磨、振动噪声剧烈等问题，降低了列车运行的安全性和乘客的舒适性，并对周边居民产生了较大影响。

(3)轨道病害频发、养护维修困难。随着城市轨道交通的高速发展，已从“建设为主”逐渐演变为“运营为主”，养护维修工作日益增多。传统轨道结构普遍存在刚性结合面剥离、轨道板开裂、板下离缝和钢轨异常磨耗等病害，整治工作量大、难度高，尤其是轨道结构的大修更换，已成为困扰行业的难题。

3.5.3　装配式轨道技术理念的提出

1. 装配式轨道技术研究路线

轨道领域面临的诸多技术难题严重制约了我国城市轨道交通的快速、健康发展，轨道结构技术的升级换代势在必行。研究团队突破传统模式，面向建筑产业化、绿色建造和助力“双碳”目标实现等重大需求，以装配化建造理念为核心、机械化施工为支撑，提出了贯穿设计、制造、施工、运维全过程的高质、高效、绿色环保的装配式建造技术思路和解决方案。

装配式轨道技术研究工作的技术路线如图 3-23 所示。

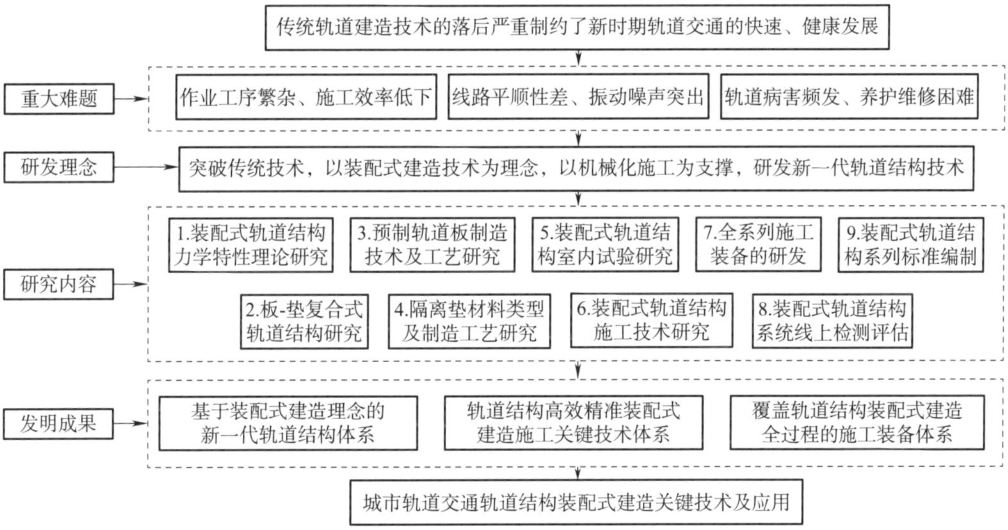

图 3-23　技术路线框架

2. 装配式轨道技术的研究目标

(1)分析城轨传统现浇轨道结构和板式轨道结构的问题

城市轨道交通轨道结构多采用现浇整体道床轨道结构形式，主要弊端：铺轨施工工序繁杂、大量人工作业、施工难度大、效率低、环境差，尤其是铺轨精度和质量不易控制，常导致新建线路平顺性差、舒适度低。

现有传统板式轨道仍存在结构复杂、施工工序多、自密实混凝土要求高、施工质量控制难等问题。

(2)汲取高速铁路轨道技术的经验教训

高速铁路所采用的预制板式轨道结构很大程度上解决了线路平顺性和现场现浇施工的问题。与高速铁路相比，城市轨道交通的预制板轨道在使用条件、速度等级、结构形式、环保要求等方面存在较大差异，同时，高速铁路轨道技术也存在不少问题亟待解决，包括预应力轨道板变形、板下离缝及起拱病害频发，维修困难；施工作业环节多、人工精调难度高、劳动强度高、效率低等。

(3)推动城轨绿色建造技术发展

国家积极倡导推动绿色建造技术发展，尤其是装配式建造技术发展多年，在地面建筑领域的发展成绩斐然，而城市轨道交通领域尤其是轨道技术领域目前尚不够成熟。装配式建造技术所具有的现场作业环节少、施工效率高、结构质量好、节省劳动力、绿色环保的特点，有利于改善轨道结构目前的状况。

(4)研究工作的总体目标

围绕装配式轨道建造技术核心理念，开展全面创新，研发符合装配式建造方式的轨道结构体系，研发装配式轨道的生产和施工工艺，研发支撑装配式建造方式的全系列施工装备。与此同时，研究装配式轨道结构的理论、设计和试验方法，最终形成“城市轨道交通轨道结构装配式建造技术体系”。

3. 装配式轨道技术理念框架

装配式轨道结构技术不局限于预制构件的现场连接技术，而是将装配式理念贯穿建造全过程，即最大程度的工厂化；多数环节的装配化；施工工艺的简便化；施工装备的全面化。通过对这四方面核心内容的细化，形成的装配式轨道技术理念框架如图 3-24 所示。

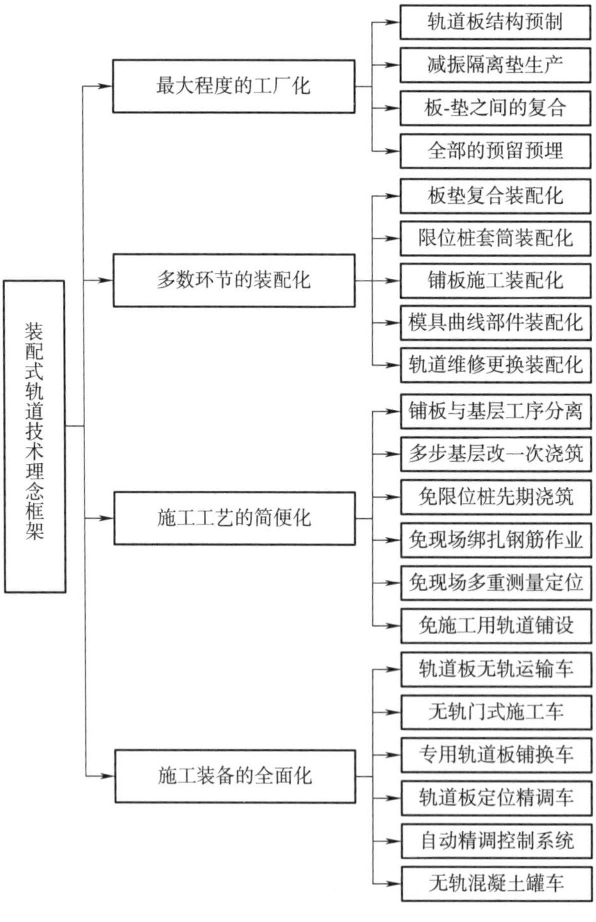

图 3-24 装配式轨道技术理念框架

4. 装配式轨道技术的主要研究内容

装配式轨道技术主要研究内容框架如图 3-25 所示。

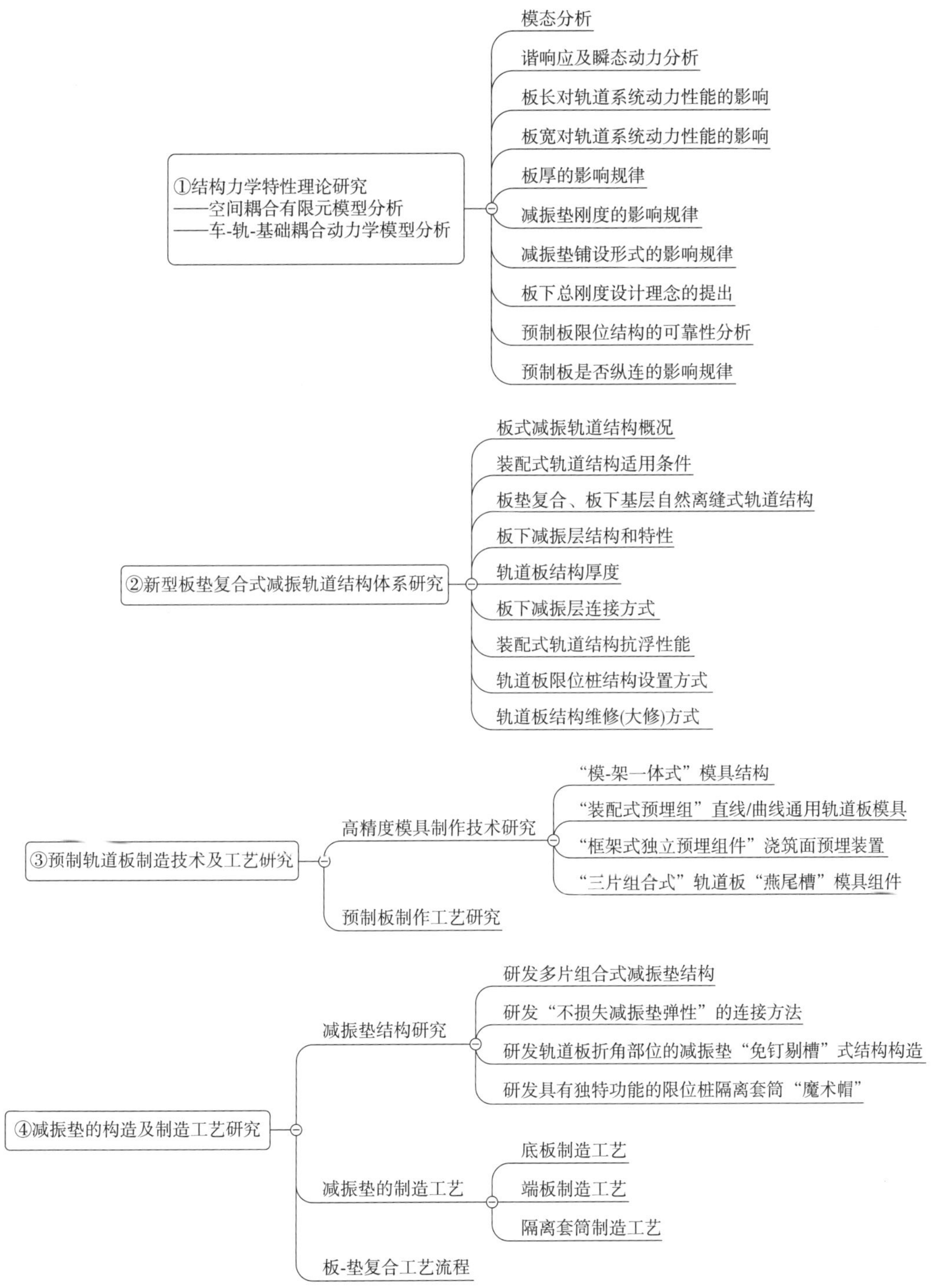

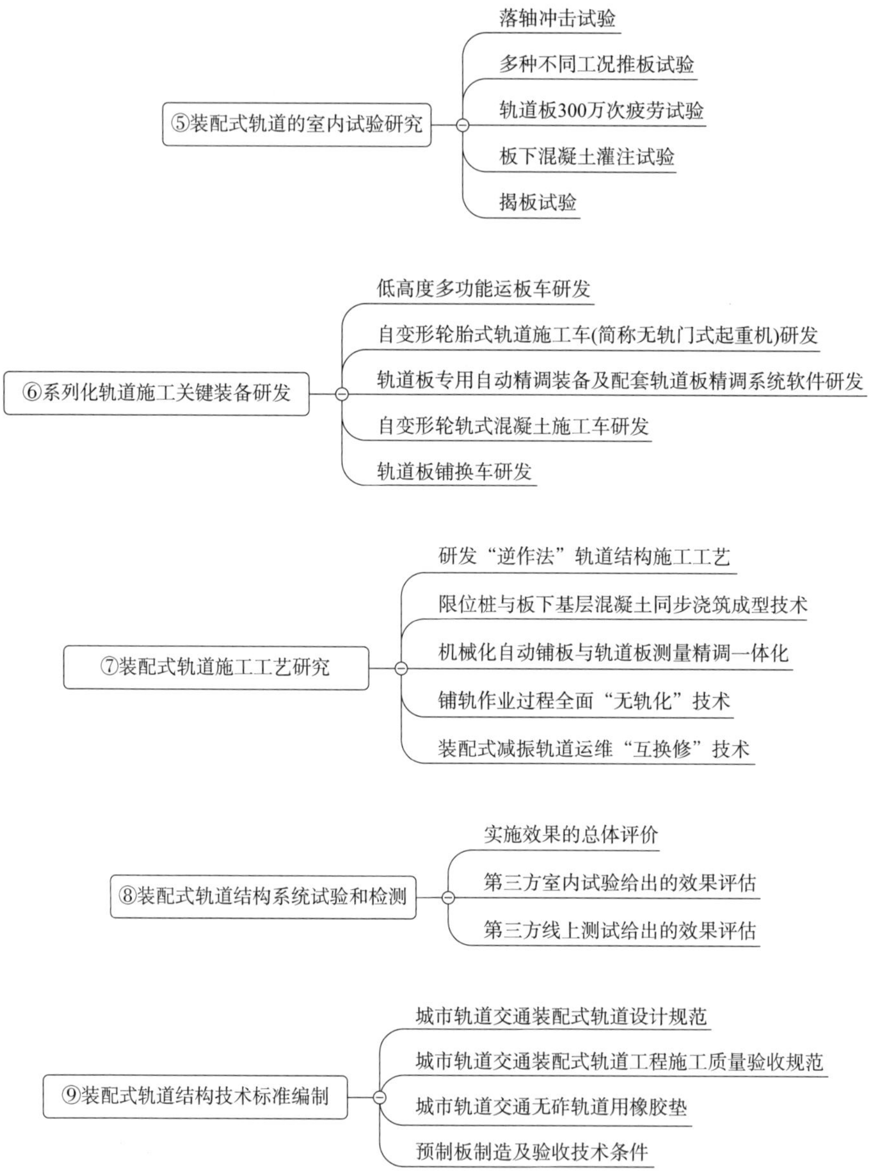

图 3-25　装配式轨道技术主要研究内容框架(①～⑨)

第4章　装配式轨道技术方案

为了解决传统现浇轨道结构和传统板式轨道结构存在的诸多问题，城市轨道交通装配式轨道技术需要突破传统建造理念和方法，系统性研发基于装配式建造理念的新型轨道结构体系、适应城市轨道交通线路敷设要求及施工特点的轨道板形式、高效精准的装配式轨道施工技术体系、覆盖建造全过程的专用装备体系这一装配式轨道技术方案。

4.1　基于装配式建造理念的新型轨道结构体系

(1)因城市轨道交通的线路位于市区，温差较小。敷设方式以地下及高架为主，下部基础稳定。故优先考虑非预应力轨道板，便于生产制造，且以减振地段采用质量较大的厚板相适应，也可避免因预应力板可能存在的预应力偏心带来的翘曲问题。

(2)轨道板板长控制。考虑小半径曲线的适应性，并结合吊装、运输设备的荷载能力，板长宜控制在3～6 m(含板缝)范围，可定出一种标准板，再给出1～2种板长作为调整板，根据其他控制因素(如人防门、桥梁模数等因素)采用。

(3)轨道板板宽控制。考虑城市轨道交通盾构内径比高铁隧道小，结合扣件及承轨台的宽度，并参考目前现浇道床的宽度尺寸，轨道板宽度可控制在2.2～2.4 m，道岔区轨道板可结合施工条件适当放宽。

(4)轨道板板厚控制。区间盾构及暗挖段的板厚尺寸控制在330～370 mm，与当前钢弹簧浮置板的厚度基本相当，若减振需求较高且盾构内径较大时，在满足运输要求前提下，可适当增大轨道板板厚，横断面设计为倒梯形断面，断面下部的两端做“倒棱”处理，增加对盾构区段土建误差的适应性；车站地段及高架线，考虑轨道结构高度过高将增加土建投资及桥梁的二期恒载，另一方面这些地段的减振需求一般不高，厚度一般按200 mm控制，断面设计为矩形；地面线轨道板可根据需要采用厚板或薄板。

(5)轨道板的限位通过限位桩的方式实现。在轨道板的厚度方向留有2个限位孔(兼做观察孔)，灌注填充层时，将限位孔灌满后，将钢筋笼插入至接近隧道底部，形成板的钢筋混凝土结构限位桩。限位孔内安装有弹性材料制成的灌注套筒，在板与限位桩之间形成缓冲作用。轨道结构示意图如图4-1所示。

(6)根据测量及运板、卸板需求，轨道板内留有吊装、铺设用的起吊套管，其中安装棱镜用孔可利用安装扣件用尼龙套管。轨道板内的预留及预埋件情况如图4-2所示。

(7)板下减振垫的铺设方式，考虑将来施工的便利性，首选采用满铺的方式，也可采用条铺和点铺两种方式，但应主要结合减振需求及轨道的垂向位移控制两方面，合理设计板下的总刚度。若无减振需求，则将减振垫改用非减振功能的隔离垫代替。

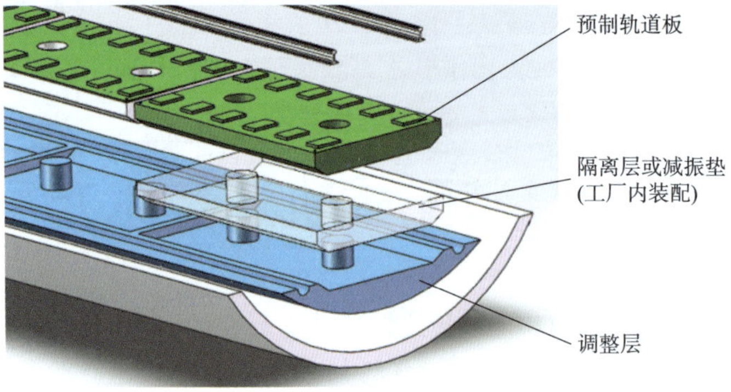

图 4-1 轨道结构示意

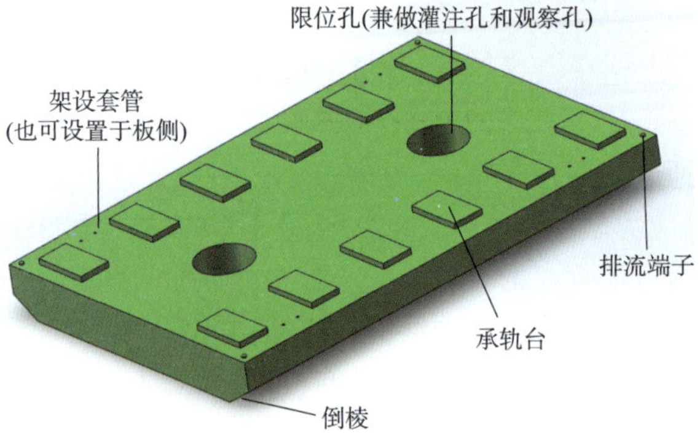

图 4-2 轨道板内的预留及预埋件情况

(8)填充层可选用自密实混凝土、钢纤维细石混凝土等材料,应根据设计要求确定具体材料。地下线板下填充层混凝土强度等级不应低于 C35,地面及高架线不应低于 C40。采用钢纤维细石混凝土时,板下填充层厚度不宜小于 150 mm;采用自密实混凝土时,板下填充层厚度不宜小于 80 mm。

(9)装配式轨道的轨道结构高度。参照传统现浇的减振垫浮置板道床的高度及装配式轨道的技术特点,盾构地段最小轨道结构高度为 800 mm,矩形隧道内最小轨道高度为 650 mm,马蹄形隧道断面按轮廓形式确定轨道结构高度,一般可按单洞单线 840 mm、单洞双线 650 mm 考虑,高架线按 650 mm 考虑。拟定的装配式轨道设计方案断面图如图 4-3 和图 4-4 所示。

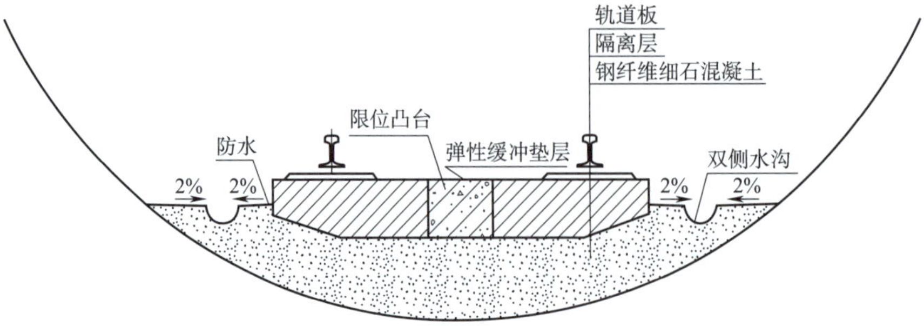

图 4-3 拟定的地下线装配式轨道设计方案断面

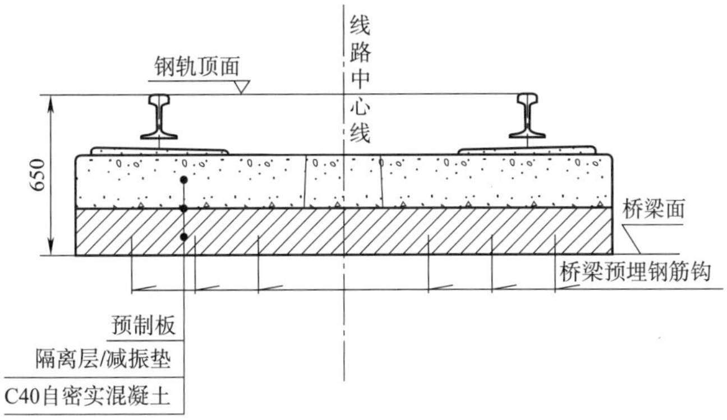

图 4-4　拟定的高架线装配式轨道设计方案断面(单位:mm)

(10)相关接口方面,主要涉及排水、过管线及杂散电流。排水方面,在轨道板两侧设置排水沟;过轨管线方面,从轨道板之间的板缝通过。标准板缝按 100～150 mm 预留,因过轨等问题需扩大板缝时,最大不超过 200 mm;杂散电流方面,轨道板钢筋的布置及绑扎需严格按杂散电流要求设置,排流端子直接在板厂安装完毕(考虑便于轨道板生产,排流端子与板面平齐)。

第 5 章提出了满足装配式轨道应用需求的非线性、精细化分析方法,并在有限元分析平台和动力仿真分析平台上建立了静、动力学的非线性、精细化、多尺度分析模型,分析轨道板尺寸、弹性垫刚度、限位方式等影响因素下,轨道结构的应力分布特征、变形协调机制、振动传播规律;第 6 章提出了涵盖施工、承载、疲劳和减振性能等多方面的检测技术。以上内容组成了装配式轨道结构的综合性能分析方法和评价体系,为装配式轨道结构的设计提供理论指导和数据支持,如图 4-5 所示。

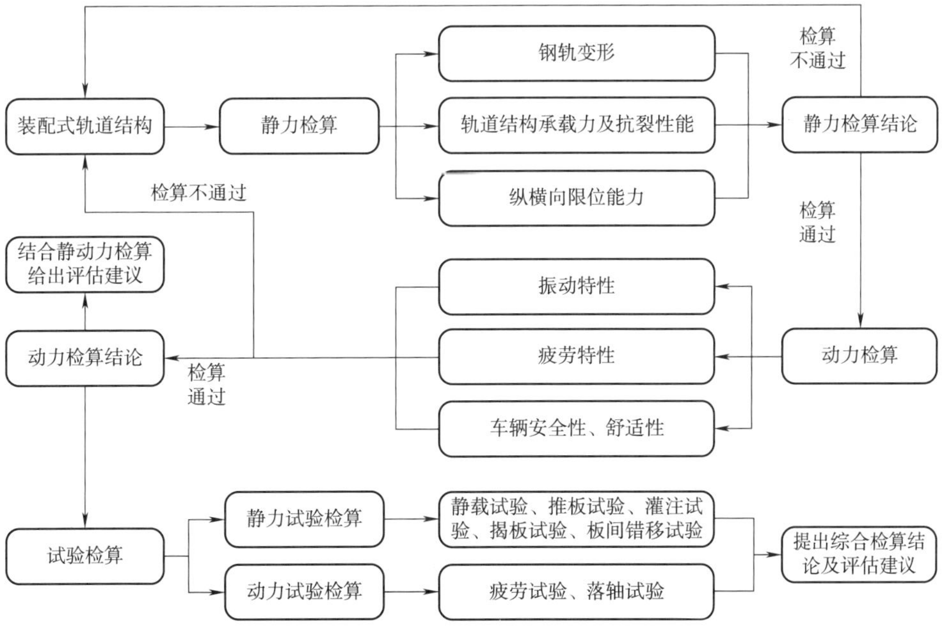

图 4-5　装配式轨道结构性能检算、评估指标及分析方法流程

此外，第 7 章详细介绍了减振(隔离)层的设计及生产工艺，第 8 章详细介绍了轨道板的工厂化生产工艺。

4.2 高效精准的装配式轨道施工技术体系

传统现浇轨道结构和传统板式轨道结构均采用由下至上逐层施作的施工工序，而每一道施工工序完成后，均需要等待一定的时间方可进入下一道施工作业程序，因此施工效率相对较低。施工工序中有大部分属于人工作业方式，不仅劳动力用量大且作业效率低，还会影响铺轨质量和施工精度的稳定性。

第 9 章主要探讨了与装配式轨道结构体系相匹配的装配式施工工艺，摒弃了传统轨道结构由下向上“顺作法”施工时繁琐的施工技术，提出了由上向下的“逆作法”施工工艺，解决了传统轨道结构施工工序多、工序制约大、作业效率低的突出问题。

4.3 覆盖建造全过程的专用装备体系

装配式轨道技术以其轨道板工厂化预制、轨道板与隔离层(减振垫)工厂化装配复合及独特的“逆作法”铺轨施工工艺，使轨道施工作业由原来的多道复杂工序、大量人工作业及低下的机械化使用率直接转变为工序简单、用工数量少、机械化程度高的新一代施工方式。装配化的实现，主要依赖关键施工装备的研发和应用。

传统轨道施工需要首先铺设临时轨道的施工模式，既费工费时、增加工程费用，同时单一轨道模式无法进行交互施工作业，也制约了铺轨作业效率的突破。安装临时轨道，必须在隧道及桥梁结构上进行打孔锚固作业，对管片结构的伤害也不容忽视。更重要的是，在临时轨道安装过程中，钢支墩的安装要求往往被忽视，出现螺栓未拧紧、安装数量减少等问题，从而造成施工设备发生运行安全问题。

第 10 章主要讨论了与新型装配式轨道结构体系和装配式施工工艺相匹配的贯穿运输、铺设、精调、灌注和运营维修全系列的 5 大类专用装备体系，这些装备用于满足装配式轨道施工工艺的需求，提升了装配式轨道施工的机械化、自动化水平，是装配式轨道建造技术的重要支撑。

第 5 章　装配式轨道力学特性分析

5.1　理论仿真分析模型的建立

本章提出了满足装配式轨道应用需求的非线性、精细化分析方法，并在有限元分析平台和动力仿真分析平台上建立了静、动力学的精细化仿真模型，分析轨道板尺寸、弹性垫刚度、限位方式等影响因素下，轨道结构的应力分布特征、变形协调机制、振动传播规律。

5.1.1　减振垫模型的比选研究

在以往的减振轨道研究中，减振垫（隔振器）大多采用弹簧-阻尼单元模拟。该方法在研究减振垫刚度和阻尼对轨道系统的动力性能影响时较为方便，但却不能反映减振垫的受力状态，且在研究减振垫铺设面积和间距等参数影响时，该模型局限性较大。实体单元是模拟减振垫的有效方法，且更符合实际。减振垫分别用弹簧阻尼单元模拟和实体单元模拟，通过模态分析对比两种模拟方法对轨道系统动力性能的影响，如图 5-1 所示。

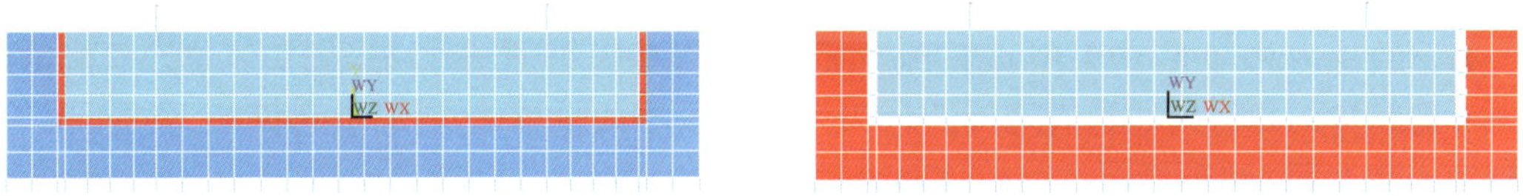

（a）实体单元模拟　　（b）弹簧单元模拟

图 5-1　两种减振垫模拟方法的减振轨道有限元模型

两种模型采用相同的轨道尺寸和参数，以橡胶垫为例，基础模量取 0.02 N/mm^3，减振垫为满铺形式。模型长度为 3 块板长。按实体单元条件下板下刚度与弹簧单元等效的原则，得出橡胶垫对应的弹性模量。两种单元条件下轨道结构的固有频率对比见表 5-1。

表 5-1　轨道结构垂向振型图及固有频率对比　　单位：Hz

序号	振型图	实体单元	弹簧单元
1		26.4	26.4

续上表

序号	振型图	实体单元	弹簧单元
2	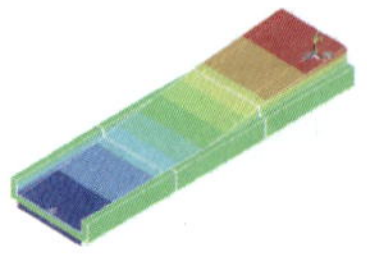	26.4	26.8
3	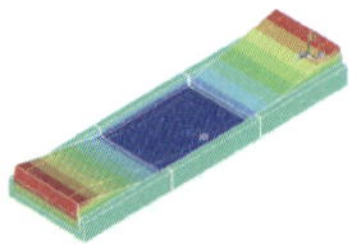	27.2	27.8
4	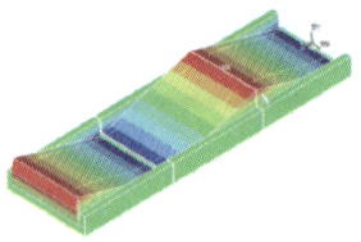	28.9	30.2

由表 5-1 可见，减振垫用实体单元模拟时减振轨道结构的垂向共振频率与用弹簧单元模拟时减振轨道结构的垂向共振频率基本相等，说明两种模拟方式都能较好反映轨道的振动特性。而由于实体单元模拟更符合实际，减振垫推荐采用实体单元模拟。

5.1.2 减振轨道空间耦合有限元模型

将钢轨视为欧拉梁，用梁单元离散；轨道板、减振垫及下部基础均采用实体单元模拟，可以全面考虑结构的几何尺寸和物理属性。扣件系统采用线性弹簧-阻尼单元模拟。减振轨道空间耦合模型如图 5-2 所示。

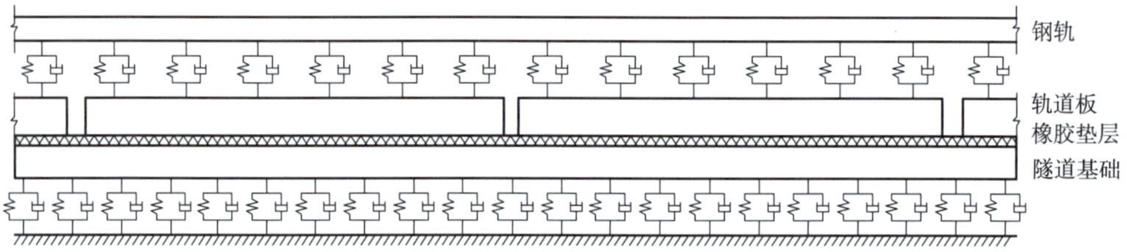

(a)纵断面

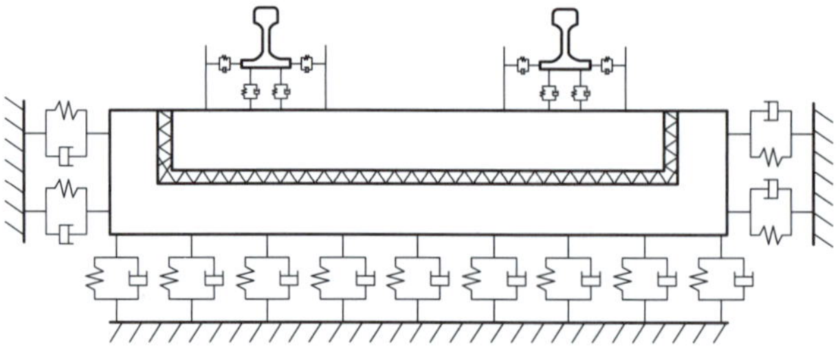

(b)横断面

图 5-2 减振轨道空间耦合模型

建立的装配式减振轨道振动传递特性分析模型如图 5-3 所示。

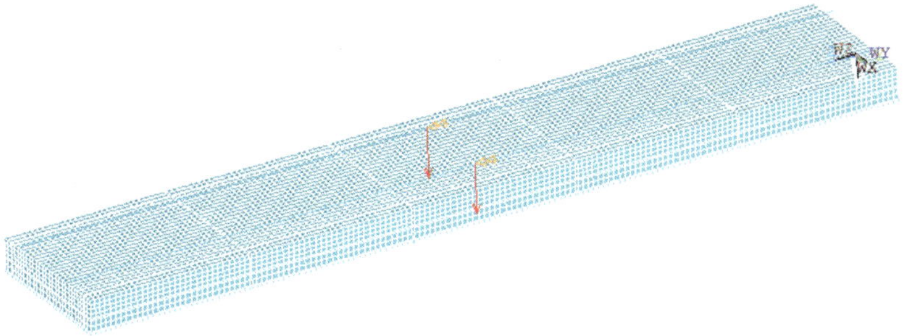

图 5-3　装配式减振轨道振动传递特性分析模型

5.1.3　地铁车辆-减振轨道-下部基础耦合动力学模型

1. 车辆模型

仿真模拟采用整车模型(图 5-4),根据车辆的结构形式、悬挂特性,将车体、两个转向架以及四个轮对视为刚体,车辆模型就变成由车体、转向架以及轮对组成的多刚体系统。整个系统彼此之间通过两系弹簧阻尼器元件连接。在车辆-轨道空间耦合动力分析模型中,车体和转向架各有五个自由度,即沉浮、点头、横移、侧滚和摇头;每个轮对具有四个自由度,即沉浮、横移、侧滚和摇头,不考虑车轮转速不均匀产生的回转。

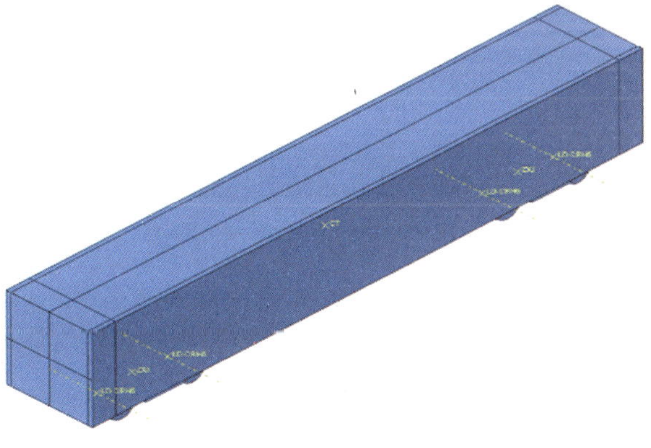

图 5-4　车辆模型

2. 减振轨道及下部基础模型

该部分模型与建立的减振轨道空间耦合有限元模型类似。模型各项参数完全一致,但考虑行车距离及边界的影响。

3. 轮轨接触模型

轮轨接触之间的接触力是研究轮轨接触问题的重点指标之一,接触关系正确的数学描述直接影响接触力分析的正确性。

(1)轮轨法向力

轮轨法向力假定为 Hertz 接触力,根据 Hertz 非线性弹性接触理论计算轮轨法向力:

$$P(t)=\left[\frac{1}{G}\Delta Z(t)\right]^{\frac{3}{2}} \tag{5-1}$$

式中 G——轮轨接触常数($m/N^{\frac{2}{3}}$)；

$\Delta Z(t)$——t 时刻轮轨间的弹性压缩量(m)。

对于本模型中的磨耗型踏面车轮来讲，$G=4.57R^{-0.149}\times10^{-8}(m/N^{\frac{2}{3}})$，其中，$R$ 为车轮半径(m)。

(2)轮轨切向力

由于摩擦的存在，车轮与钢轨在接触斑上会产生切向力，即为轮轨蠕滑力。研究采用了 Kalker 线性理论。

采用以上的思路和方法，建立的动力学模型如图 5-5 所示。

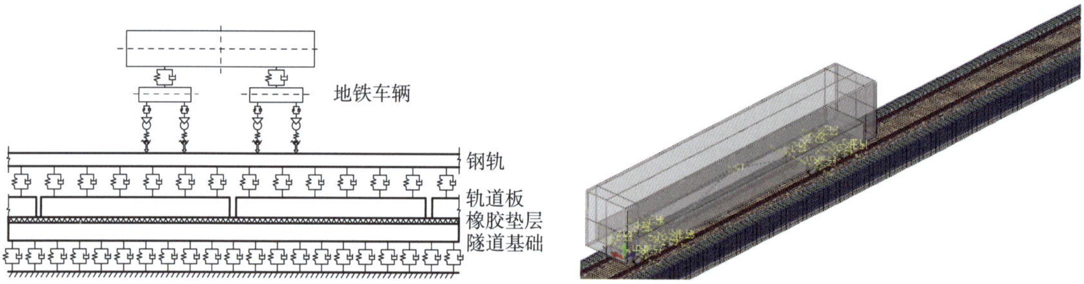

图 5-5 地铁车辆-减振轨道-下部基础耦合动力学有限元模型

5.2 理论仿真分析

在基于前述建立的模型基础上，对装配式轨道系统开展了系统的理论研究，理论研究内容包括：装配式减振轨道的减振效果，轨道板尺寸，减振垫刚度，减振垫的铺设形式和铺设面积，轨道板限位方式以及是否纵连等方面对力学性能的影响。

5.2.1 装配式减振轨道的减振效果研究

1. 目标板固有频率的模态分析

单自由度振动系统示意图如图 5-6 所示，m 为参振质量，k、c 分别为系统刚度和阻尼。

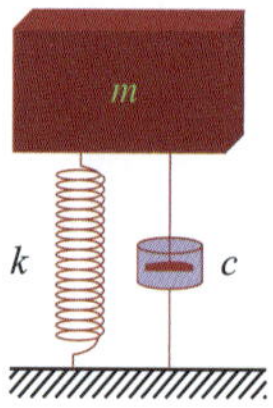

图 5-6 单自由度振动系统示意

单自由度系统固有频率：

$$f=\frac{1}{2\pi}\sqrt{\frac{k}{m}} \tag{5-2}$$

基于建立的实体模型，利用有限元模态分析方法计算装配式减振轨道系统的固有频率，可以得到图 5-7 所示的目标板垂向振型图。

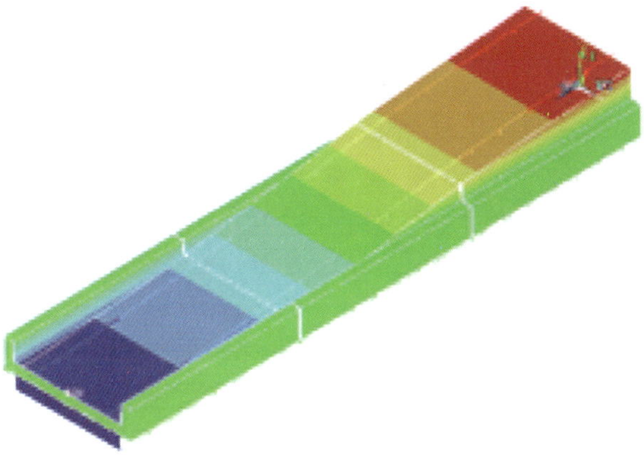

图 5-7　目标板垂向振型图

模态分析能反映出各阶固有频率下轨道系统的振型，可以借此了解系统的振动行为，其中基频对系统振动特性影响最为明显。因模态分析采用的模型更接近实际结构，故固有频率的分析以模态分析结果为准。

2. 有无减振垫对行车作用下轨道动力特性的影响分析

隧道基础垂向振动加速度 Z 振级对比如图 5-8 所示，由图 5-8 可知，在固有频率附近，减振轨道对振动有放大作用，而其他频段有较为明显的减振效果。

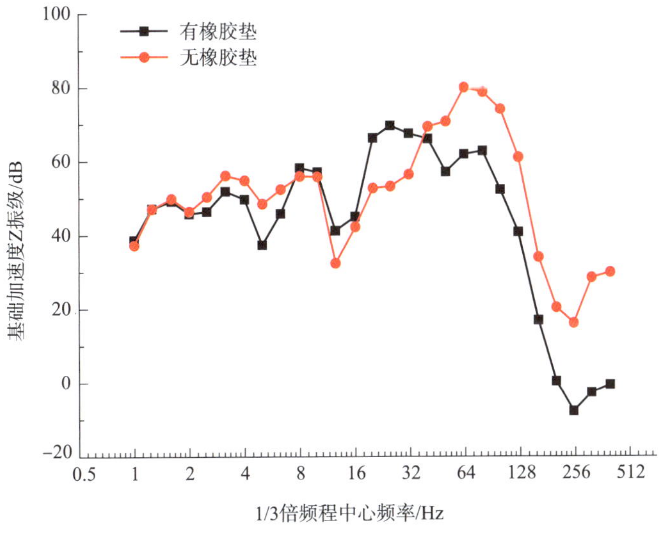

图 5-8　隧道基础垂向振动加速度 Z 振级对比

3. 有无减振垫条件下轨道结构振动传递特性的对比分析。

通过计算可知，有无减振垫对隧道垂向振动传递特性有以下影响规律，如图5-9所示。

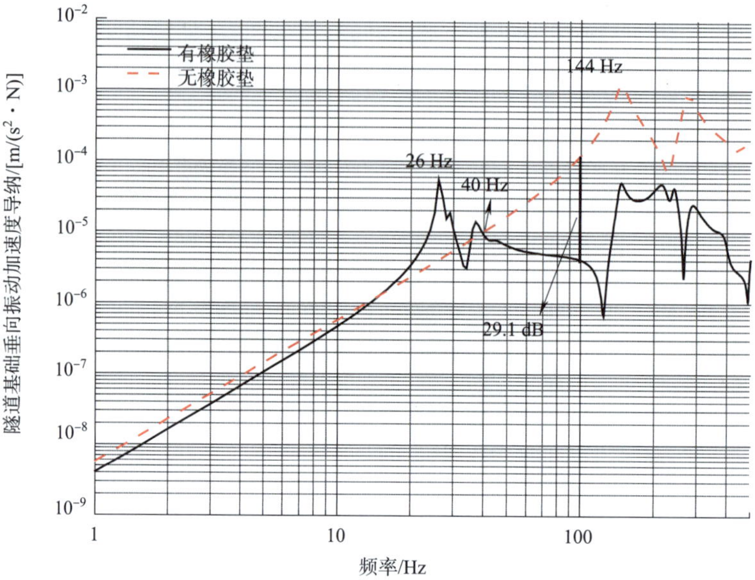

图5-9 隧道基础垂向振动加速度导纳

由图5-9可知，在一阶垂向固有频率附近，有减振垫时放大了基础振动。当振动频率大于固有频率时，有减振垫轨道可以有效地隔离振动的传播。

5.2.2 轨道板尺寸对比研究

不同的轨道板尺寸(包括板长、板宽、板厚)会对轨道结构固有频率、振动传递特性、动力特性造成不同影响。因此需要对其进行研究，以确定合理的轨道板尺寸。

1. 轨道板长度影响

(1)固有频率影响

预制板板长的选择需要考虑土建要求及曲线适应性等。根据线路条件，确定了板长的研究范围为3～6 m。针对3.0 m、3.6 m、4.2 m、5.4 m、6.0 m不同板长进行模态分析，研究板长对减振轨道固有频率的影响，如图5-10所示。

由于减振效果主要受轨道系统的基频影响，增加板长对轨道系统一阶垂向固有频率影响不大。因此，板长的选择可以从线路条件、运输、吊装及铺板工装能力等方面进行控制。

(2)振动传递特性影响

通过板长的模态分析可知，在板下单位面积减振垫刚度不变的情况下，增加板长，轨道系统的一阶垂向固有频率几乎没有变化。各种板长下一阶共振频率同为26 Hz，板长对减振效果没有明显的影响，如图5-11、图5-12所示。

(3)轨道动力特性影响

基于地铁车辆-减振轨道-下部基础耦合动力学模型，对减振轨道动力特性进行分析。针对不同板长得到的计算结果见表5-2，如图5-13所示。

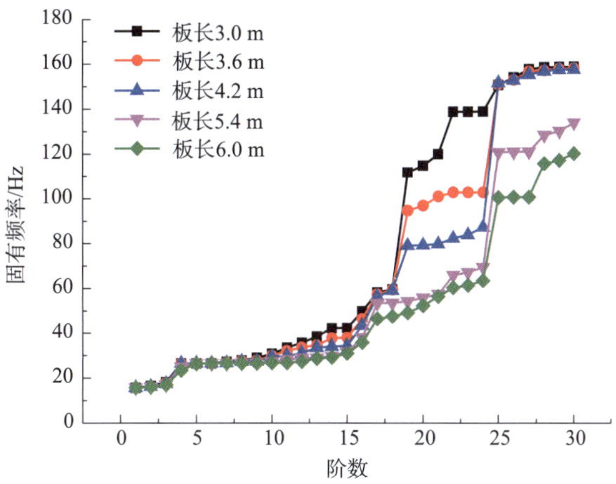

图 5-10　不同板长轨道各阶固有频率

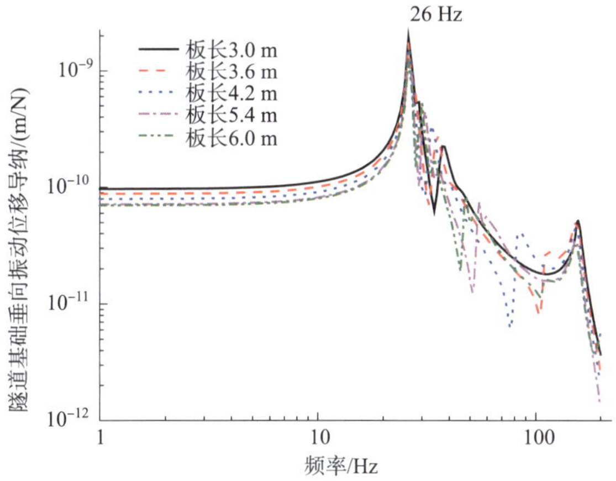

图 5-11　不同板长基础垂向位移导纳

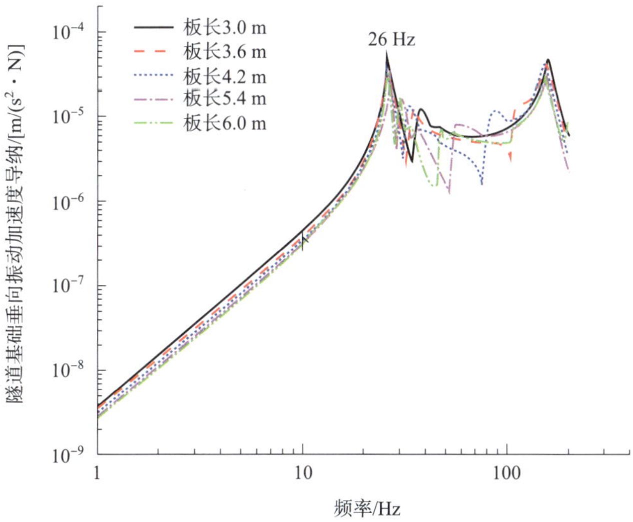

图 5-12　不同板长基础垂向加速度导纳

表 5-2 不同板长条件下轨道结构动力特性

动力学指标		板长/m				
		3.0	3.6	4.2	5.4	6.0
钢轨	垂向最大位移/mm	1.458	1.436	1.367	1.337	1.341
	垂向加速度有效值/(m/s^2)	0.284	0.259	0.235	0.249	0.288
轨道板	垂向最大位移/mm	1.126	1.091	1.033	0.996	0.996
	垂向加速度有效值/(m/s^2)	0.202	0.175	0.152	0.163	0.206
基础	垂向最大位移/mm	0.019	0.018	0.017	0.016	0.015
	垂向加速度有效值/(m/s^2)	0.004	0.003	0.002	0.003	0.003

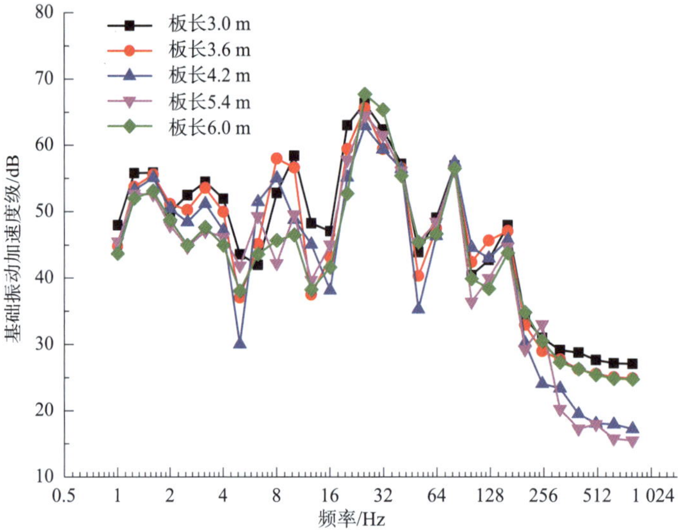

图 5-13 不同板长隧道基础 1/3 倍频程曲线

通过对比行车下不同板长轨道系统的动力特性，可以得到以下结论：

①动位移方面：钢轨、轨道板和基础的动位移都随着板长的增加而减小，说明板长越长，轨道垂向整体刚度越大，整体性、稳定性更好些。

②加速度方面：在轨道板长变化范围内，钢轨、轨道板和基础的加速度有效值有一定波动，但变化不大。

③减振效果方面：从图 5-13 可知，在板长变化范围内，1～200 Hz 范围内的频谱特征曲线基本一致，说明板长对轨道系统减振效果影响不大。

2. 轨道板宽度影响

(1)固有频率影响

轨道板板宽结合目前地下线空间条件及既有现浇及预制板轨道的板宽取值，拟定的宽度研究范围为 2～2.4 m。不同板宽对轨道各阶固有频率的影响如图 5-14 所示。

板宽对轨道系统固有频率的影响规律：

①在“刚体运动”的低频阶段，相当于单自由度振动体系，由于单位面积刚度和参振质量都

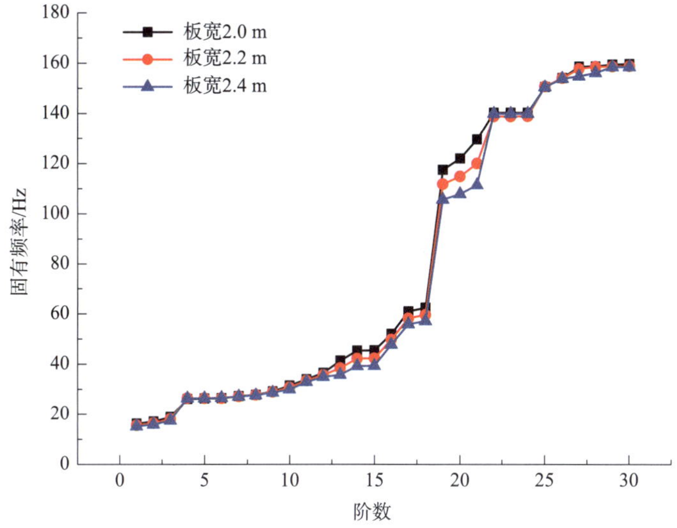

图 5-14 不同板宽对轨道各阶固有频率的影响

没有随着板宽的增大而改变,因此其固有频率变化较小。如 2.0 m 板宽与 2.4 m 板宽的一阶垂向频率分别为 26.339 Hz 和 26.432 Hz,相差很小。

②板宽的改变主要影响的是轨道板绕线路方向的抗弯刚度,因此对绕横向弯曲的垂向振动频率影响较小。

综合而言,在不改变减振垫单位面积刚度的情况下,增加板宽对轨道系统垂向固有频率几乎没影响,从而对减振效果基本无影响。

(2)振动传递特性影响

计算表明,板宽的变化对一阶垂向固有频率无影响,与模态分析结果相同,故对减振效果基本无影响,如图 5-15、图 5-16 所示。

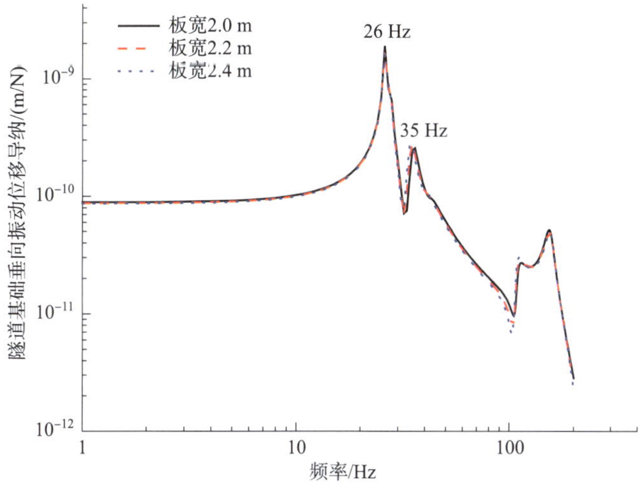

图 5-15 不同板宽基础垂向位移导纳

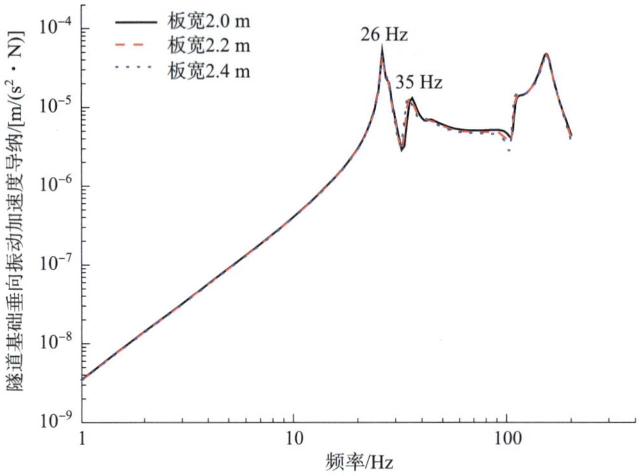

图 5-16 不同板宽基础垂向加速度导纳

(3)轨道动力特性影响

基于地铁车辆-减振轨道-下部基础耦合动力学模型,对减振轨道动力特性进行分析。针对不同板宽得到的计算结果见表 5-3,如图 5-17 所示。

表 5-3 不同板宽条件下轨道结构动力特性

动力学指标		板宽/m		
		2.0	2.2	2.4
钢轨	垂向最大位移/mm	1.528	1.436	1.355
	垂向加速度有效值/(m/s²)	0.268	0.259	0.255
轨道板	垂向最大位移/mm	1.195	1.091	1.003
	垂向加速度有效值/(m/s²)	0.188	0.175	0.168
基础	垂向最大位移/mm	0.019	0.018	0.018
	垂向加速度有效值/(m/s²)	0.003	0.003	0.003

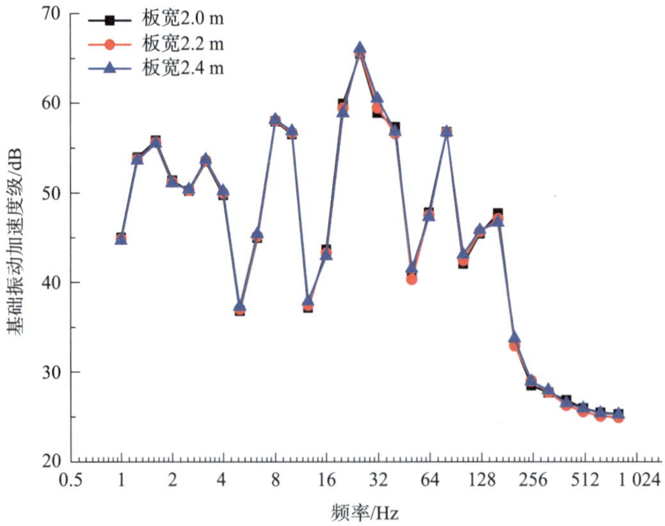

图 5-17 不同板宽隧道基础 1/3 倍频程曲线

通过对比行车条件下不同板宽轨道系统的动力特性，可以得到以下结论：

①动位移方面：板宽越大，钢轨、轨道板和基础的垂向位移越小，板宽从 2.0 m 变为 2.2 m 再变为 2.4 m，钢轨位移分别减小了 0.092 mm 和 0.081 mm，而轨道板位移分别减小了 0.104 mm 和 0.088 mm。可以看出，轨道系统位移变化主要是轨道板的垂向位移变化。这是由于采用满铺结构，板宽的增加，增大了轨道单位长度刚度，因此轨道板的垂向位移减小。

②加速度方面：钢轨、轨道板的加速度有效值随着板宽增大有所减小；但变化幅度较小，基础加速度基本没有变化。

③减振效果方面：板宽变化对减振效果基本没有影响。

3. 轨道板厚度影响

(1)固有频率影响

结合目前轨道结构高度的取值范围及目前既有轨道板板厚的取值，拟定板厚的研究范围为 0.20～0.34 m。不同板厚轨道各阶固有频率如图 5-18 所示。

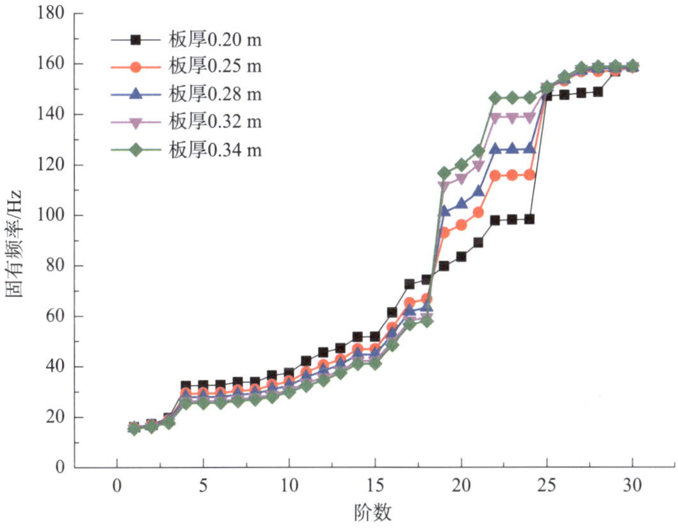

图 5-18　不同板厚轨道各阶固有频率

板厚对轨道系统的固有频率有以下影响规律：

①由于板厚增加，单位面积参振质量增加，在“刚体运动”的低频阶段，轨道系统的固有频率随之减小。板越厚，固有频率越小，减振效果越好。如一阶垂向振型的固有频率，0.20 m 厚板为 32.530 Hz，而 0.34 m 厚板为 25.672 Hz，因此后者比前者有更好的减振效果。

②从 19 阶开始，轨道板呈现变形振动，此时由于板厚的增加，轨道系统的抗弯刚度增加，固有频率相应增加。因此，在阶数-固有频率曲线图上，19 阶以后，厚板的固有频率反而更大。

③刚体运动的阶段处于低频范围，而此范围是影响 Z 振级减振效果的主要范围，因此板越厚，减振效果越好。如在第 5 阶，0.20 m 厚板为 32.530 Hz，而 0.34 m 厚板为 25.699 Hz，降低了 6.83 Hz(21%)。

(2)振动传递特性影响

计算表明，板厚增加可以提高轨道系统减振效果，以频率 100 Hz 为例，板厚从 0.20 m 增加到 0.34 m，振动加速度级减小了 10 dB，如图 5-19、图 5-20 所示。

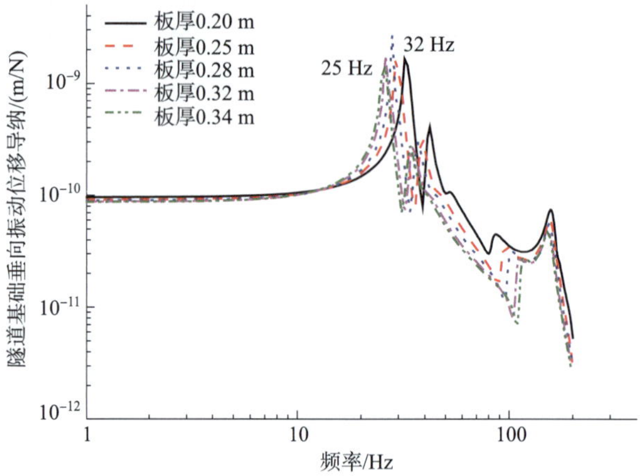

图 5-19 不同板厚基础垂向位移导纳

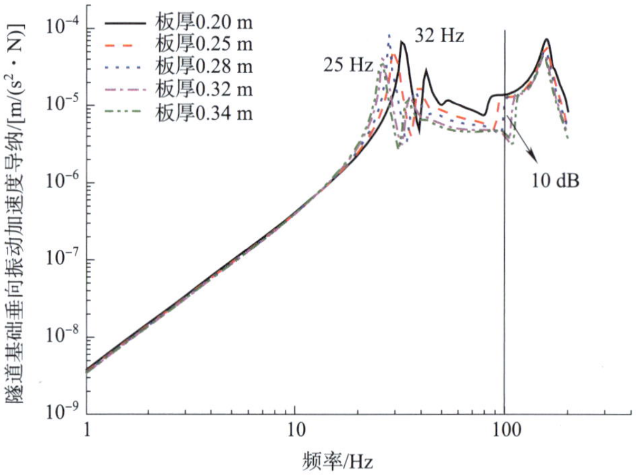

图 5-20 不同板厚基础垂向加速度导纳

(3)轨道动力特性影响

基于地铁车辆-减振轨道-下部基础耦合动力学模型，对减振轨道动力特性进行分析。针对不同板厚得到的计算结果见表 5-4，如图 5-21 所示。

表 5-4 不同板厚条件下轨道结构动力特性

动力学指标		板厚/m				
		0.20	0.25	0.28	0.32	0.34
钢轨	垂向最大位移/mm	1.475	1.445	1.431	1.436	1.423
	垂向加速度有效值/(m/s^2)	0.375	0.277	0.259	0.259	0.272

续上表

动力学指标		板厚/m				
		0.20	0.25	0.28	0.32	0.34
轨道板	垂向最大位移/mm	1.134	1.109	1.095	1.091	1.095
	垂向加速度有效值/(m/s^2)	0.298	0.193	0.170	0.175	0.193
基础	垂向最大位移/mm	0.018	0.019	0.018	0.018	0.018
	垂向加速度有效值/(m/s^2)	0.005	0.003	0.003	0.003	0.003

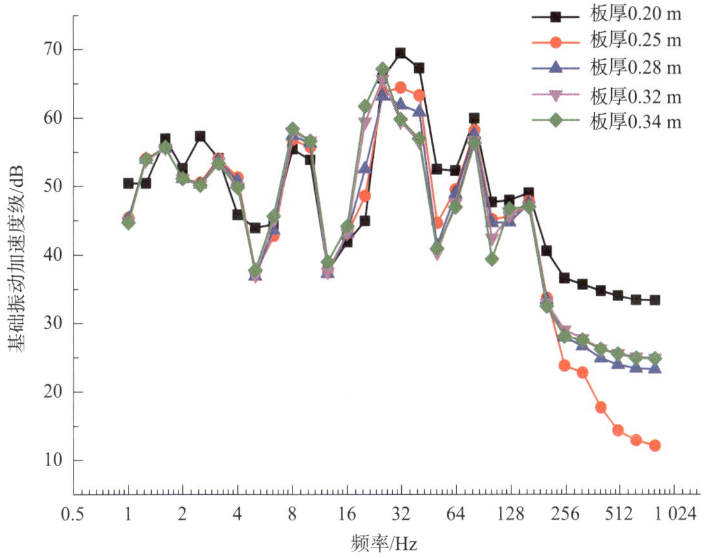

图 5-21　不同板厚隧道基础垂向振动加速度级对比

通过对比行车下不同板厚轨道系统的动力特性，可以得到以下结论：

①动位移方面：板越厚轨道系统垂向位移越小，这是由于板厚的增加提高了轨道板的抗弯刚度，从而降低了轨道变形。

②加速度方面：钢轨和轨道板加速度没有明显规律，而基础加速度随着板厚的增加而减小，说明板厚的增加可以减小振动传递。

③减振效果方面：在 1 Hz 到 80 Hz 频率范围，基础振动加速度级随着板厚的增加而减小，说明增加板厚可以提高该频段的减振效果。而该频段正是地铁减振所关注的频率。

5.2.3　减振垫刚度、铺设形式及铺设面积的影响分析

不同的减振垫刚度和减振垫铺设形式会对系统固有频率、振动传递特性、动力特性造成不同的影响，因此需要对其进行研究，以确定合适的减振垫刚度和减振垫铺设形式。

1. 减振垫刚度选型研究

(1)振动传递特性影响

结合地铁上使用的几种减振垫，选取静刚度分别为 0.020 N/mm³、0.024 N/mm³、0.030 N/mm³ 三种情况进行分析，如图 5-22 所示。

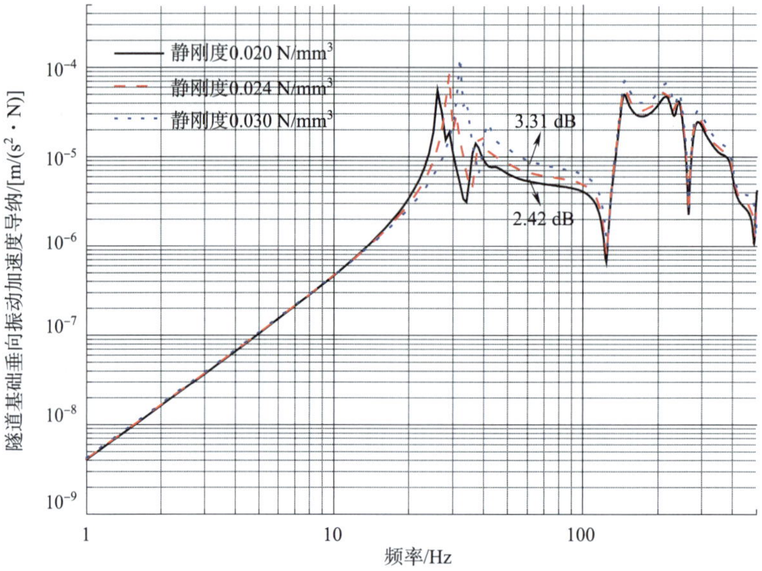

图 5-22 不同减振垫刚度隧道基础垂向振动加速度导纳

计算结果表明:板下刚度越小，减振效果越好。如在 60 Hz 处，刚度为 0.02 N/mm³ 时，相对于刚度 0.024 N/mm³ 振动加速度级减小了 2.42 dB;刚度为 0.024 N/mm³ 时，相对于刚度 0.030 N/mm³ 振动加速度级减小了 3.31 dB。

(2)轨道动力特性影响

刚度选择同前，对不同减振垫刚度条件下减振轨道动力特性进行分析，具体详情见表 5-5，如图 5-23 所示。

表 5-5 不同刚度轨道结构动力特性

动力学指标		减振垫刚度/(N/mm³)		
		0.02	0.024	0.03
钢轨	垂向最大位移/mm	1.436	1.264	1.110
	垂向加速度有效值/(m/s²)	0.259	0.247	0.239
轨道板	垂向最大位移/mm	1.091	0.924	0.750
	垂向加速度有效值/(m/s²)	0.175	0.157	0.140
基础	垂向最大位移/mm	0.018	0.019	0.018
	垂向加速度有效值/(m/s²)	0.003	0.003	0.004

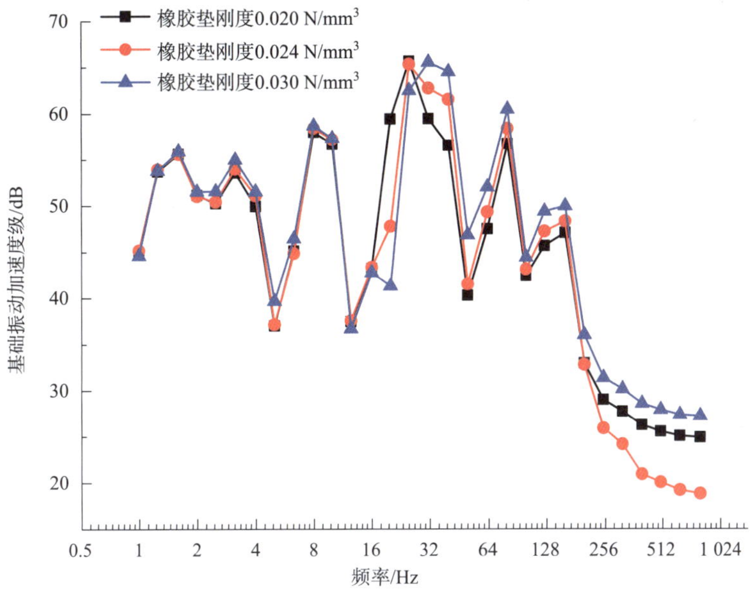

图 5-23 不同减振垫刚度隧道基础垂向振动加速度级对比

通过对比不同减振垫刚度轨道系统的动力特性，得出以下结论：

①动位移方面：钢轨、轨道板的垂向位移都随减振垫刚度的增大而减小。当减振垫刚度从 0.02 N/mm^3 变为 0.03 N/mm^3，钢轨位移从 1.436 mm 变为 1.110 mm，变化量为 0.326 mm；轨道板位移从 1.091 mm 变为 0.750 mm，变化量为 0.341 mm。

②加速度方面：钢轨、轨道板的加速度都随减振垫刚度的增大而减小，而基础加速度规律正好相反。钢轨垂向加速度最多减小了 7.7%，预制板加速度减小了 20%，可见主要是轨道板加速度的变化比较大。

③减振效果方面：除了在固有频率附近，传递到基础的垂向加速度级都基本随着减振垫刚度的增大而增大，说明板下刚度越小减振效果越好。通过减小板下刚度可以提高轨道减振效果，但要关注垂向动变形。

2. 减振垫铺设形式选型研究

减振垫的主要铺设形式有点铺、条铺和满铺，如图 5-24 所示。

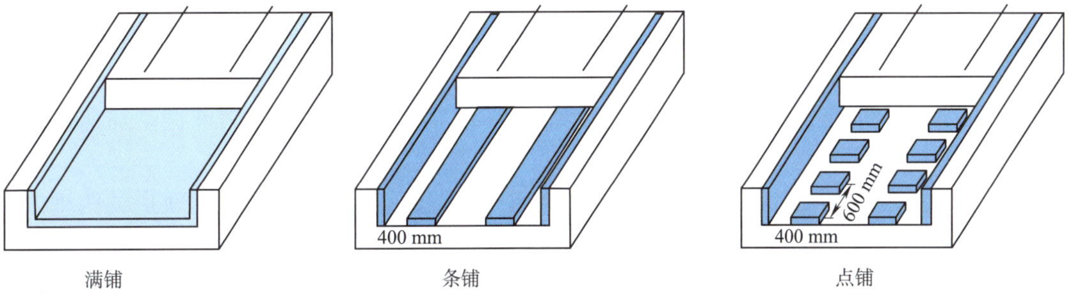

图 5-24 减振轨道减振垫铺设方式示意

考虑点铺为 400 mm 宽的正方形橡胶垫铺设在扣件正下方对应的位置(间距为 0.6 m)，条铺为 400 mm 宽的橡胶条铺设在轨条正下方位置。

(1)固有频率影响

减振垫材料静力基础模量均取 0.02 N/mm³，各铺设方式的轨道结构模态分析结果如图 5-25 所示。

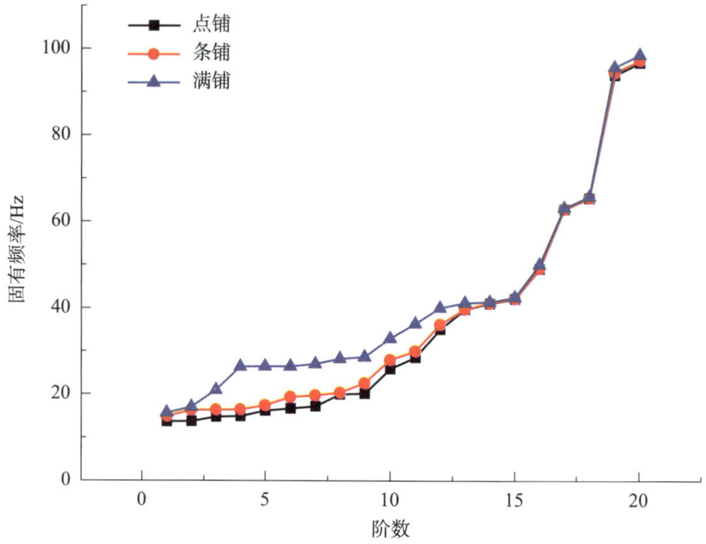

图 5-25 不同减振垫铺设方式轨道系统各阶固有频率

计算表明，采用相同减振垫条件下，减振垫不同铺设方式对轨道系统的垂向振动固有频率影响明显。点铺结构的第一阶振型为垂向振动，固有频率为 13.6 Hz；条铺结构的第三阶振型为垂向振动，固有频率为 16.3 Hz；满铺结构的第四阶振型为垂向振动，固有频率为 26.4 Hz。减振效果与固有频率有关，固有频率越小，减振效果越明显。由此可见，在减振垫规格不变情况下，点铺结构减振效果最好。

(2)振动传递特性影响

分别考虑减振垫刚度相同和板下总刚度相同两种情况。

①减振垫刚度相同的情况。减振垫材料静力基础模量均取 0.02 N/mm³。不同铺设方式的板下减振垫总刚度不同，铺设面积越大，总刚度越大。这种情况下，不同铺设方式对轨道结构垂向振动传递特性的影响计算结果如图 5-26 所示。

由计算结果可知，在频率大于 30 Hz 时，能够明显发现，满铺结构到点铺，减振效果越来越好。以 37 Hz 为例，点铺比条铺振动加速度级减小了 3.6 dB，而条铺比满铺振动加速度级减小了 15.5 dB。

②板下总刚度相同的情况。轨道结构刚度相同情况下，不同铺设方式对轨道结构垂向振动传递特性的影响计算结果如图 5-27 所示。

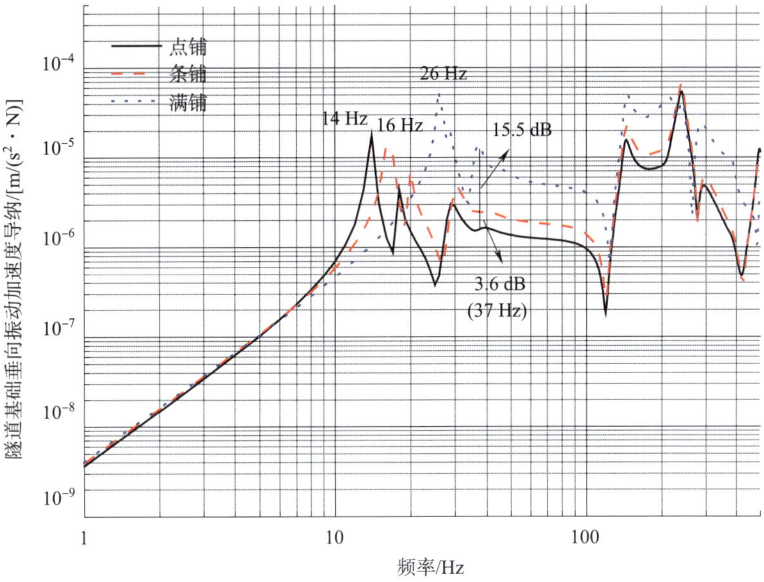

图 5-26　不同铺设形式下隧道基础垂向振动加速度导纳(减振垫刚度相同)

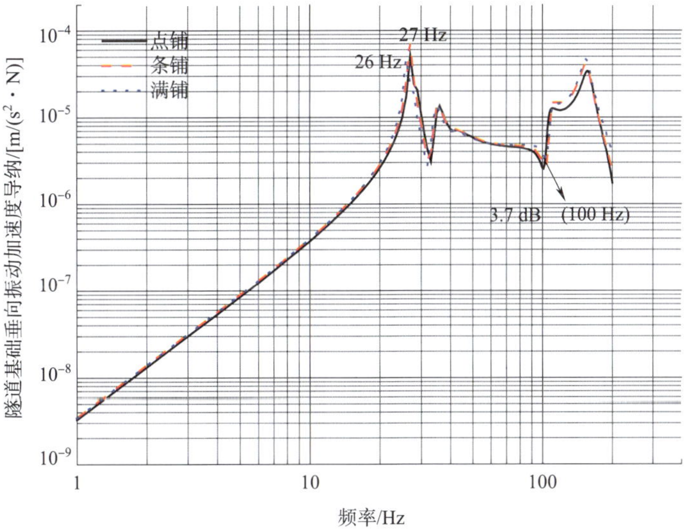

图 5-27　不同铺设形式下隧道基础垂向振动加速度导纳(板下总刚度相同)

计算表明,当板下总刚度相同时,各铺设方式下,轨道系统的振动特性基本完全一样。仅在高频阶段,由于支承不同导致的轨道弯曲刚度不同而带来微小差异,振动加速度级最大差异仅 3.7 dB。

(3)减振垫铺设形式对轨道动力特性影响

针对减振垫不同铺设方式对轨道动力特性进行研究,减振垫规格相同,具体详情见表 5-6,如图 5-28 所示。

表 5-6 不同减振垫铺设方式轨道结构动力特性

动力学指标		铺设方式		
		点铺	条铺	满铺
钢轨	垂向最大位移/mm	4.059	2.968	1.436
	垂向加速度有效值/(m/s^2)	0.438	0.399	0.259
轨道板	垂向最大位移/mm	3.719	2.621	1.091
	垂向加速度有效值/(m/s^2)	0.423	0.357	0.175
基础	垂向最大位移/mm	0.016	0.017	0.018
	垂向加速度有效值/(m/s^2)	0.002	0.002	0.003

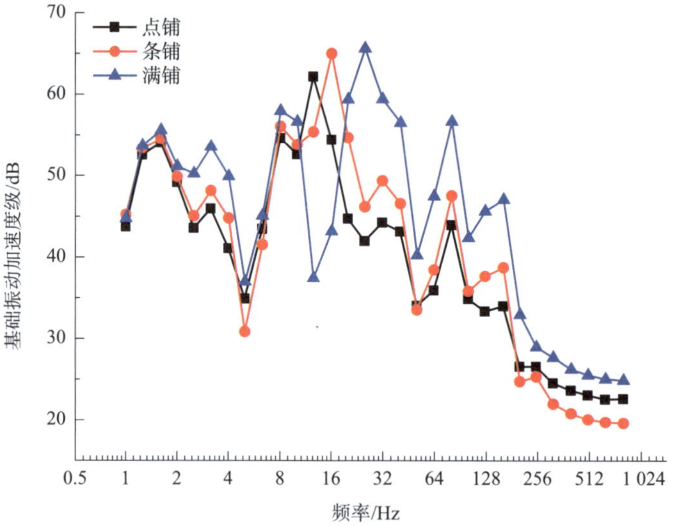

图 5-28 不同减振垫铺设方式隧道基础垂向振动加速度级对比

通过对比行车条件下不同减振垫铺设方式轨道系统的动力特性，得以下结论：

①动位移方面：位移变化规律很明显，钢轨、轨道板的垂向位移都在点铺时达到最大。钢轨最大变化量为 2.623 mm，轨道板为 2.628 mm。这是因为不同铺设形式导致板下刚度存在差异，点铺结构板下减振垫面积最小，从而刚度最小，所以垂向位移最大。

②加速度方面：钢轨、轨道板的加速度点铺时最大，满铺时最小，而基础加速度规律正好相反。点铺轨道的钢轨垂向加速度相对满铺提高了 69.1%，轨道板加速度提高了 141.7%。

③减振效果方面：除了在固有频率附近，传递到基础的垂向加速度级都是满铺的最大，点铺最小，说明点铺的减振效果最好。

5.2.4 轨道板限位方式研究

本节针对轨道板灌浆孔限位凸台的限位能力进行计算研究。此种限位结构的限位能力主要由板两端灌浆孔处的限位凸台以及减振垫和下部结构的层间摩擦力来提供。为验证轨道板的灌浆孔限位凸台的限位能力，建立了轨道板有限元模型，分析其在纵向力作用下轨道结构的受力变形特征。计算时，分两种情况考虑，即有无列车垂向荷载作用。

需要说明的是，对于灌浆孔限位凸台限位方式，纵横向的限位原理和工作机制是一样的，考虑纵向荷载大于横向荷载，本节主要针对纵向力进行分析。

1. 无列车垂向荷载作用

在纵向力作用下的计算结果如图 5-29 所示。

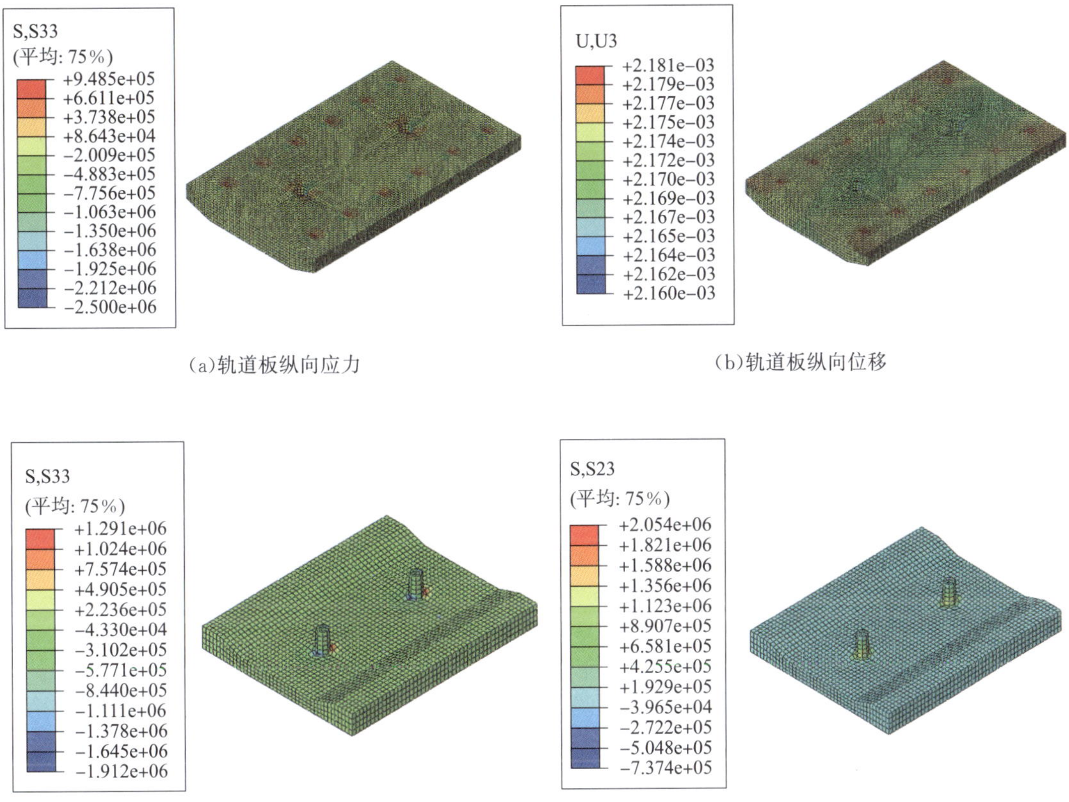

(a)轨道板纵向应力　(b)轨道板纵向位移

(c)底座板纵向应力　(d)底座板剪切应力

图 5-29　轨道板计算云图(无列车垂向荷载作用)

由上面的计算云图可以看出：当不考虑列车垂向荷载的作用时，在纵向力作用下，轨道板在灌浆孔限位凸台的位置所受最大纵向拉应力为 0.95 MPa，最大压应力 2.50 MPa；轨道板的最大纵向位移为 2.18 mm；底座板与灌浆孔处凸台的交界面最大纵向拉应力为 1.291 MPa，最大剪应力为 2.054 MPa。考虑灌浆材料强度等级为 C40，抗拉强度 2.39 MPa，抗剪强度 2.60 MPa，说明灌浆孔凸台能满足强度要求。

2. 有列车垂向荷载作用

考虑列车垂向荷载作用下的计算结果如图 5-30 所示。

由上面的计算云图可以看出：当有列车荷载作用在预制板轨道结构上时，轨道板在灌浆孔位置处的最大纵向拉应力 0.579 MPa，最大压应力 1.249 MPa；轨道板的最大纵向位移为 2.071 mm；灌浆孔凸台与底座板相连的位置最大纵向拉应力为 0.807 MPa，最大剪应力为 0.948 MPa。

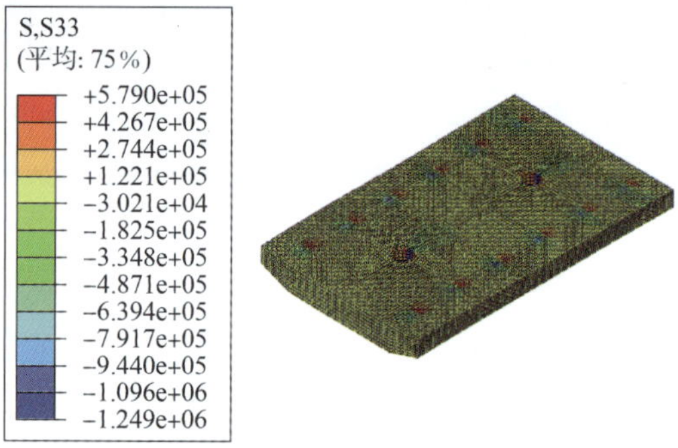

(a)轨道板纵向应力

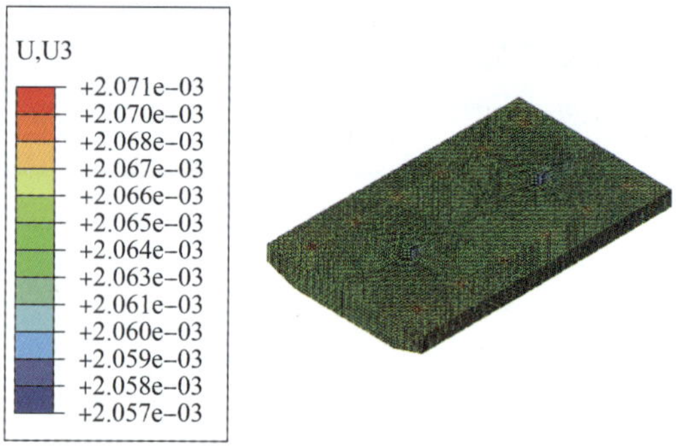

(b)轨道板纵向位移

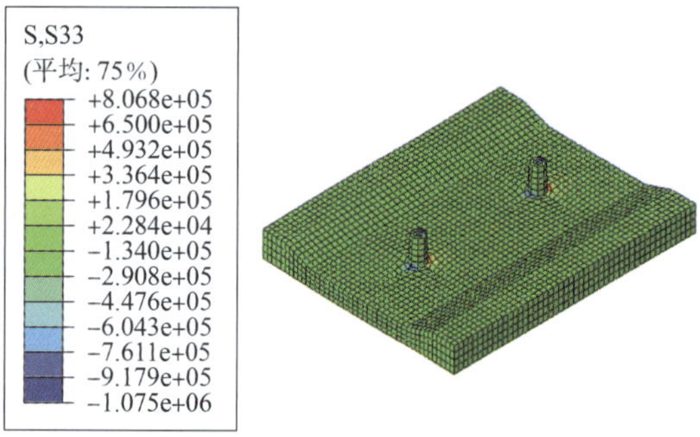

(c)底座板纵向应力

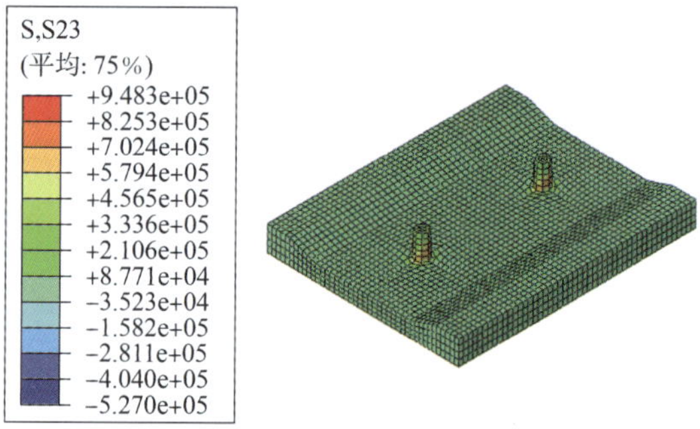

(d)底座板剪切应力

图 5-30 轨道板计算云图(有列车垂向荷载作用)

对比分析有无列车垂向荷载作用的计算结果可以看出，当有列车垂向荷载作用时，轨道板和底座板所受的力均小于无列车垂向荷载的作用(主要因列车荷载作用下，板垫之间的摩擦力更大，靠摩擦力限位的能力更强)，其中底座板与减振垫之间的层间剪应力减小较为明显，轨道板的纵向位移减小不显著。轨道结构之间的层间摩擦有利于轨道结构抵抗纵向力的作用。

综合有无列车垂向荷载的计算结果可以看出，利用两个灌浆孔浇筑限位凸台对轨道板进行限位，轨道板和底座板所受的纵向应力和凸台所受的剪应力均较小，说明灌浆孔限位凸台的尺寸合理，起到较好的限位作用，且即便不配筋的条件下，限位凸台也不会被破坏，满足设计要求。但为了提高灌浆孔限位凸台的长期强度和耐久性，建议仍对限位凸台进行配筋。

5.2.5 轨道板纵连与否的影响研究

为保持轨道结构的纵向连续性以及减小板间错台，轨道板间可设置纵向连接器。基于减振型预制板轨道结构有限元分析模型，针对轨道板纵连与否两种情况进行减振轨道的静、动力分析，以确定轨道板纵连与否对轨道结构力学特性的影响，并进行减振效果的动力学仿真分析。

1. 单元板与纵连板轨道静力学性能对比分析

(1)列车垂向力作用

垂向力取一个转向架上的两个轮对，荷载按准静态计算的方式，取为轮重的 1.5 倍，作用在整个模型中部对应的两根钢轨的轨头。减振轨道垂向力作用下仿真分析计算结果见表 5-7，单元板垂向应力如图 5-31 所示，纵连板纵向应力如图 5-32 所示，垂向力作用下垂向位移对比如图 5-33 所示。

表 5-7　减振轨道垂向力作用下仿真分析计算结果

评价指标	单元板	纵连板
轨道板最大垂向位移/mm	1.87	1.59
轨道板最大垂向应力/MPa	1.93	2.15

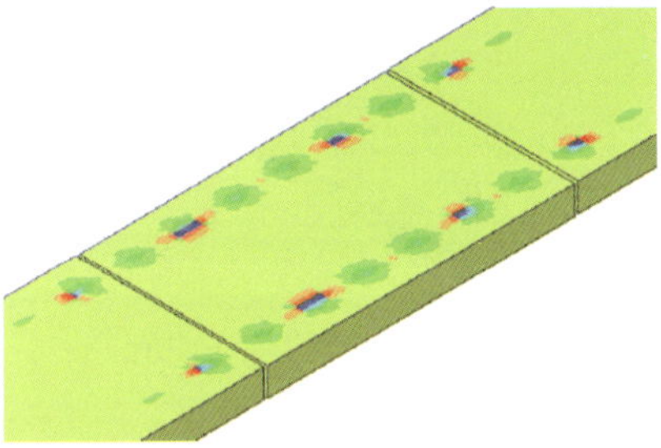

图 5-31　单元板垂向应力

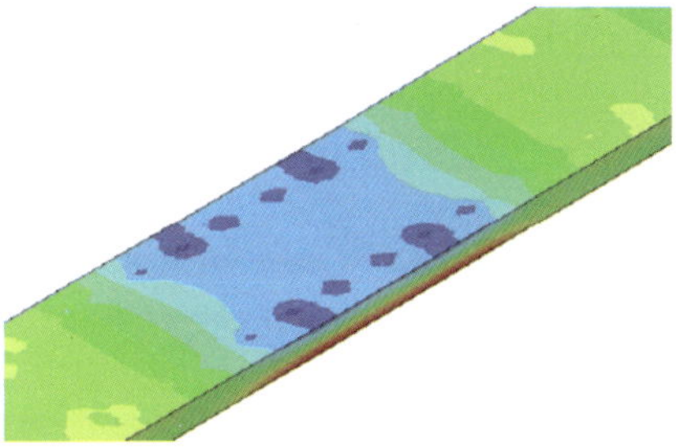

图 5-32　纵连板纵向应力

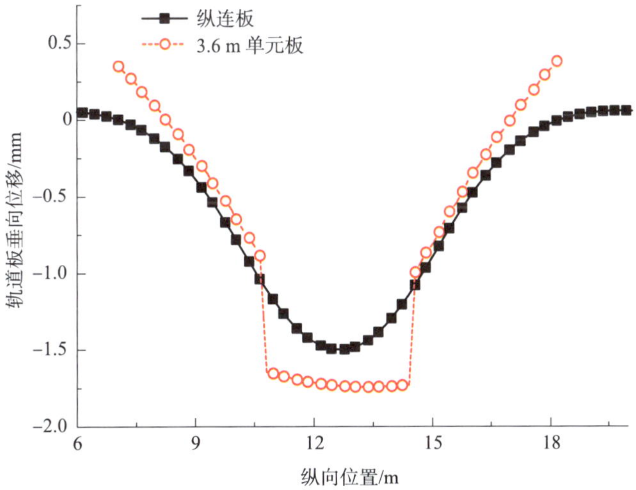

图 5-33　列车垂向力作用下单元板与纵连板垂向位移对比

对比分析可知，单元板在列车垂向荷载作用下结构变形较纵连板大，应力则相对较低。纵连板具有更好的轨道结构连续性，对于列车运行的平稳性更加有利。

(2)列车横向力作用

列车横向力取值及作用位置与垂向力计算时相同。横向力为一个转向架两个轮对作用在一根钢轨上，单个横向力取 0.8 倍车辆静轮载，计算结果见表 5-8。

表 5-8　减振轨道横向力作用下仿真分析计算结果

评价指标	单元板	纵连板
轨道板最大横向位移/mm	0.87	0.34
轨道板最大横向应力/MPa	1.25	1.18

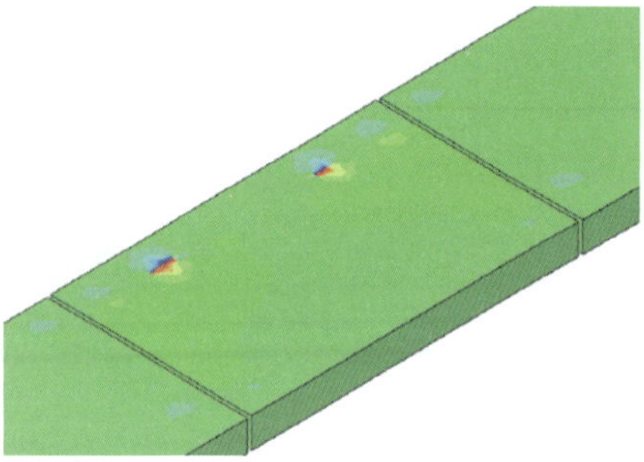

图 5-34　单元板应力

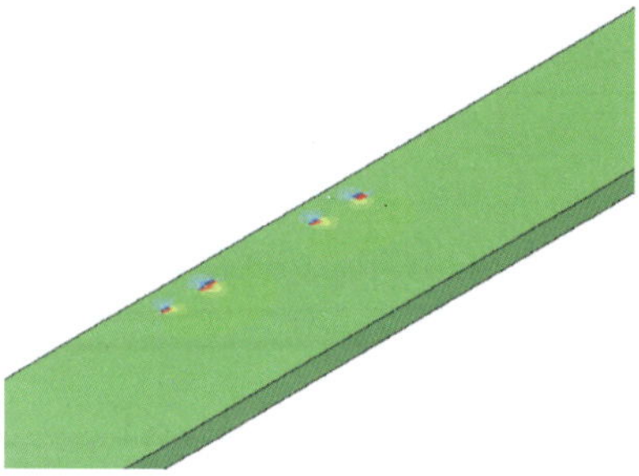

图 5-35　纵连板应力

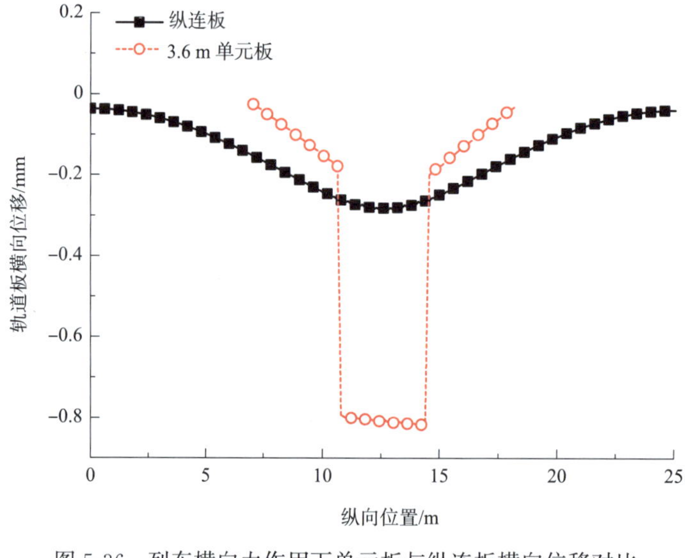

图 5-36　列车横向力作用下单元板与纵连板横向位移对比

对比分析可知，单元板在列车横向荷载作用下结构变形较纵连板大，同样在板端位置出现位移跳跃，最大 0.61 mm。说明将轨道板纵连可提高轨道的稳定性，对于轨道的平顺性有利。

2. 轨道板板间连接与否的轨道动力学性能对比分析

建立了纵连与否两种轨道的动力学模型，针对纵连与否对轨道系统动力特性的影响进行研究，分析结果见表 5-9，如图 5-37 所示。

表 5-9　单元板和纵连板的结构动力特性

动力学指标		单元板	纵连板
钢轨	垂向最大位移/mm	1.436	1.312
	垂向加速度有效值/(m/s^2)	0.259	0.269
轨道板	垂向最大位移/mm	1.091	0.940
	垂向加速度有效值/(m/s^2)	0.175	0.177
基础	垂向最大位移/mm	0.018	0.013
	垂向加速度有效值/(m/s^2)	0.003	0.002

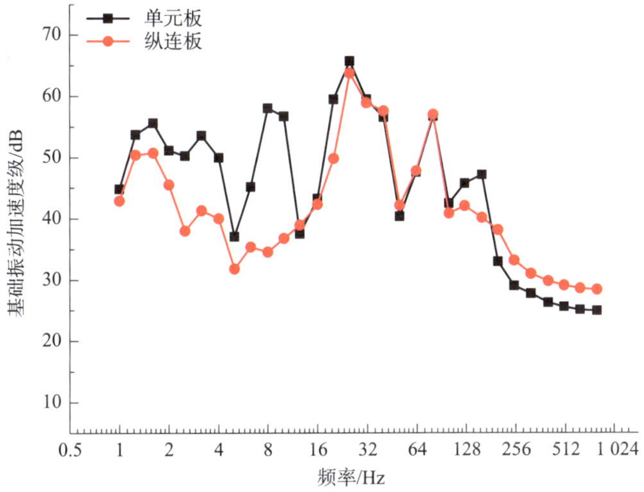

图 5-37　轨道基础垂向振动加速度级对比

通过对比行车下纵连与否两种轨道系统的动力特性，得到以下结论：

①动位移方面：纵连时轨道系统位移略小于单元轨道，减小量为 0.124 mm，降幅为 8.6%。这与静力分析结果相吻合，说明纵连对提高轨道结构的稳定性有一定作用。

②加速度方面：钢轨、轨道板的加速度，纵连板大于单元板，但变化幅度都很小，如钢轨增加了 3.8%，轨道板增加了 1.1%。基础加速度规律刚好相反，纵连板基础加速度减小了 33%。

③减振效果方面：纵连板相对于单元板，在低频时传递到基础的加速度级较小，而在高频阶段有一定放大作用，但变化幅度都很小。说明纵连与否对减振效果影响不大。

5.3　结构检算

为对轨道的结构进行检算，需建立相应的检算模型，并利用混凝土结构设计原理计算不同结构配筋情况，具体包括轨道板纵、横向强度及裂缝检算，凸台强度、稳定性及裂缝检算，板下填充层的强度及裂缝检算。

1. 检算模型建立

建立轨道检算模型时，只考虑钢轨的弯曲变形，而不考虑其剪切变形，钢轨单元在横向和垂向上均看作弹性点支承等截面梁。扣件和钢弹簧采用线性弹簧模拟,轨道板、凸台、底座板等根据其实际形状采用实体单元进行模拟。

(1)钢轨模型

钢轨垂向采用 Euler 梁模型(图 5-38)。取梁单元的垂向位移和相应转角作为未知量。

$$\{\delta\}^{e}=\{v_i, \theta_i, v_j, \theta_j\} \tag{5-3}$$

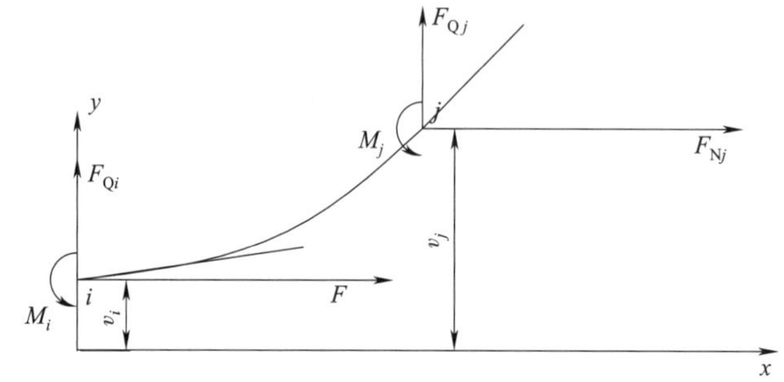

图 5-38 Euler 梁模型

建立钢轨梁单元的位移模式,单元的形函数:

$$\boldsymbol{N}=\left(1-\frac{3x^2}{l^2}+\frac{2x^3}{l^3}, -x+\frac{2x^2}{l}-\frac{x^3}{l^2}, \frac{3x^2}{l^2}-\frac{2x^3}{l^3}, \frac{x^2}{l}-\frac{x^3}{l^2}\right) \tag{5-4}$$

单元质量矩阵$[m]^e$:

$$[m]^e=\int_l \rho \boldsymbol{N}^{\mathrm{T}}\boldsymbol{N}\mathrm{d}x=\frac{ml}{420}\begin{pmatrix} 156 & -22l & 54 & 13l \\ -22l & 4l^2 & -13l & -3l^2 \\ 54 & -13l & 156 & 22l \\ 13l & -3l^2 & 22l & 4l^2 \end{pmatrix} \tag{5-5}$$

根据能量原理,可以推导出钢轨梁单元刚度矩阵$[k]^e$:

$$[k]^e=EI\int_l [N'']^{\mathrm{T}}[N'']\mathrm{d}x=EI\begin{pmatrix} 12/l^3 & -6/l^2 & -12/l^3 & -6/l^2 \\ -6/l^2 & 4/l & 6/l^2 & 2/l \\ -12/l^3 & 6/l^2 & 12/l^3 & 6/l^2 \\ -6/l^2 & 2/l & 6/l^2 & 4/l \end{pmatrix} \tag{5-6}$$

钢轨的横向处理方式与垂向一致,只是抗弯惯性矩等参数略有不同,不再赘述。

钢轨梁单元的阻尼,采用瑞利(Rayleigh)阻尼,即由刚度矩阵与质量矩阵的线性组合就可得到单元的阻尼矩阵。阻尼矩阵可以表示为:

$$\boldsymbol{C}=\alpha\boldsymbol{M}+\beta\boldsymbol{K} \tag{5-7}$$

式中 α,β——阻尼系数,与阻尼比和系统的固有频率有关。

(2)扣件模型

扣件采用线性弹簧模拟,并考虑其阻尼,示意图如图 5-39 所示。

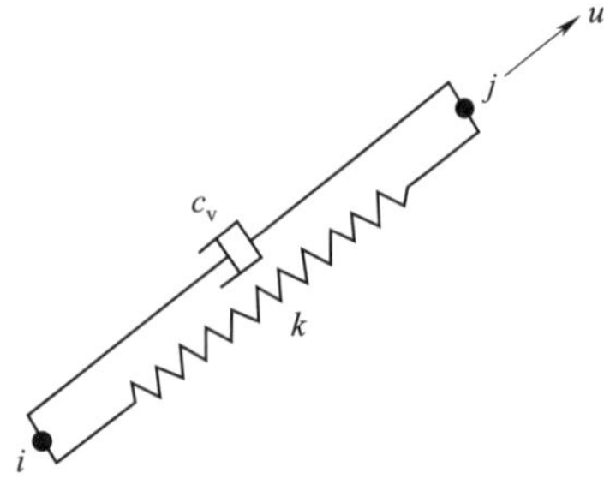

图 5-39 弹簧-阻尼单元

单元的位移模式:

$$u=\frac{1}{2}[u_i(1-s)+u_j(1+s)] \tag{5-8}$$

形函数用局部坐标系 ξ 表示：

$$N_i=\frac{1}{2}(1+\xi_i\xi) \tag{5-9}$$

其中，ξ_i 是 2 个节点的局部坐标分量。

弹簧-阻尼单元的单元刚度和单元阻尼矩阵分别为

$$\boldsymbol{K}_e=k\begin{pmatrix}1 & -1\\ -1 & 1\end{pmatrix} \tag{5-10}$$

$$\boldsymbol{C}_e=c_v\begin{pmatrix}1 & -1\\ -1 & 1\end{pmatrix} \tag{5-11}$$

(3)轨道板模型

对于无砟轨道各结构层，如轨道板、底座板等均采用实体单元模拟，一般采用 8 节点六面体单元，如图 5-40 所示。

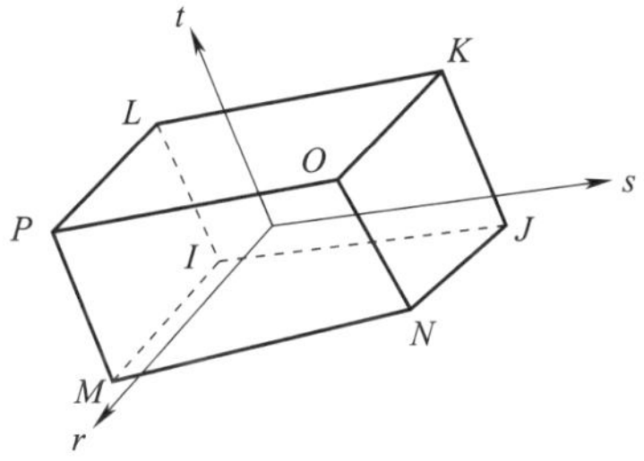

图 5-40　8 节点六面体单元

该单元的位移模式：

$$\begin{aligned}u=\frac{1}{8}[&u_I(1-s)(1-t)(1-r)+u_J(1+s)(1-t)(1-r)+\\&u_K(1+s)(1+t)(1-r)+u_L(1-s)(1+t)(1-r)+\\&u_M(1-s)(1-t)(1+r)+u_N(1+s)(1-t)(1+r)+\\&u_O(1+s)(1+t)(1+r)+u_P(1-s)(1+t)(1+r)]\end{aligned} \tag{5-12}$$

$$\begin{aligned}v=\frac{1}{8}[&v_I(1-s)(1-t)(1-r)+v_J(1+s)(1-t)(1-r)+\\&v_K(1+s)(1+t)(1-r)+v_L(1-s)(1+t)(1-r)+\\&v_M(1-s)(1-t)(1+r)+v_N(1+s)(1-t)(1+r)+\\&v_O(1+s)(1+t)(1+r)+v_P(1-s)(1+t)(1+r)]\end{aligned} \tag{5-13}$$

$$\begin{aligned}w=\frac{1}{8}[&w_I(1-s)(1-t)(1-r)+w_J(1+s)(1-t)(1-r)+\\&w_K(1+s)(1+t)(1-r)+w_L(1-s)(1+t)(1-r)+\\&w_M(1-s)(1-t)(1+r)+w_N(1+s)(1-t)(1+r)+\\&w_O(1+s)(1+t)(1+r)+w_P(1-s)(1+t)(1+r)]\end{aligned} \tag{5-14}$$

与前述梁单元一样，其单元质量和刚度矩阵也根据位移模式进行积分计算求得，阻尼矩阵同样采用瑞利(Rayleigh)阻尼，在此不再赘述。

(4)整体模型

考虑运营过程中轨道板受到转向架的作用，模型取一个转向架进行结构检算。为了确定最大弯矩值，荷载作用位置从第二块板依次向右平移一个扣件间距直至轮轴刚好离开第二块板，荷载作用如图 5-41 所示，建立的有限元模型如图 5-42 所示。

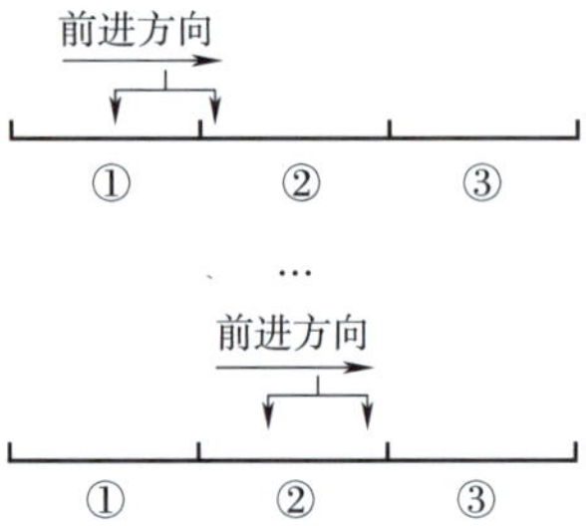

图 5-41 荷载作用位置示意

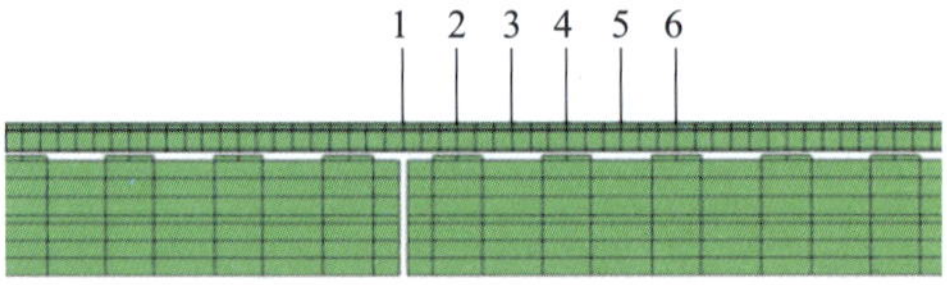

图 5-42 轨道模型示意

通过模型计算最不利荷载工况时轨道板弯矩，由最大弯矩检算轨道板配筋是否满足强度要求。

2. 检算步骤

以轨道板纵向配筋检算为例，假设轨道板受拉区钢筋面积为 A_s，受压区钢筋面积为 A'_s，等效截面高度为 h_0，截面宽度为 b，纵向受力钢筋到断面边缘的距离为 a_s。

检算步骤如下：

(1)内力偶臂长 $Z=h_0-x+y$，x，y 由下式计算：

$$x=\left[\sqrt{(n\mu)^2+2n\mu}-n\mu\right]h_0 \tag{5-15}$$

$$y=\frac{\frac{1}{3}bx^3+nA'_s(x-a_s)^2}{\frac{1}{2}bx^2+nA'_s(x-a_s)} \tag{5-16}$$

其中 $\mu=\frac{A_s}{bh_0}$，n 为钢筋弹性模量与混凝土变形模量之比。

(2)由有限元计算可知，轨道板出现最大弯矩值 M，已知钢筋抗拉强度设计值$[\sigma_s]$，则由下式检算受拉钢筋中的应力：

$$\sigma_s=\frac{M}{A_sZ} \tag{5-17}$$

(3)已知混凝土抗压强度设计值[σ_c],受压区混凝土边缘最大应力由下式检算：

$$\sigma_c=\frac{\sigma_s}{n}\cdot\frac{x}{h_0-x} \tag{5-18}$$

(4)裂缝宽度允许值为[w_f]=0.2 mm。裂缝宽度计算公式：

$$w_f=K_1K_2r\frac{\sigma_s}{E_s}\left(80+\frac{8+0.4d}{\sqrt{\mu_z}}\right) \tag{5-19}$$

其中 $K_1=0.8$,$K_2=1.3$,$r=1.2$,$E_s=200$ GPa,$\mu_z=\frac{A_s}{2ab}$,d 为受拉钢筋直径。

第 6 章　装配式轨道试验测试

本章对装配式轨道开展系统的试验研究，试验项目包括落轴、推板、板间错移、揭板、疲劳、灌注等。

通过落轴试验可以测试不同参数条件下减振轨道结构动刚度和动阻尼，以及减振轨道结构振动传递特性及减振效果；通过推板试验可以获取轨道板的纵横向承载力，并绘制相应的位移-阻力曲线，掌握减振垫同轨道板之间的传力作用机理；通过板间错移试验可以研究板间连接对板间错移的影响；通过揭板试验可以研究减振垫与下部填充层的黏结性能，观察填充层的密实情况；通过疲劳试验可以确定轨道板在长期疲劳荷载作用后，轨道系统刚度和轨道部件受力状态的变化，以及确定长期疲劳荷载作用后轨道系统减振效果的变化情况；通过灌注试验，可以测量未安装抗上浮工装的条件下，灌注过程中预制板的最大上浮位移量。

6.1　落轴试验

6.1.1　试验方法及测点布置

1. 试验方法

(1)轮轨力测试

采用全桥剪应力法测试钢轨垂直力。相对于测点位置布置基于惠斯通全桥电路原理的传感器，具体采取打磨钢轨轨底(横向力)、轨腰(垂向力)，并在打磨至光滑后在相应位置布置箔式电阻应变片(花)组成桥路进行测量，如图 6-1 所示。

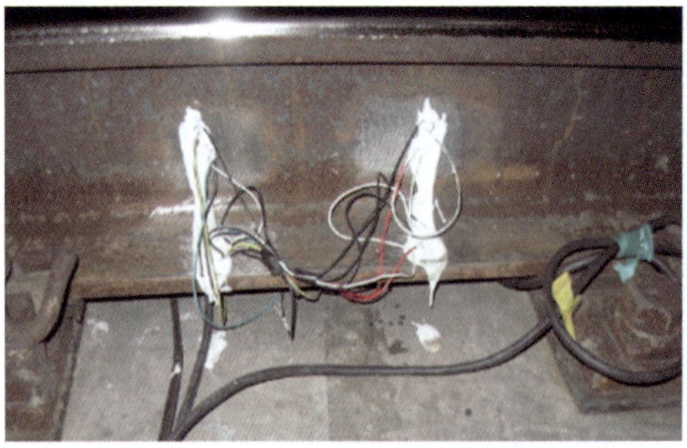

图 6-1　钢轨垂向力测试

(2)动位移测试

位移测试时，传感器应根据所测试结构变形的方向，设置于结构侧方或底部。钢轨动位移的测试采用自制位移计进行现场测试，用塞尺进行现场标定，如图 6-2 所示。

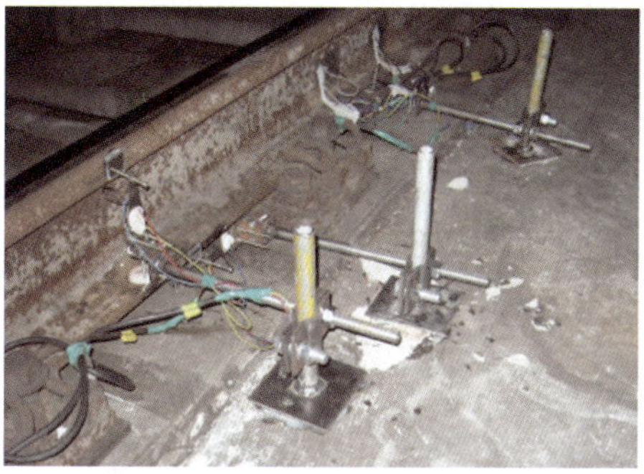

图 6-2　钢轨位移动态测试

动位移桥路采用半桥。钢轨垂向横向位移测试时，将自制位移计设置于钢轨侧方或底部，应变片对称贴于簧片上，组成半桥，通过屏蔽电缆接入动态应变仪进行信号滤波和放大。各项位移测试采用塞尺现场标定。

(3)加速度测试

根据被测体的振动加速度和振动频率范围，选取合适的振动加速度传感器。按照布点方案，将压电式加速度传感器粘贴于被测体上。加速度传感器通过单芯屏蔽导线首先与恒流适配器相连，恒流适配器再通过单芯屏蔽导线与采集设备相连，动态采集设备进行测试数据的显示和存储。

(4)测试步骤

现场试验中，利用自制落轴机构，将轮对底部抬高至距轨面一定高度(20 mm)，让车轮自由下落对钢轨轨面造成垂向冲击，同时记录各测试数据。

2. 测点布置

考虑试验平台在露天而非隧道结构，隧道壁的加速度测试点设置于基础。测试指标主要是结构的加速度、位移以及钢轨垂向力。加速度测点主要布置在轨道中部横断面位置上，钢轨加速度测点设置在两股钢轨轨底上表面，道床加速度测点设置在板中，基础加速度设置在离轨道中心线一定距离的位置。钢轨位移测点设置在加速度测点对应的轨底底面位置，道床板位移在板中和板端分别设置一个测点，位置在钢轨外侧。钢轨垂向力测点在钢轨加速度测点对应位置的轨腰上。普通道床和减振轨道测点布置相同，减振轨道测点布置如图 6-3 所示。

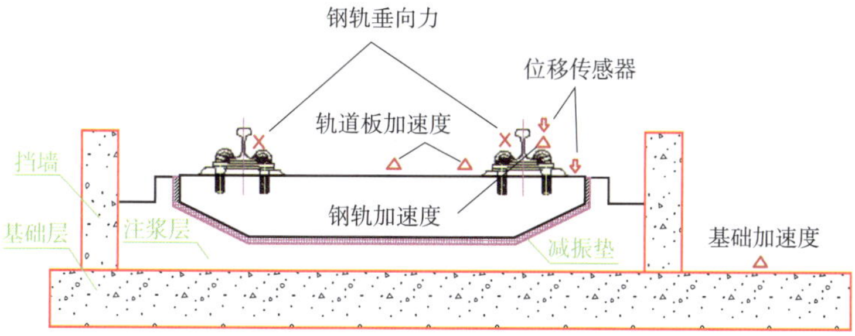

图 6-3　落轴试验测点布置

6.1.2 试验工况

试验现场工况包括不同板厚(330 mm、380 mm)、有无板间连接器、落轴不同高度、落轴不同位置、有无橡胶垫等。主要测试不同工况下轨道结构的加速度、位移、垂向力等动态响应指标。现场不同工况情况如图 6-4、图 6-5 所示。

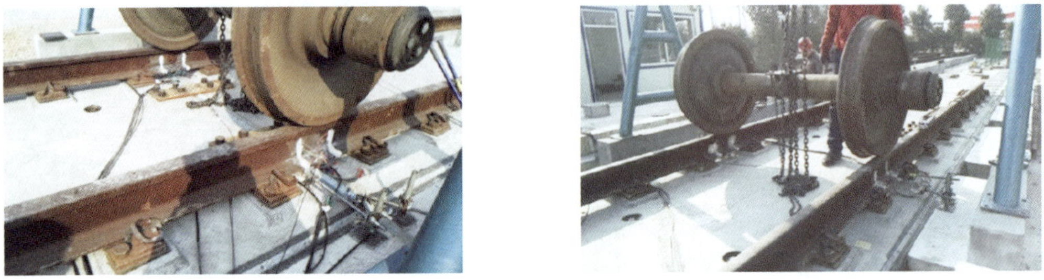

(a)板中落轴试验　　(b)板端落轴试验

图 6-4　板中、板端不同位置落轴试验示意

(a)板端无连接器　　(b)板端有连接器

图 6-5　有无连接器落轴试验示意

6.1.3 试验结果及分析

1. 加速度

不同工况下轨道各部件加速度响应峰值统计见表 6-1。

表 6-1　不同工况下轨道结构加速度响应峰值

项目	330 mm 厚板,板中,有连接器	330 mm 厚板,板端,有连接器	330 mm 厚板,板端,无连接器	380 mm 厚板,板中,有连接器	380 mm 厚板,板端,有连接器	380 mm 厚板,板端,无连接器	普通整体道床
钢轨	176.94g	188.62g	194.87g	157.24g	161.91g	176.85g	169.44g
轨道板(整体道床)	2.53g	3.63g	3.67g	2.27g	3.04g	3.24g	4.37g
基础	0.51g	0.54g	0.56g	0.39g	0.40g	0.42g	0.65g

通过以上数据对比可知,振动从钢轨、轨道板、基础到地表逐渐衰减。

(1)板厚影响:板厚增加,钢轨、轨道板和基础的加速度响应峰值都有所减小。例如,当落轴位置为板中时,330 mm 厚板的钢轨、轨道板和基础的加速度最大响应峰值为 176.94g、

2.53g 和 0.51g，而 380 mm 厚板的对应值为 157.24g、2.27g 和 0.39g。说明增加板厚可以提高轨道的减振效果。

(2)落轴位置影响：落轴位置为板中时，钢轨、轨道板和基础的加速度响应峰值都较板端时小。

(3)有无连接器：无连接器时钢轨、轨道板和基础的振动较有连接器时略有增加，但增幅不大；整体来看，有连接器情况下，轨道减振效果更好。

(4)与普通道床对比：虽然试验段中的普通道床结构尺寸与减振轨道有所差异，但定性对比还是有意义的。从其测试结果来看，普通道床结构振动响应剧烈。以 380 mm 厚板为例，传递到基础上的振动较减振轨道大幅增加，说明减振轨道可有效隔离振动的传播。

2. 位移

(1)钢轨垂向位移

钢轨垂向位移时程图如图 6-6 所示，该图明确地反映了落轴过程钢轨位移的变形行为：落轴瞬间，钢轨位移迅速变大，回弹几次之后，车轴停在了钢轨上，钢轨的垂向位移也稳定在了一定的范围。取各工况的左右轨峰值的平均值作对比分析，规律如图 6-7 所示。

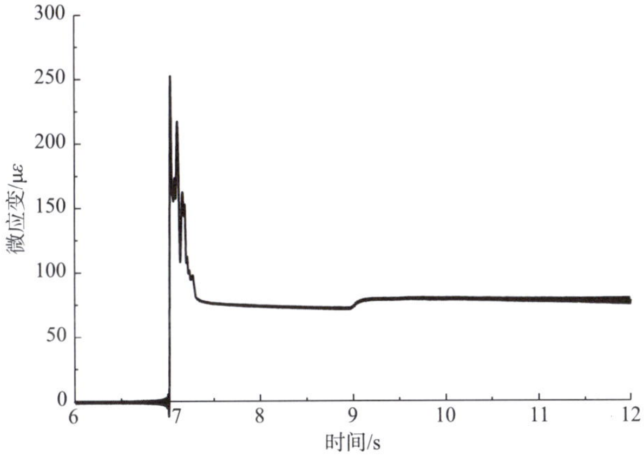

图 6-6　落轴试验钢轨垂向位移时程图

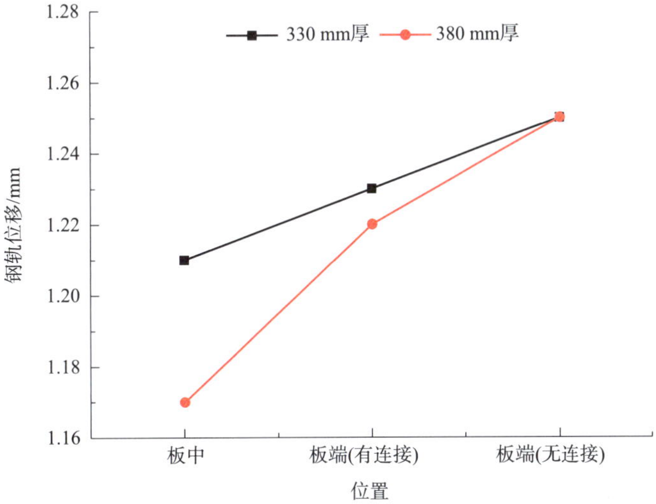

图 6-7　各工况钢轨平均位移对比

由图 6-7 可见,380 mm 厚的减振轨道板几乎在各个位置上的钢轨位移均比 330 mm 厚的板小;而在同一类型的板上,板中钢轨的位移要小于板端(有连接器)的位移。同时,有连接器的工况要比无连接器的工况钢轨位移要小,表明有连接器的轨道结构整体性较好。

(2)轨道板垂向位移

取各工况左右轨的峰值的平均值对比分析,规律如图 6-8 所示。

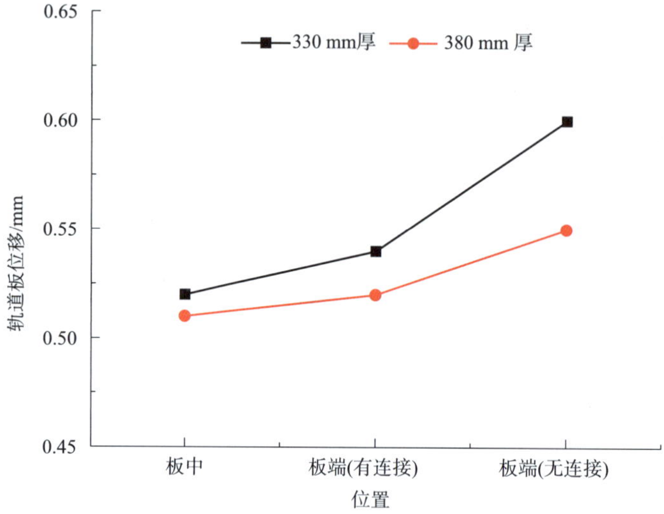

图 6-8 各工况轨道板平均位移对比

由图 6-8 可见,380 mm 厚的减振轨道板几乎在各个位置上的位移均比 330 mm 厚的板小。同时,有连接器的工况比无连接器的工况轨道板位移要小,表明有连接器的轨道结构整体性较好。

3. 垂向力

落轴试验钢轨垂向力时程图如图 6-9 所示,该图明确地反映了落轴过程钢轨垂向力的变形行为:落轴瞬间,垂向力迅速变大,回弹几次之后,车轴停在了钢轨上,钢轨的垂向力逐渐稳定。

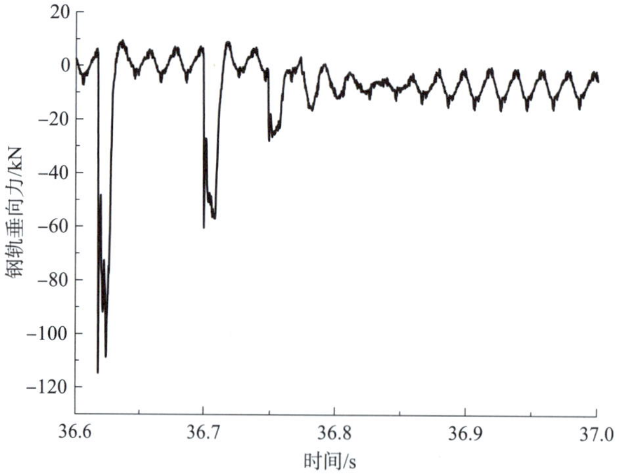

图 6-9 钢轨垂向力时程图

由图 6-10 可见，380 mm 厚的减振轨道板几乎在各个位置上的钢轨垂向力均比 330 mm 厚的板小。同时，有连接器的工况钢轨垂向力大于无连接器的工况。板中位置的钢轨垂向力最大，比最小的工况（380 mm 厚无连接器的板端位置）增加 26%。

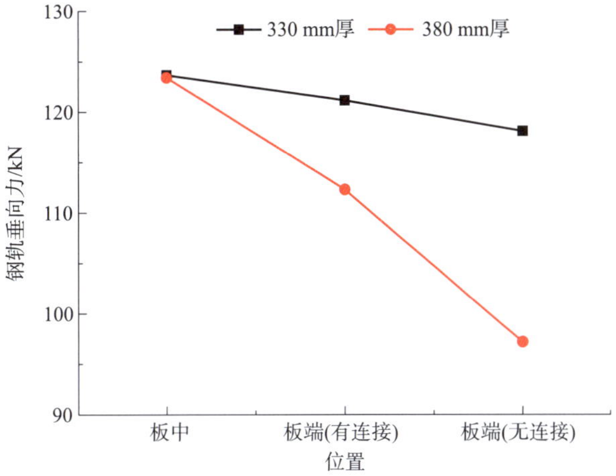

图 6-10　不同工况钢轨垂向力对比

4. 轨道弹性系数及阻尼系数

轨道弹性系数与阻尼系数的测试与计算，借鉴了日本铁道综合技术研究所提出的落轴冲击模型进行计算。计算中将轨道与荷载系统视为单自由度来考虑，由于轮对与钢轨之间的接触变形相对于轨下弹性系统的变形很小，所以忽略轮轨间的接触弹性。

对计算机采集到的垂直力冲击信号进行分析，可得到垂直冲击力作用的持续时间、回弹系数等参数，利用这些参数可反算得到轨道的弹性系数和阻尼系数。计算结果见表 6-2，如图 6-11、图 6-12 所示。

表 6-2　轨道结构的弹性系数和阻尼系数

断面位置	动刚度/(kN/mm)		阻尼系数/(kN·s/m)	
	内轨	外轨	内轨	外轨
330 mm 板中	61.17	58.51	85.52	97.73
330 mm 板端	60.31	57.45	84.38	95.33
380 mm 板中	58.49	56.52	96.64	104.1
380 mm 板端	57.35	54.28	95.75	101.95

从图 6-11、图 6-12 直观显示，330 mm 厚的板式减振轨道的动刚度要比 380 mm 厚的板更大，且两种结构形式板中位置的动刚度均要大于板端位置；而 380 mm 厚的板其阻尼系数更大，且板中位置的阻尼系数也要大于板端位置的阻尼系数。从力学性能角度而言，380 mm 厚的板其减振性能要优于 330 mm 厚的板。而落轴试验的其他测试指标也反映了这一点。

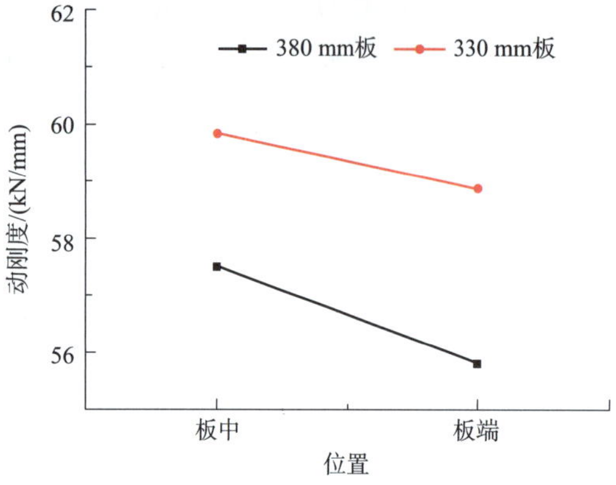

图 6-11　两种预制板轨道的动刚度对比

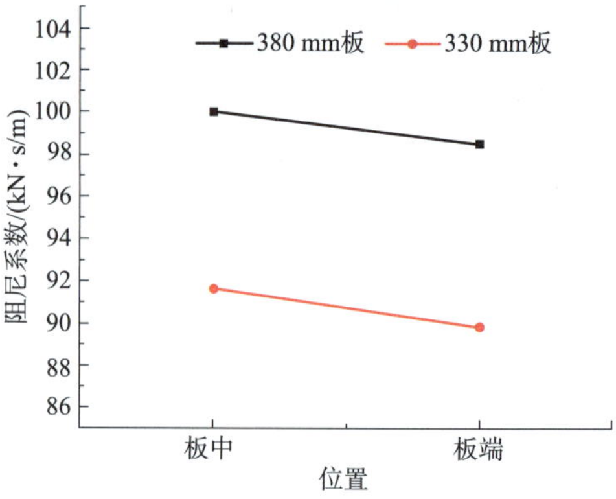

图 6-12　两种预制板轨道的阻尼系数对比

5. 轨道结构减振效果分析(分频 Z 振级)

通过减振轨道与普通道床传递到基础的分频 Z 振级对比，来分析减振轨道的减振效果，如图 6-13 所示。

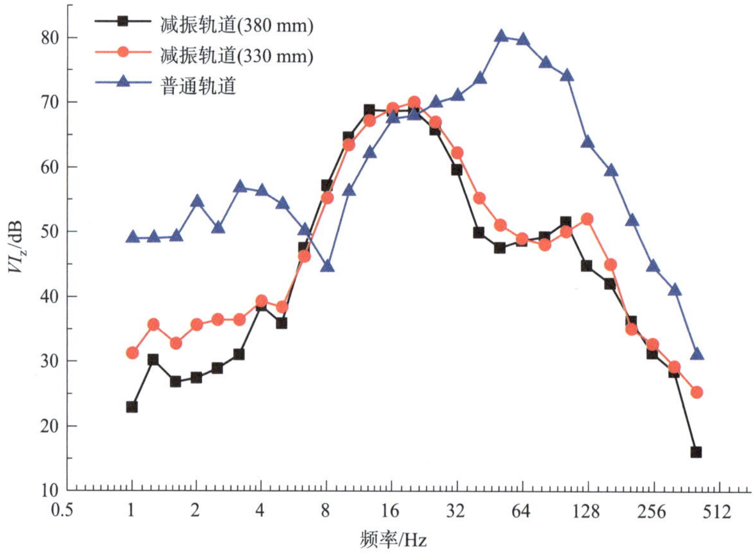

图 6-13　减振轨道与普通道床的 1/3 倍频程比较

在 10 Hz 以下的低频段，减振轨道板 Z 振级比普通道床轨道小 20 dB 左右；在自振频率附近(380 mm 厚板约为 16 Hz，330 mm 厚板约为 18 Hz)，减振轨道振动稍大于普通道床。这是由于激励在减振轨道固有频率附近，放大了轨道振动。在大于 20 Hz 频段，减振轨道有明显的减振效果，50 Hz 附近最大减振量为 32 dB。

在 1～80 Hz 范围，计权 Z 振级差：330 mm 厚减振轨道为 11.2 dB，380 mm 厚约为 12.0 dB。测试值比计算结果略大，这是由于计算所取橡胶垫刚度(割线刚度)比实际值偏大。

6.1.4　试验小结

通过落轴试验可以得到以下主要结论：

(1)板间无连接器时钢轨、板边和基础的振动加速度，钢轨垂向及轨道板的位移均较有连接器时略有增加，钢轨垂向力略有增加，表明有板间连接器时，轨道结构整体性更强。

(2)从落轴冲击模型得到的轨道系统总体刚度及阻尼来看，板厚 330 mm 的减振轨道总体动刚度要比 380 mm 厚的板更大，阻尼则比 380 mm 厚的板小，表明 380 mm 的板要比 330 mm 的板减振效果好。

(3)振动传递分析表明，板厚 330 mm 的减振轨道固有频率约 18 Hz，板厚 380 mm 的减振轨道固有频率约 16 Hz。减振效果方面，与普通道床相比，采用 Z 振级(1～80 Hz 计权)评价指标，板厚 330 mm 的减振轨道减振效果 11.2 dB，板厚 380 mm 的减振轨道减振效果 12 dB，两者相差约 1 dB。

6.2　推板试验

通过对轨道板的纵、横向推板试验，绘制相应的位移-阻力曲线，评估减振预制轨道结构的纵横向抗力，此试验可反映减振预制轨道结构的整体稳定性。

试验考虑的因素包括有、无配重及有、无连接器。有配重时分配重 8.5 t 和配重 17 t 两种。

6.2.1　试验方法及测点布置

1. 试验原理

根据推板试验的静力平衡条件，对于纵向，减振轨道的纵向抗力(橡胶垫与板之间的摩阻力＋限位桩的抗力)和千斤顶纵向推力平衡；对于横向，减振轨道的横向抗力(橡胶垫与板之间的摩阻力＋限位桩的抗力＋两侧挡墙的抗力)和千斤顶横向推力平衡。当预制板轨道结构抗力小于千斤顶推力时，将产生滑移。

2. 试验流程

(1)安装纵向千斤顶

纵向推板前，在板端进行千斤顶的安装。采用一拖二的分离式千斤顶，可保证两个千斤顶出力大小相同。千斤顶一头顶住反力墙，一头顶住预制板端部。在千斤顶顶头加设刚垫片，增加受力面积，减小应力集中。

(2)安装位移计

在预制板的自由端对称于轨道中心线布置 2 个百分表，调试后固定。

(3)纵向加载试验

试验中对预制板进行不同荷载等级的加载试验，加载力大小通过观察油压表数值进行控制，并实时记录每次加载过程中预制板纵向位移。因板间连接时板与板之间设计要求按自由伸缩考虑，故板间是否纵向有连接对推板时所受的阻力无影响，因此纵向推板试验不再区分是否考虑板间连接。

(4)安装横向千斤顶

在中间板板中预留横向加载孔上安装横向加载千斤顶,安装方式同纵向千斤顶,同样采用一拖二方式。

(5)安装横向位移计

对应加载位置在板另一侧布置 2 个百分表,调试后固定。

(6)横向加载试验

横向加载试验作用在预制板上,通过观察油压表数值进行控制加载力,并实时记录每次加载过程中预制板横向位移。横向推板试验区分是否考虑板间连接两种工况。

(7)配重试验

纵、横向加载时,除了无配重的推板试验外,还对预制板施加不同配重(8.5 t、17 t),重复以上步骤进行推板试验,实时记录加载过程中预制板的位移。

3. 测点布置

纵向推板测试其纵向位移,自由端的预制板纵向位移,共 2 个纵向位移测点,布置如图 6-14 所示。

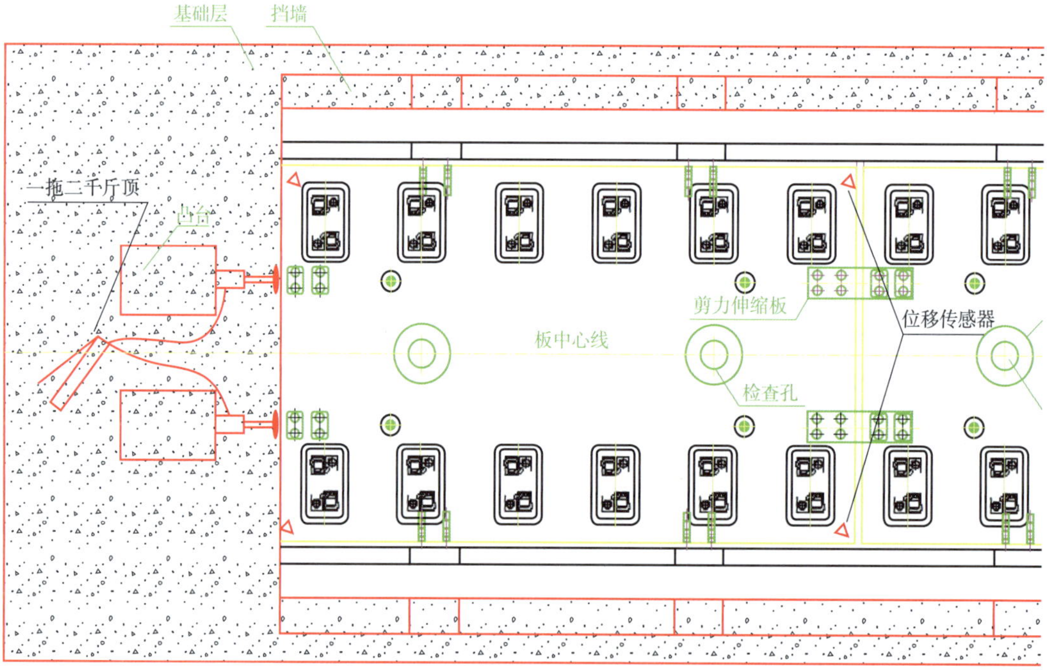

图 6-14 纵向推板测点布置

横向推板测试其横向位移,自由端的预制板横向位移,共 2 个横向位移测点,布置如图 6-15 所示。试验现场如图 6-16、图 6-17 所示。

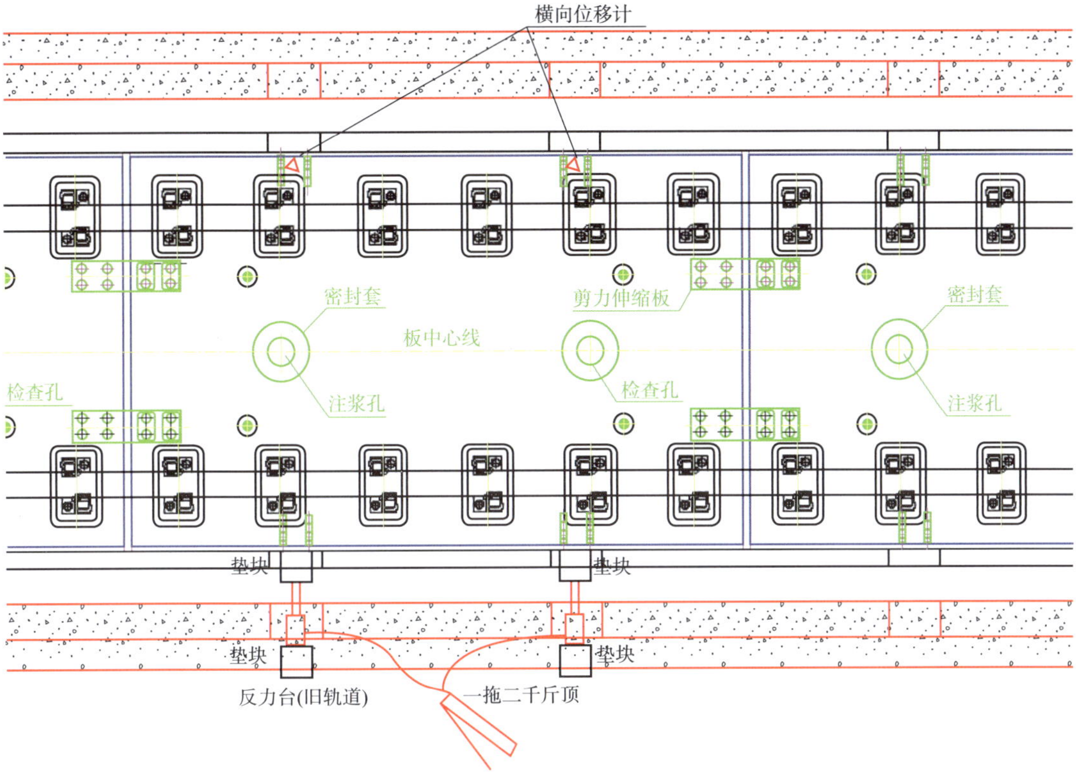

图 6-15　横向推板测点布置

图 6-16　纵向推板试验现场照片

图 6-17　横向推板试验现场照片

6.2.2　试验结果及分析

采用板厚 330 mm 条件下的推板试验结果进行分析，试验结果中的散点图为各次推板后的均值。为分析推板的纵横向刚度，将散点图进行了线性回归。

1. 无配重条件下的推板试验结果

板厚 330 mm 无配重横、纵向推板试验结果如图 6-18 所示。

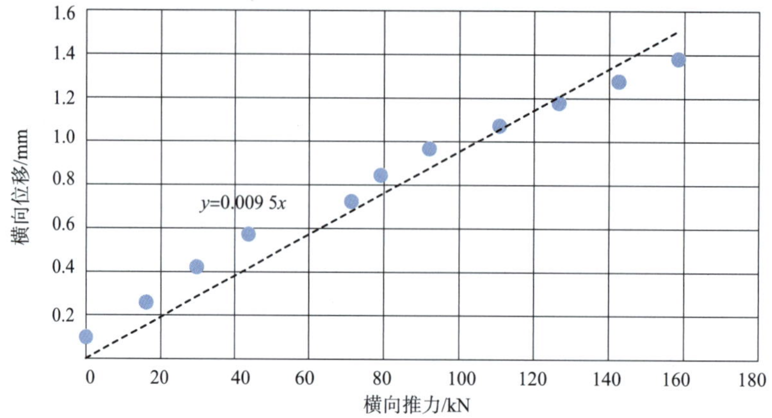

(a)无板间连接,横向推板

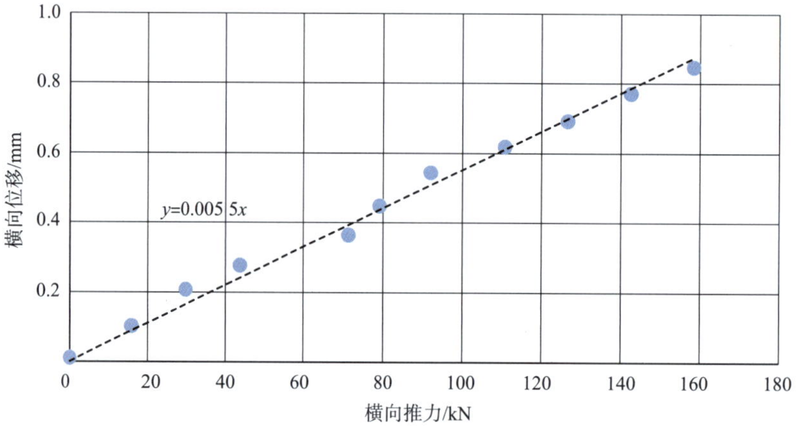

(b)有板间连接,横向推板

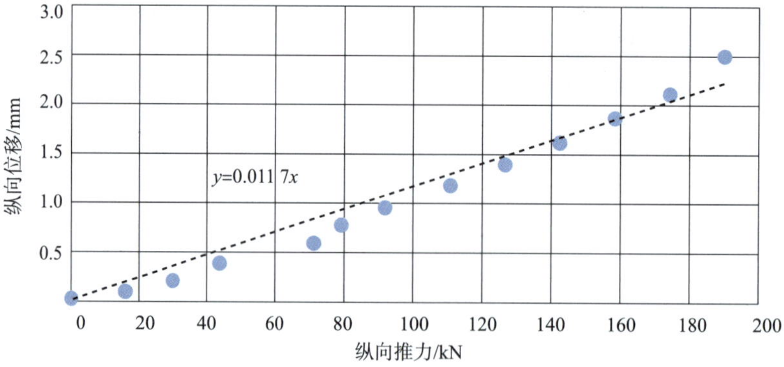

(c)纵向推板

图 6-18　板厚 330 mm 无配重横、纵向推板试验结果

2. 有配重条件下的推板试验结果

配重 8.5 t、17 t 条件下横、纵向推板试验结果如图 6-19、图 6-20 所示。

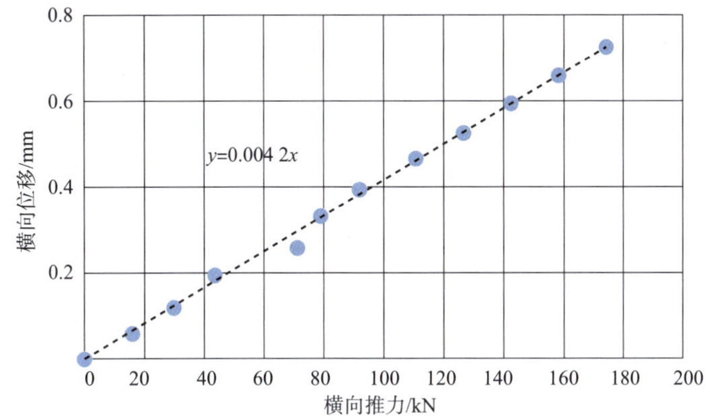

(a)横向推板(有板间连接)

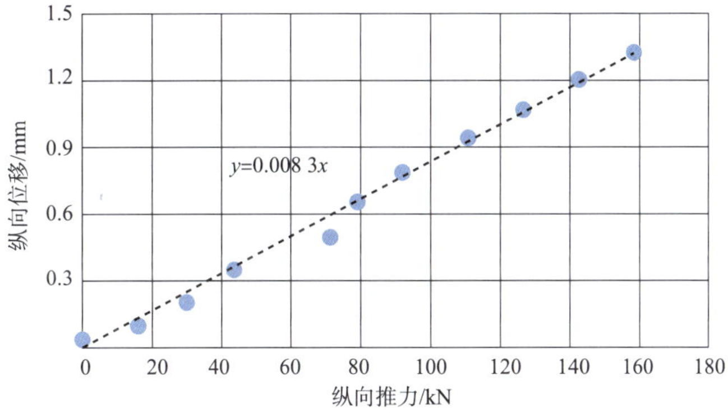

(b)纵向推板

图 6-19　配重 8.5 t 条件下横、纵向推板试验结果

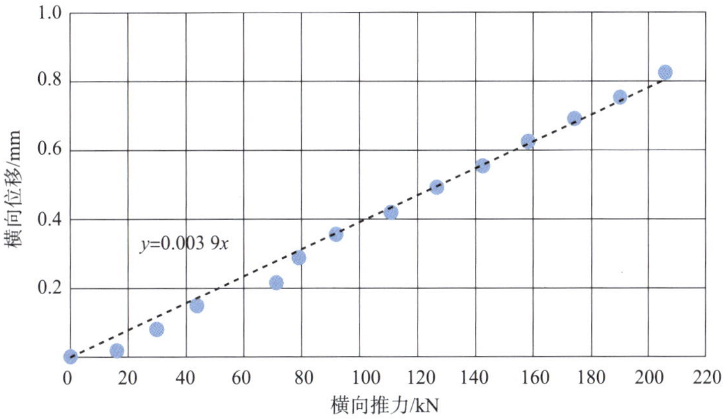

(a)横向推板

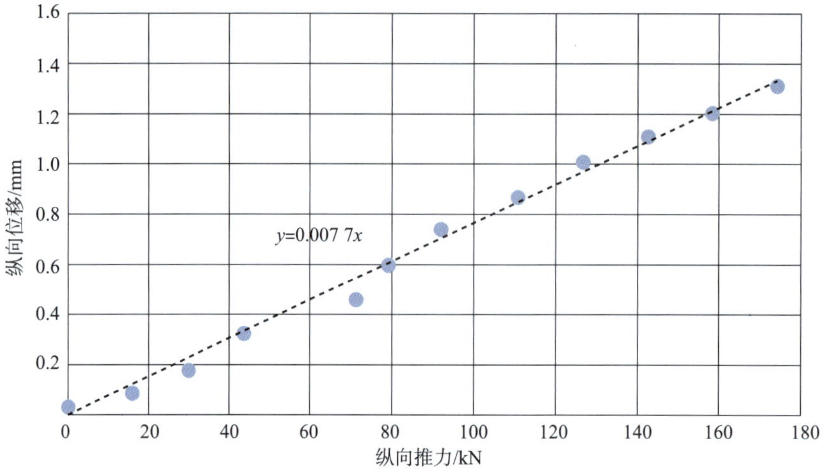

(b)纵向推板

图 6-20　配重 17 t 条件下横、纵向推板试验结果

3. 试验结果分析

(1)由无配重条件下的推板试验结果可见:无板间连接情况下,轨道板横向位移约 1.4 mm 时,最大阻力达 158 kN,线性回归得到的横向刚度约 105 kN/mm;在有板间连接情况下,轨道板横向位移约 0.85 mm 时阻力即可达约 158 kN,线性回归得到的横向刚度约 180 kN/mm;纵向推板试验(因板间连接时板与板之间设计要求按自由伸缩考虑,故板间是否纵向有连接对推板时所受的阻力无影响)时,板纵向位移 2.5 mm 达到的最大阻力约 190 kN,线性回归得到的纵向刚度约 85 kN/mm。

(2)由有配重条件下的推板试验结果可见:与无配重情况下的结果相比,轨道板在横、纵向的位移均有很大程度的减小,即纵、横向刚度均有所提高;施加 8.5 t 的配重时,轨道板的横向位移 0.7 mm 时的阻力约为 174 kN,线性回归得到的横向刚度约 238 kN/mm,纵向位移 1.3 mm 时的阻力约为 158 kN,线性回归得到的纵向刚度达到 120 kN/mm;施加 17 t 的配重时,轨道板的横向位移 0.8 mm 时的阻力约为 206 kN,线性回归得到的横向刚度约 256 kN/mm,纵向位移 1.3 mm 时的阻力约为 174 kN,线性回归得到的纵向刚度达到 130 kN/mm。

综合以上分析,对于轨道板的限位能力而言,考虑最不利荷载情况,每个扣件受到 10 kN 的纵向力,即单块板受合力 120 kN。由纵向推板试验结果可以看出,当纵向推力达到 120 kN 时,在最不利情况下(即无配重时),轨道板最大纵向位移约 1.4 mm,且试验过程中灌浆孔限位凸台状态良好,未发生破坏。由此从试验的角度验证了此种限位结构的限位能力良好,完全可满足使用要求,与理论分析中对于限位方式可靠性的分析结论一致。

6.2.3 试验小结

通过推板试验可以得到以下主要结论:

(1)对比轨道板的横纵向刚度,可以看出轨道板的纵向刚度小于其横向刚度。主要是因为现场轨道板横向设置有相应的侧边挡台,增加了其横向的刚度,限制了横向位移。

(2)无论是无配重还是有配重、无连接还是有连接,纵、横向推板试验采用的推力范围均远大于轨道板本身可能承受的纵、横向力值。推板试验过程中轨道板位移量较小,且限位结构及板本身均状态良好,未发生破坏,验证了轨道板限位结构的可靠性。

(3)在无板间连接的情况下,轨道板横向刚度低于有板间连接情况下的横向刚度,说明板间连接件增加了轨道的整体性。

(4)在有配重的情况下,轨道板的稳定性有一定程度的提高,纵、横向刚度均有所提高,说明列车行驶情况下,会一定程度提高轨道的整体稳定性。

6.3　板间错移试验

6.3.1　试验方法及测点布置

1. 试验方法

(1)安装位移计:在两相邻轨道板板端安装 2 个垂向位移计,加载板的另一端板端安装 1 个垂向位移计。

(2)配重:配置 8.5 t 及 17 t 两种。

(3)数据记录:记录不同配重下位移计示数。

2. 测点布置

板间错移试验测点布置如图 6-21 所示。

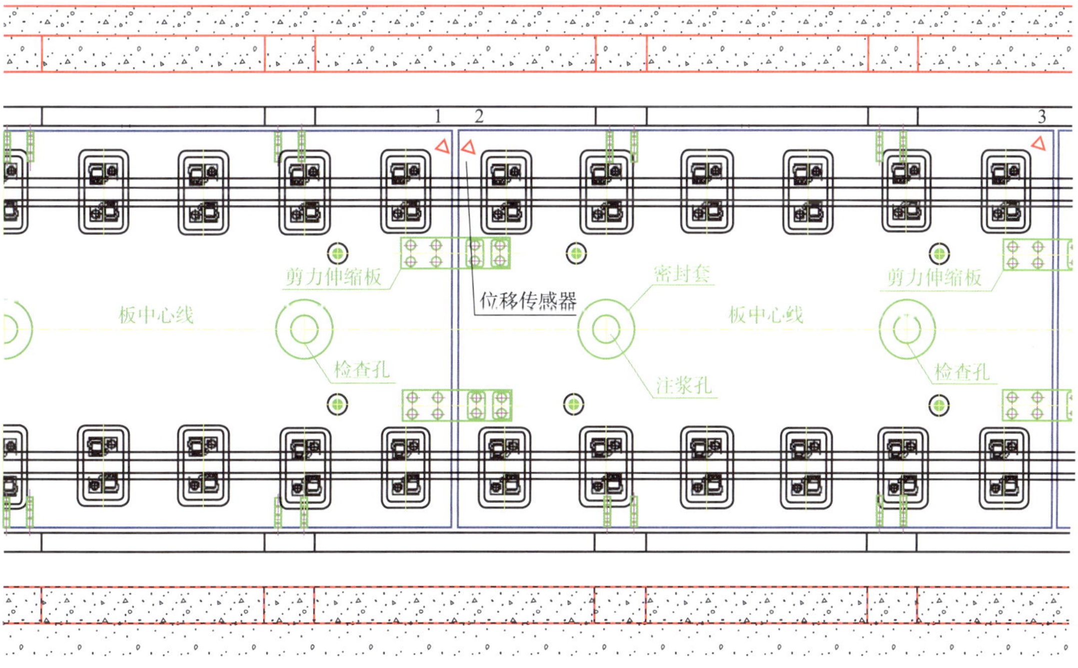

图 6-21　板间错移试验测点布置

6.3.2 试验结果及分析

如图 6-21 所示，试验中 1、2 号测点之间的板缝处进行了纵连，3 号测点的板端未进行纵连。因此，3 号测点对应未纵连板端的垂向位移，1 号和 2 号测点对应纵连后板端垂向位移。

由图 6-22 可见：

(1)有板间连接端轨道板端下沉量为 0.53 mm，无连接端下沉量为 1.47 mm，无约束端下沉量较大，板发生微量倾斜，位移差为 0.94 mm。

(2)根据 1 号和 2 号测点数据可知，板间错移量为 0.09 mm，可见纵连后的板间错移量很小。

通过板间错移试验可见，有板间连接时，板间错移量非常小，无板间连接时，板间错移量相对较大。

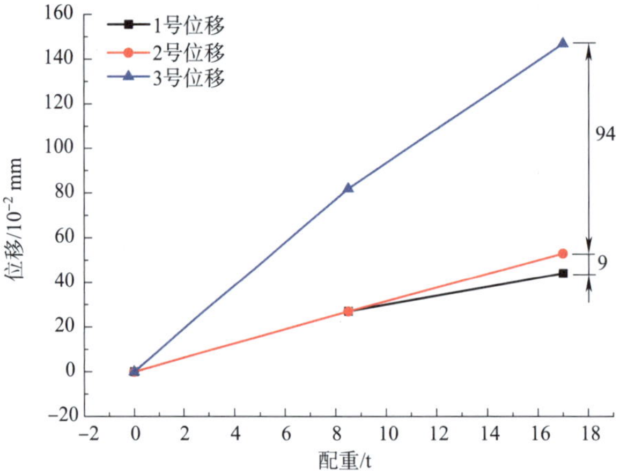

图 6-22 纵向推板配重时垂向位移与配重的关系

6.4 揭板试验

利用大型吊装设备，安装拉力计及起吊设备，吊起铺设在试验段上的轨道板，测定揭板时所需的拉力大小，确定橡胶垫与填充层的黏结强度，并同时观测板下填充层的灌注质量。

6.4.1 试验方法及测点布置

1. 试验方法

通过在吊装设备的拉索上安装拉力传感器，测试减振轨道板的橡胶垫与填充层之间达到破坏时的黏结强度。利用起吊机械对轨道板施加垂向拉力，缓慢加载直至轨道板被完全拔起。利用钢索上的拉力传感器测试拉力，采集系统实时记录加载过程中拉力大小。同时，待轨道板和填充层完全分离后，人工观测填充层灌注质量，记录气泡数量、气泡率等，判断混凝土的灌注质量和施工质量。

2. 测点布置及试验流程

在拉索上设置一个拉力测点，具体方案为高强度螺杆与拉索组装，固定拉力传感器，同时连接吊索与轨道板。测点布置如图 6-23 所示。

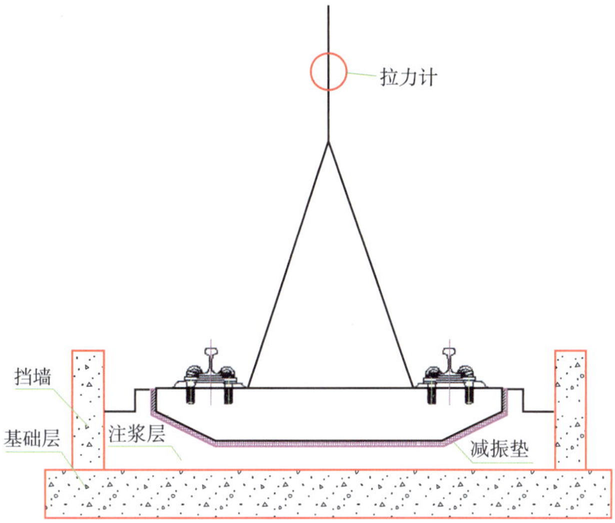

图 6-23　揭板试验测点布置

现场安装流程及起吊过程如图 6-24 所示。

(a)吊装机加载轨道板脱离填充层

(b)检查填充层的灌注质量

图 6-24　揭板试验流程

6.4.2　试验结果及分析

揭板过程主要分以下几个阶段:

(1)加载 0～7 s,吊装设备往上移动,但拉索尚未拉直,绳索没有拉力。

(2)加载 7～20 s,吊装设备不断加载,拉力不断增加,但尚未达到破坏轨道结构的拉力,轨道板与填充层并没有脱离。

(3)加载 20～50 s,吊装设备继续加载,轨道板和填充层逐渐开始分离,二者之间的离缝逐渐缓慢增加。

(4)加载 50 s 之后,轨道板和填充层之间的离缝迅速扩展增加,直至完全脱离,拉力迅速减小。拉力恢复至稳定的水平,其大小与轨道板本身的重力相等。

揭板试验加载曲线时程图如图 6-25 所示,揭板试验的拉力值见表 6-3。

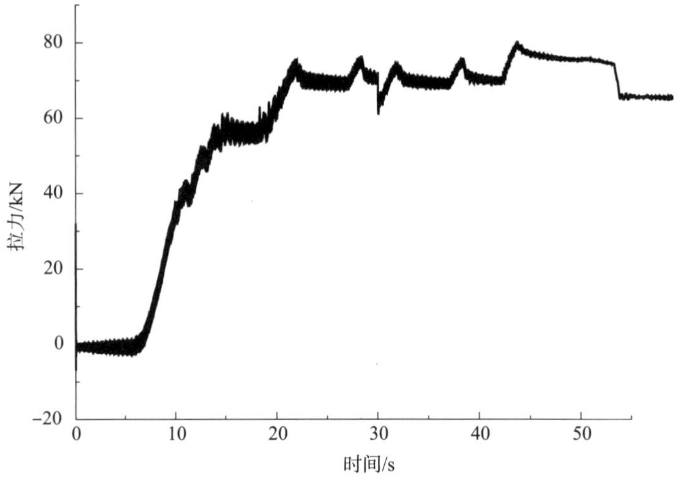

图 6-25 揭板试验加载曲线时程图

表 6-3 揭板试验各阶段拉力值

项目	轨道板自重	拉力最大值	拉力平稳值
拉力值/kN	65	80.29	65.73

从表 6-3 的数据可见，把轨道板完全拉起直至其与灌注的填充层完全脱离，完全拉开轨道板所需的拉力为 80.92 kN。轨道板与填充层的黏结力约为 14.56 kN，占破坏所需拉力的 18%。

检查填充层的气泡数量，取 1 m^2 内的范围作抽样调查统计，统计结果见表 6-4，大部分气泡面积均较小。

表 6-4 填充层灌注质量抽查统计

气泡面积/cm^2	<1	1～2	2～3	3～6	≥6
百分比	71%	21%	5%	3%	0

厂内揭板试验表明，填充层表面密实、平整，无露石、露筋以及蜂窝现象，无明显裂纹、水纹。填充层表面气泡主要为面积小于 2 cm^2 的气泡，占总数的 92%；气泡面积均小于 50 cm^2，且面积大于等于 6 cm^2 的气泡面积总和不超过填充层表面积的 2%（统计结果为 0），满足设计要求。

6.4.3 线上揭板试验

为进一步评估填充层的灌注效果，在线上铺设时也开展了揭板试验，观测减振垫下方填充层的灌注及施工质量，如图 6-26、图 6-27 所示。

揭板后的气泡统计情况见表 6-5。

图 6-26　隧道内施工现场

图 6-27　揭板后的填充层表面气泡

表 6-5　橡胶垫下填充层表面气泡统计结果

气泡面积/cm²	<1	1～2	2～3	3～6	≥6
百分比	75%	21%	3%	1%	0

线上揭板试验表明，填充层表面密实、平整，无露石、露筋以及蜂窝现象，无明显裂纹、水纹。填充层表面气泡主要为面积小于 2 cm² 的气泡，占总数的 96%；无面积大于 50 cm² 的气泡，且面积大于等于 6 cm² 的气泡面积总和不超过填充层表面积的 2%(统计结果为 0)，满足设计要求。

6.5　疲劳试验

采用“全比尺高速铁路物理试验模型装置”对减振轨道板施加垂向疲劳荷载，研究长期疲劳荷载作用后轨道系统刚度和轨道部件受力状态的变化，同时研究长期疲劳荷载作用后轨道系统减振效果的变化。

6.5.1　试验方法及测点布置

1. 试验方法

试验时采用单点激振，即只在靠中间的扣件上加一个反力梁进行激振，如图 6-28 所示。

图 6-28　试验整体装置

本试验所使用的传感器包括位移计、加速度传感器、钢筋应力计以及应变片。采用单点激振的方法，因为列车轴重为 17 t，考虑一定的动力系数，疲劳试验时加载峰值为 20 t。疲劳测试所施加正弦荷载的频率为 6 Hz。

本试验主要有以下两部分组成。

(1)钢筋应力计以及轨道板应变测试

在静载试验时，测得埋置在轨道板内的钢筋应力计的应力变化，得到轨道板内部应力在长期疲劳试验后的变化。同时通过混凝土应变片测得轨道板在疲劳试验过程中表面应力的变化。

(2)动刚度以及振动测试

在静载试验后还要进行扫频试验，扫频试验是从 1 Hz 到 25 Hz 共 25 个频率，在每个试验频率下通过位移计测得动位移的幅值，进而求得轨道结构的动刚度随着频率的变化。同时求得每个试验频率下的加速度计测得的加速度的幅值，得到振动随激振频率的变化，与动刚度的数值进行对比，进而得到整个试验系统的自振频率。

2. 测点布置

试验所用轨道板为一次性可加载单块板，如图 6-29 所示，采用 C50 混凝土，弹性模量为 3.55×10^4 MPa，其尺寸为 3.6 m×2.2 m×0.33 m，泊松比为 0.2，密度为 2 500 kg/m^3，橡胶垫静力基础模量为 0.019 N/mm^3。

图 6-29　试验用轨道板

试验中，对轨道板单点激振，由于要对轨道板在长期疲劳荷载作用下的力学特性进行研究，所以在轨道板布置了 8 个位移计(4 个位置处轨道板与钢轨上各布置一个)，15 个混凝土应变片，12 个钢筋应力计，5 个加速度计(轨道板上 2 个，钢轨上 2 个，地基上 1 个)，布置如图 6-30、图 6-31 所示。

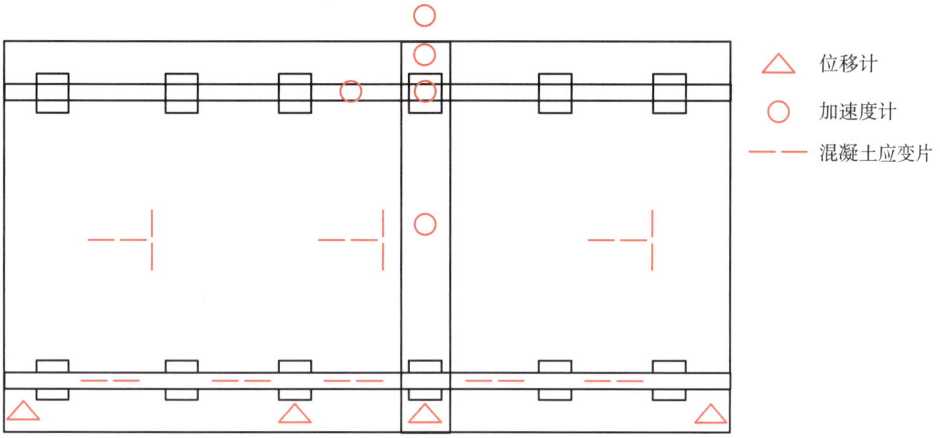

图 6-30　测点布置

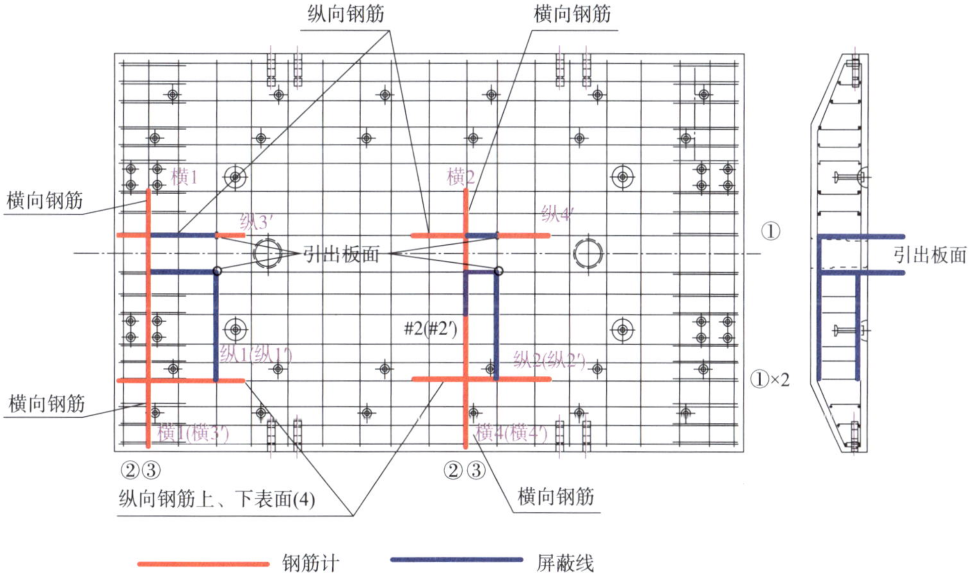

图 6-31　钢筋应力计布置

6.5.2　试验结果及分析

1. 实际激振力

在长期疲劳试验过程中，设定的频率是 6 Hz，力为 2 t 到 20 t，由于测试系统响应的问题，实际输出的力与设定的力会有一些出入，经过测试，实际输出的力如图 6-32 所示。

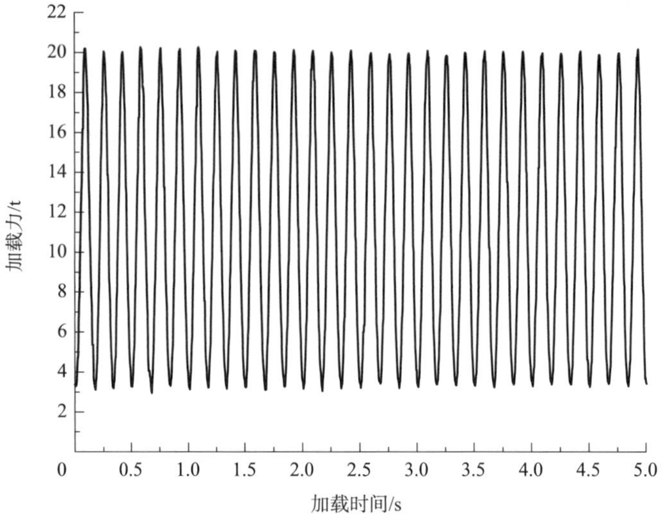

(a)疲劳加载 100 万次前

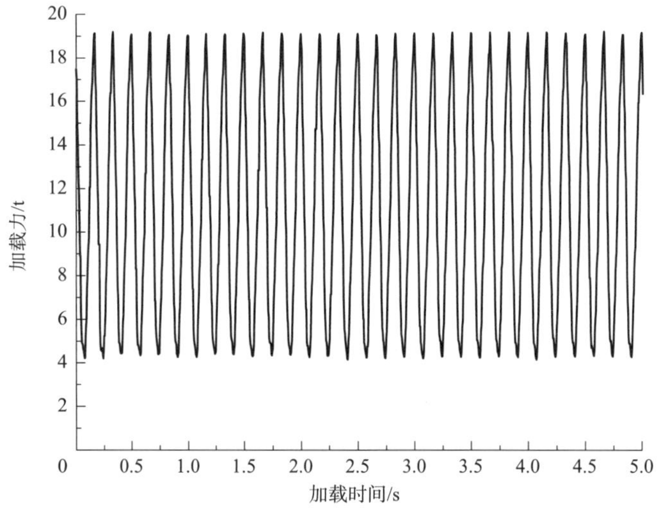

(b)疲劳加载 100 万次到 300 万次

图 6-32 实际输出疲劳加载力

施加 100 万次疲劳荷载前,实际输出的力为 2.952 t 到 20.268 t。施加 100 万次疲劳荷载到 300 万次疲劳荷载时,实际输出的力为 4.148 t 到 19.213 t。

在进行扫频试验时,为了保证试验的安全性,频率越高,设定的激振力幅值越小。在设定激振力幅值时,对于 1～6 Hz,设定的激振力的幅值为 1～11 t;对于 7～10 Hz,设定的激振力的幅值为 2～10 t;对于 11～18 Hz,设定的激振力的幅值为 3～9 t;对于 19～25 Hz,设定的激振力的幅值为 4～8 t。

2. 位移测试

刚度测试主要是扫频试验时的动刚度测试。刚度测试时位移计的布置及标号如图 6-33、

图 6-34 所示，在各点处均布置两个位移计，一个测轨道板上表面的相对位移，一个测钢轨的相对位移。

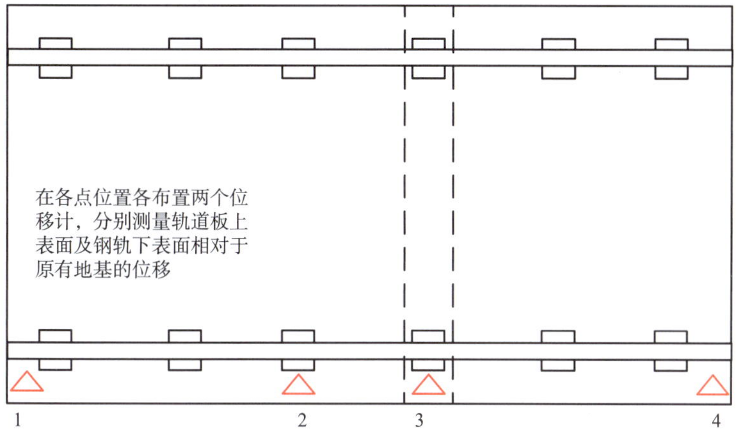

图 6-33　位移计布置点及标号

图 6-34　位移计实物布置

以 300 万次疲劳荷载作用后轨道板静载位移图为例，从图 6-35 可以看出，点 4 的位移最大，点 3 的位移次之，点 1 的位移最小，主要原因是加载的反力梁不是作用在轨道板的中间，偏于点 4 一侧。在加载为 15 t 的时候，疲劳测试前点 4 与点 1 的位移差为 1.68 mm，50 万次疲劳加载后为 1.82 mm，100 万次疲劳加载后为 1.67 mm，200 万次疲劳加载后为 1.82 mm，300 万次疲劳加载后为 1.87 mm；而疲劳测试前点 3 与点 2 的位移差为 0.62 mm，50 万次疲劳加载后为 0.68 mm，100 万次疲劳加载后为 0.65 mm，200 万次疲劳加载后为 0.67 mm，

300 万次疲劳加载后为 0.62 mm。

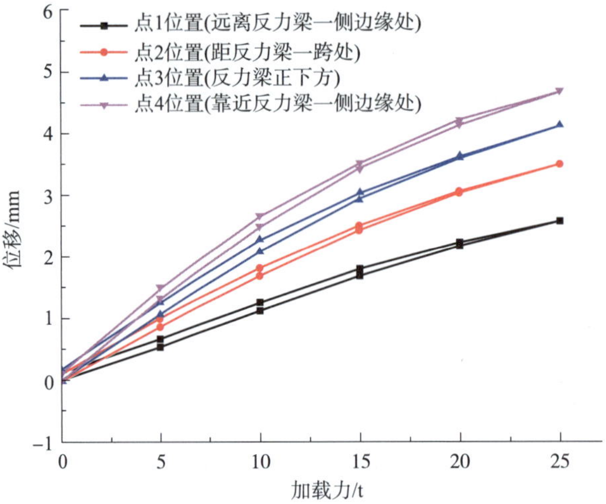

图 6-35 轨道板静载位移曲线(300 万次疲劳荷载作用后)

同样以 300 万次疲劳荷载作用后钢轨静载位移图为例(图 6-36),点 3 的位移最大,点 4 的位移次之,点 1 的位移最小,主要原因是钢轨两端有所上翘,故与轨道板位移有所不同。在加载为 15 t 的时候,疲劳测试前点 3 与点 1 的位移差为 2.15 mm,50 万次疲劳加载后为 2.32 mm,100 万次疲劳加载后为 2.08 mm,200 万次疲劳加载后为 2.3 mm,300 万次疲劳加载后为 2.19 mm;而疲劳测试前点 3 与点 2 的位移差为 0.91 mm,50 万次疲劳加载后为 0.99 mm,100 万次疲劳加载后为 0.89 mm,200 万次疲劳加载后为 0.99 mm,300 万次疲劳加载后为 0.94 mm。

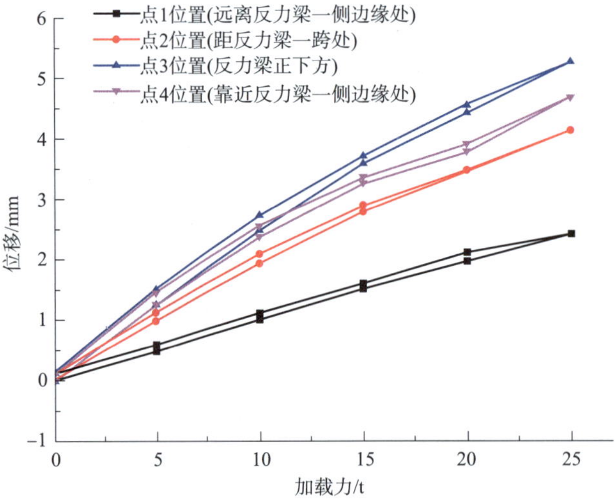

图 6-36 钢轨静载位移曲线(300 万次疲劳荷载作用后)

3. 加速度测试

在进行扫频测试的时候,通过加速度计来测得各测点的振动,得到不同激振频率下各测点的加速度幅值的变化，得到减振系统的自振频率。对比不同疲劳过程的加速度幅值，得到其抗疲劳稳定性。加速度计的布点位置及标号如图 6-37 所示，其中点 1 和点 2 安装在钢轨上，点 3 和点 4 安装在轨道板上，点 5 安装在原有地基上。加速度计实物布置如图 6-38 所示。

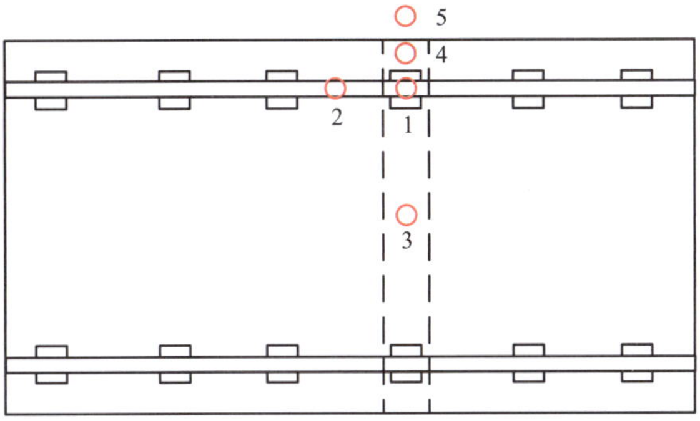

图 6-37　加速度计布置点及标号

图 6-38　加速度计实物布置

由图 6-39、图 6-40 可见：

(1)由 300 万次疲劳加载的过程中基础振动的频率响应图可见基础的振动加速度幅值没有明显的变化，也就说明在经历 300 万次疲劳加载后，该减振预制板轨道结构的减振效果无明显变化。

(2)原有基础处的振动远小于钢轨及轨道板的振动，说明该减振预制板轨道结构的减振效果良好。

(3)减振预制板轨道结构的自振频率约 14 Hz，比落轴试验得到的 18 Hz 略小，主要原因是轨道板底部的斜面部分无支撑，仅板底平面部分起支撑作用，故整体刚度降低，导致固有频率相对于落轴试验得到的偏低。

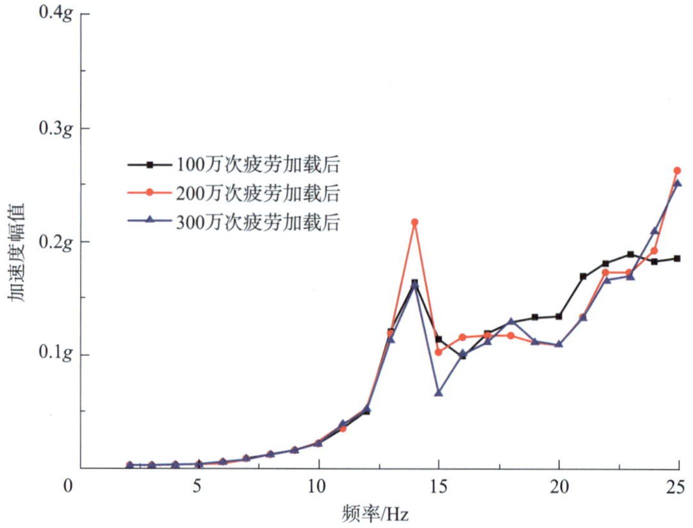

图 6-39 振动随频率变化关系(点 5)

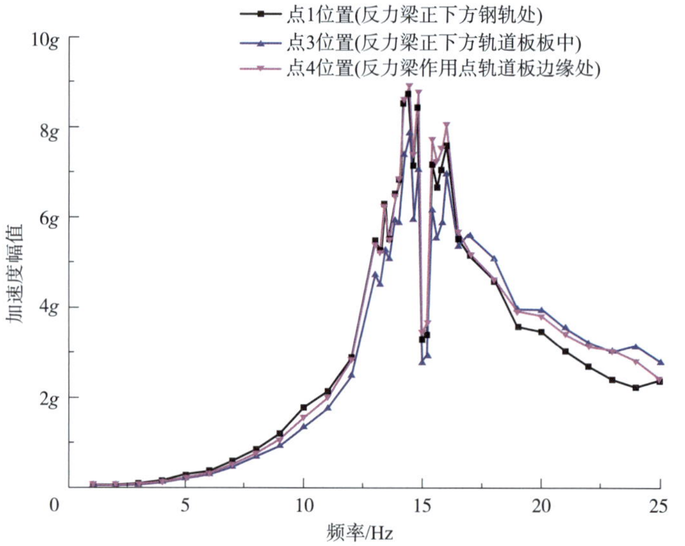

图 6-40 300 万次疲劳荷载加载后振动加速度随频率变化(点 1、3、4)

4. 钢筋应力计测试

钢筋应力计测试主要是测试垂向加载作用下的内力分布,比较在不同疲劳过程中的应力分布,分析疲劳加载对轨道板内力分布的影响。钢筋应力计的安装如图 6-41 所示。所采用钢筋计为 RRB400 级,直径为 12 mm。

在实际测试过程中测得的是钢筋应力计的应变值,故需要通过应力应变的关系进行转化。由应力值结合钢筋计的截面积可以得到各钢筋所受的轴力。

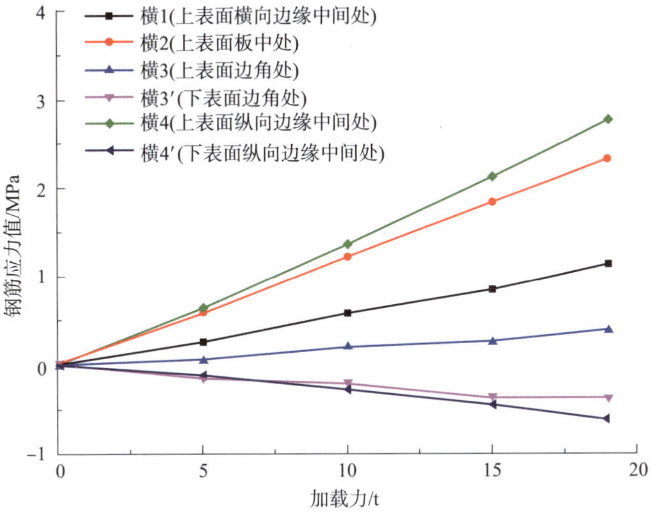

(a)横向钢筋应力计对比

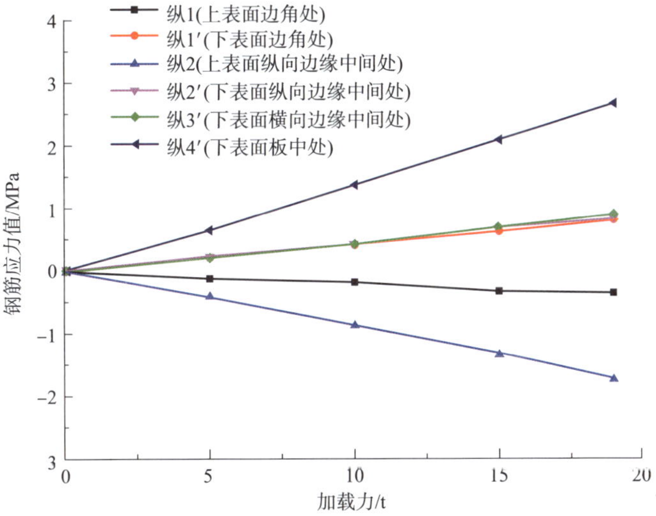

(b)纵向钢筋应力计对比

图 6-41　300 万次疲劳荷载加载后钢筋应力

由图 6-41 可见:上表面的钢筋应力方向与下表面钢筋应力方向相反,表明一侧受拉、一侧受压,与实际受力情况吻合。对于横向钢筋应力,横 4、横 2 应力较大;对于纵向钢筋应力,则纵 4′的应力较大。20 t 荷载作用下,钢筋应力最大值为 2.7 MPa(纵 4)。在混凝土与钢筋变形协调的基础上,由混凝土抗拉强度 1.89 MPa 控制的钢筋最大应力为 11 MPa,可见钢筋应力在整个试验过程中均符合要求。

以纵 4 钢筋计为例,疲劳前后钢筋应力值的变化情况如图 6-42 所示。

由图 6-42 可见,300 万次疲劳荷载加载过程中的钢筋应力值基本不变,说明 300 万次疲劳荷载对轨道板应力值影响较小。

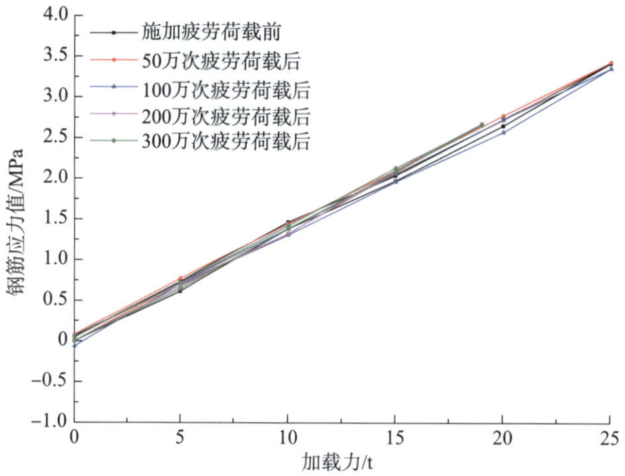

图 6-42　疲劳荷载加载前后钢筋应力值(纵 4)

5. 轨道板混凝土应变测试

在轨道板上相应位置处贴上混凝土应变片,用以测得轨道板表面的应力分布,混凝土应变片粘贴的位置和标号如图 6-43 所示,混凝土应变片粘贴位置实物如图 6-44 所示。

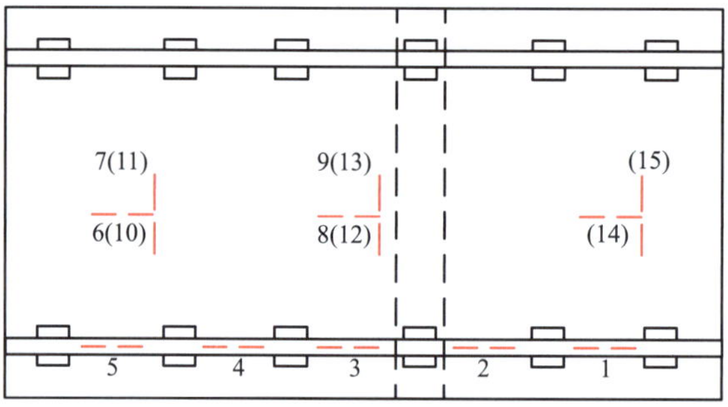

图 6-43　混凝土应变片粘贴位置及标号示意

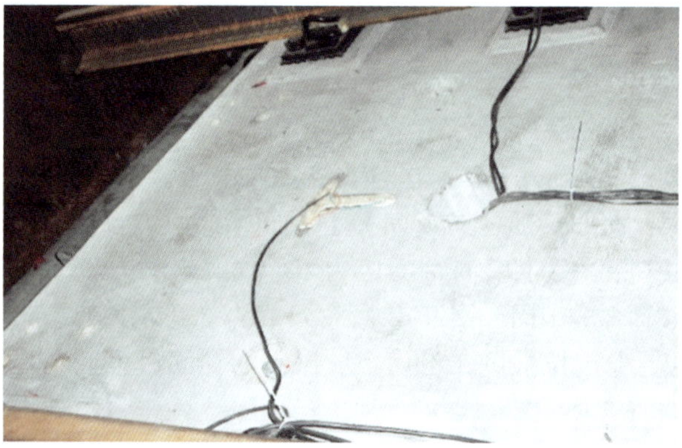

图 6-44　混凝土应变片粘贴位置实物

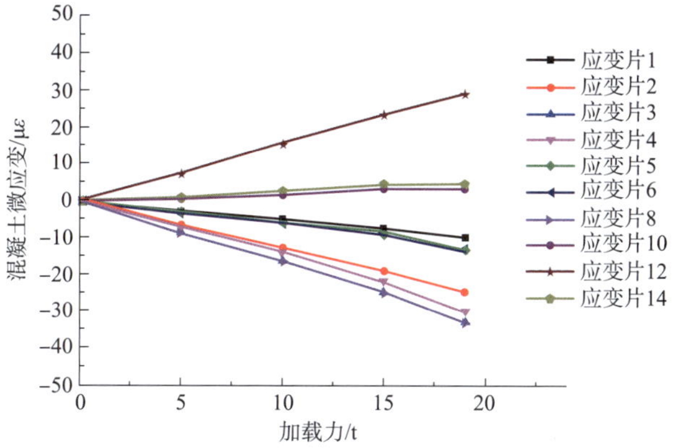

(a)纵向应变片对比

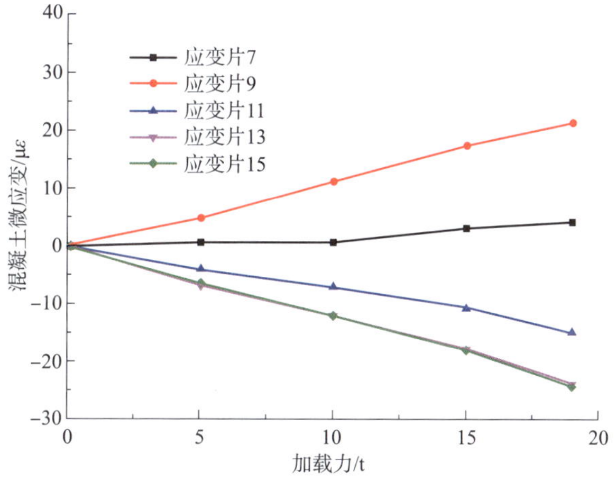

(b)横向应变片对比

图 6-45　300 万次疲劳荷载加载后应变测试结果

由图 6-45 可见：

(1)从 300 万次疲劳荷载加载后，各测点的应变值基本上是稳定的，说明 300 万次疲劳荷载加载过程中轨道板表面应力分布是稳定的。

(2)上表面的混凝土应变方向与下表面应变方向相反，表明一侧受拉、一侧受压，与实际受力情况吻合。其中混凝土最大纵向拉应变为 29 με(应变片 12)，最大横向拉应变为 24 με，在混凝土抗拉强度设计值下所能承受的应变为 54 με，可见混凝土应力在整个试验过程中均符合要求，混凝土表面没有发现肉眼可辨别裂纹。

以应变片 15 为例，疲劳荷载加载后混凝土应变的变化情况如图 6-46 所示。

由图 6-46 可以看出，300 万次疲劳荷载加载过程中的混凝土应变基本不变，说明 300 万次疲劳荷载对轨道板应力影响较小。

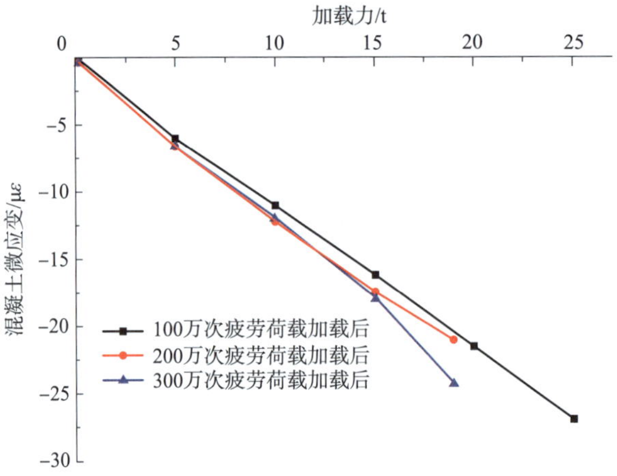

图 6-46 疲劳荷载加载后混凝土应变(应变片 15)

6.5.3 试验小结

对预制板式减振轨道结构进行了疲劳试验，可得出以下主要结论：

(1)疲劳试验前后预制板式减振轨道的位移、加速度、钢筋应力及轨道板应变等各项指标均基本未发生变化，混凝土应变值、钢筋应力值均在允许值范围内，轨道板未出现肉眼可见的裂纹。表明本轨道板性能保持稳定，且满足使用要求。

(2)疲劳试验前后减振预制板轨道系统的自振频率稳定在 14 Hz 左右，比落轴试验得到的 18 Hz 略小，主要原因是轨道板底部的斜面部分无支撑，仅板底平面部分发挥作用，使得整体刚度降低，固有频率相对于落轴试验得到的数值偏低，第三方锤击试验也得到类似规律。

6.6 灌注试验

用垂向位移计，测量未安装抗上浮工装的条件下，灌注过程中轨道板的最大上浮位移量。在板的四周布置了 4 个垂向位移计，灌注试验过程如图 6-47 所示。

(a)轨道板就位

(b)灌注过程中上浮位移的测试

图 6-47 灌注试验过程

由表 6-6 可知，在未采用抗上浮工装的条件下，上浮位移平均值为 0.67 mm，最大值为 0.71 mm，上浮量很小，主要是因为本研究采用的轨道板为厚板，质量较目前采用的薄板(200 mm)重，此外灌注混凝土时轨道板四周无需模具封闭，灌注过程是“开放”的，自然形成排气效果，故有效避免了轨道板的上浮问题。

表 6-6　上浮位移测试记录　　单位：mm

测点	施工前	施工后	上浮位移
1	3.53	4.19	0.66
2	0.82	1.53	0.71
3	0.82	1.47	0.65
4	1.03	—	—

第 7 章　减振层/隔离层的特点及复合方式

7.1　装配式轨道(减振功能)用减振层及隔离层

减振垫浮置板轨道是浮置板轨道系统中较为典型的一种减振轨道类型。对于传统的减振垫浮置板结构,减振垫作为弹性部件,其安装方法是提前做好混凝土基底后,将裁切好的减振垫平铺到基底上,随后浇筑混凝土道床板,这种方案存在安装精度不高、施工工序繁杂、维修更换困难等问题。

装配式减振轨道结构中,减振垫作为主要的弹性部件,采用的材质为橡胶。弹性部件主要提供减振或隔离功能(轨道板底部弹性部件提供减振功能,板的四周提供隔离缓冲功能),通过栓连、贴附、燕尾式卯接等方式集成在轨道板上,整体安装于基底和轨道板之间,减缓振动的传递,实现减振作用。减振垫预制板轨道结构横断面如图 7-1 所示。

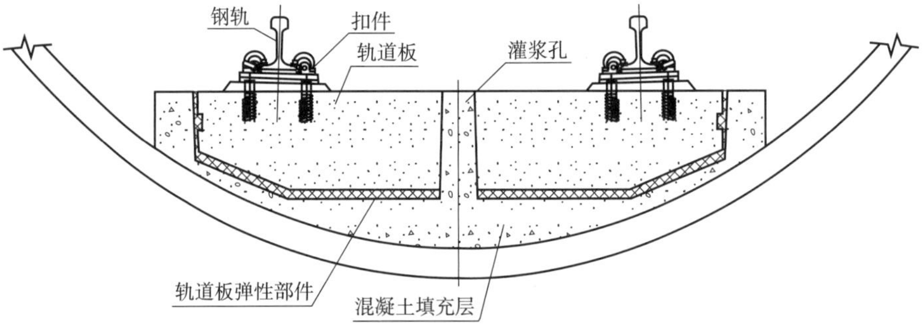

图 7-1　减振垫预制板轨道结构横断面

7.1.1　减振层/隔离层的材料特性及构造

弹性部件主要包括底板和端板、灌浆套三个部件,与轨道板的装配如图 7-2 所示。其中底板的作用主要是减振及隔离下部基础,端板及灌浆套的作用是隔离及隔离缓冲。为确保弹性部件和轨道板装配的可靠性,轨道板侧面在浇筑时预留燕尾槽,底板设计相应的燕尾凸台,装配时充分利用橡胶的柔性和变形能力,将底板燕尾棱条紧密压入轨道板预留凹槽,同时在底板下部和侧面采用多点栓接的方式实现两侧边的底板与轨道板的可靠连接。

1. 底板

因轨道板的截面形状为不规则,且尺寸超大,要实现全包围结构必须设计成类似“折纸”的曲折结构,为了实现适用能力的提升和制造成本的节约,采用了分体设计、一体组装的方案。底板上的燕尾凸台和安装孔以及转折线都是与轨道板进行配合,减振圆锥凸台实现减振降噪作用,搭接面和灌浆孔位分别实现与其他底板和灌浆套的合理连接。底板的结构示意如图 7-3 所示。

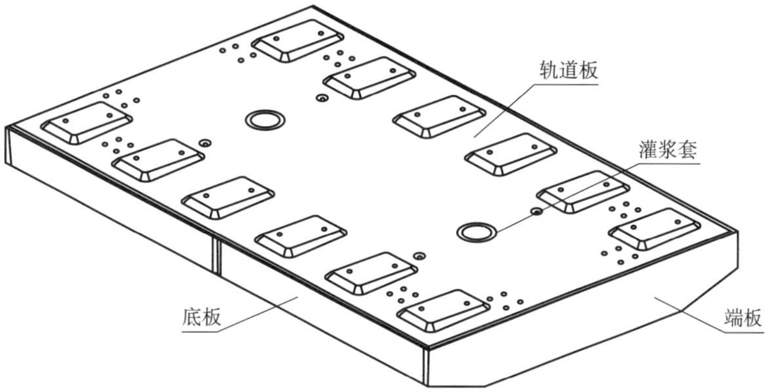

图 7-2　安装橡胶弹性部件的轨道板示意

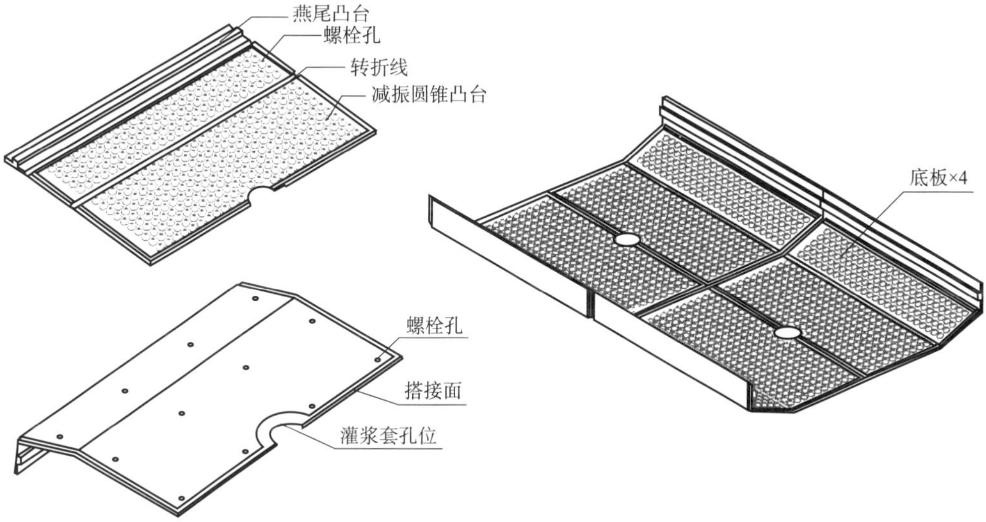

图 7-3　底板结构示意

(1)结构设计

采用燕尾槽和螺栓相结合的固定方式,侧面设计成燕尾凸台,与轨道板的燕尾槽实现无螺栓安装,方便快捷,底面用紧固螺栓与轨道板连接,有效防止底板的下垂脱落,同时通过结构设计确保螺栓不与地面刚性接触,防止底板弹性体失效,如图 7-4 所示。实施办法:在底板螺栓安装孔位处做沉孔,这样螺栓在安装完成后会沉到底板中,防止螺栓与地面直接接触,保证底板的弹性减振效果。

(2)材料选择及设计

底板安装在轨道板的侧面和底面,使用时多处于受压缩的工况状态,动态压缩过程中柔性的锥体发生弹性变形耗散振动能量,起到减振吸能的作用,是整个橡胶弹性部件系统的核心组成部分。

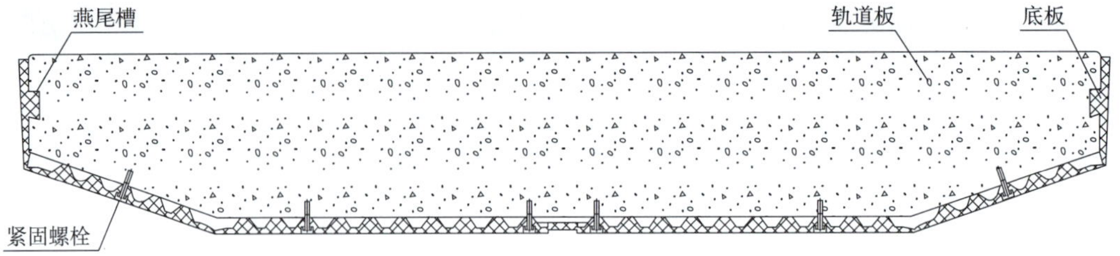

图 7-4　底板装配断面示意

底板基体材料结构采用橡胶和纤维织物多层次复合的方案，主要原因：底板的各功能区域划分较为复杂，包括锥体、燕尾凸台、转折棱条、搭接缝、栓接孔位等，而无骨架橡胶产品比较柔软，产品整体性较差，松散的基体状态不利于精细化装配的进行；缺乏承载性好的骨架层，不利于垂向、侧向载荷的均匀化分配，影响减振效果和产品使用寿命；上表面锥体层需要弹性缓冲减振耗能，下表层则需要抗热氧、耐磨、阻燃等，中间层则要具备高承载能力，以达到应力均匀化分配的目的。

不同层位的技术要求最终汇集在每件底板产品上，采用多层材料复合是技术路线的必然选择。

①底板上表层材料设计。上表层布置有间距合理的圆锥凸台，负责承载压缩变形，是整个弹性部件实现减振降噪的核心部位，此层用橡胶需要具有动态性能好、抗疲劳、耐水、耐酸碱、高阻尼等综合性能。可选用动态性能优异的 NR、BR、IR、IIR、CR 等胶种，保持较高的含胶率，以满足理想的物理机械性能和减振性能。

②底板下表层材料设计。下表层整体较薄，为单一平面结构，与混凝土基底直接接触，易产生摩擦。因胶层薄，无变形空间，需正面承受冲击力。因此需采用高强度、耐磨好的材料，可选用 SBR、NR、CR、BR 等胶种。

③底板中间层材料设计。中间层在整个底板中起骨架支撑作用，作用是将来自两个表层的外力冲击均匀分布在整个平面上，避免应力集中造成局部损坏。因此采用橡胶材料和纤维材料的复合体，两种材料的复合成型赋予了中间层必备的力学属性。

④底板整体成型设计。要求将性能各异的多层材料一体成型为一套底板，并仍旧保持各层的功能特点不变，工程制造存在较大技术难度。工艺方面，通过压延、预成型手段完成半成品的初步尺寸确定；材料方面，通过配方调整，梯度化调整不同层热硫化速率，匹配各层次之间固化时间，最终产品顺利量产；通过工程装配尺寸指标及承载能力测算，调节纤维与橡胶复合层的厚度以满足工程应用的要求。

USM 系列橡胶减振垫结构如图 7-5 所示。

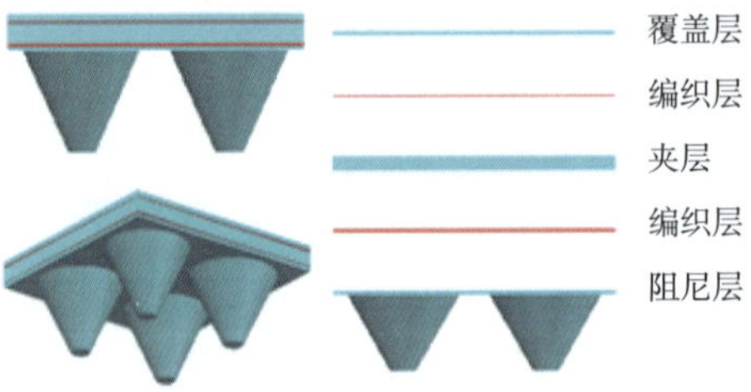

图 7-5　USM 系列橡胶减振垫结构示意

(3)制造工艺

①底板胶料压延。压延工艺是利用压延机滚筒的挤压力作用使胶料发生塑性变形,将半成品胶料制成具有一定断面规格尺寸和几何形状的混炼胶胶片,或者将胶料均匀附着于纤维纺织物或金属织物表面制成胶布的工艺过程。底板材料由纯胶层、涂胶织物层、过渡夹层等多个功能层复合而成,多层间的精准贴合是关键。

底板因需进行非连续的单模硫化,无法提供硫化入模前后的张紧力。早期曾尝试将各功能层由人工逐一摆放入模,硫化成型后发现底板的厚度一致性差、局部缺陷多、工人劳动强度大、性能不稳定。后续经工艺改良,通过压延设备将所有功能层在设备上完成多层贴合后整体裁切预成型,产品外观、性能均达到设计要求,操作者工作强度同步大幅降低。

②底板胶料预成型。底板功能性区域复杂,设计预留有各种孔位结构,尤其是单面多达12个的栓接孔能否与生产模具精准定位,是产品能否顺利硫化成型的关键。为解决此问题,设计出了定位打孔工装,当完成基本的裁切预成型后,由工装完成打孔。

③底板硫化成型。底板产品体积大、结构复杂,在产品试制过程,外观缺陷与硫化程度差异是需要解决的主要问题。通过上述压延贴合工艺的优化改进,外观缺胶、气泡、厚度不均等问题均得到解决。通过材料配方(主要是硫化体系)和硫化条件(主要为硫化时间)的调整,确保了产品硫化程度的一致性。

2. 端板

(1)结构设计

端板结构及安装示意如图7-6所示。完成底板的安装之后再进行端板的安装,在轨道板两端对轨道板进行外包裹,端板采用单面棱台结构,可起到既减小垂向振动约束,又对预制板纵向受力有一定缓冲的作用。

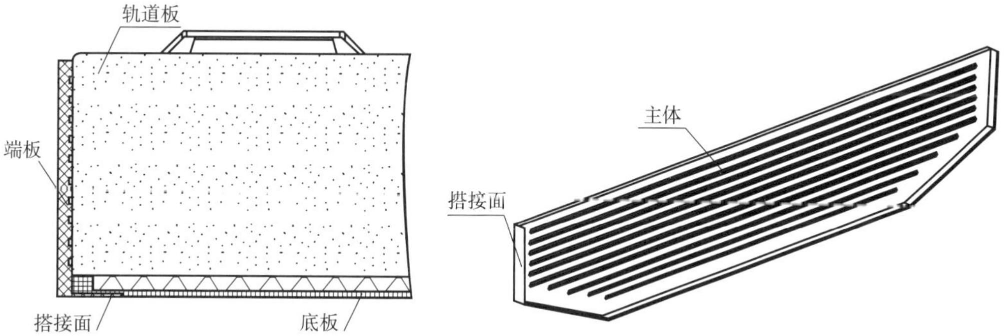

图7-6 端板结构及安装示意

(2)材料设计

端板安装于轨道板纵向的端部,材料设计主要考虑:缓冲轨道纵向的外力冲击;端板与底板边缘搭接,形成完整封闭的内部空腔,避免浇筑混凝土时,混凝土往底板锥体间隙渗入。

端板与轨道板的配合形式相对单一,不存在类似底板多样的功能区域划分。单个产品长度尺寸超2 m,材料选用纯橡胶无骨架成型方案,对成型工艺的可操作性更为有利。生胶选用SBR、NR等材料,配以炭黑及其他矿物填料以进一步提升材料的强度和模量水平,从材料性能上兼顾了纵向受力缓冲效果和成型工艺的可操作性。

(3)制造工艺

①端板胶料压延。考虑端板用在预制道床板端部起到缓冲作用,端板的选材为纯橡胶。通过压延过程工艺调整,半成品混炼胶加工成外观、宽度、厚度一致的混炼胶胶片后卷曲存放。

②端板胶料预成型。考虑到单个端板长度尺寸较长,为了确保各项尺寸的一致性,设计了专用预成型工装,通过整片冲切完成端板胶料的预成型,不仅尺寸一致性好,而且降低了操作难度。

③端板硫化成型。端板产品尺寸较大,早期工程生产时出现气泡、缺损、开裂等外观质量问题。由于此产品的超常规尺寸对模具和硫化设备的要求较高,故专门定制了配套的硫化设备、模具,配合精密压延、预成型、硫化成型工艺的调整,最终产品外观、性能均达到预期要求。

3. 灌浆套("魔术帽")

(1)结构设计

灌浆套结构及安装方式如图 7-7 所示。当端板安装完毕之后,把灌浆套从底板处以小头朝下塞入轨道板灌浆孔,直至搭接面与底板平齐。

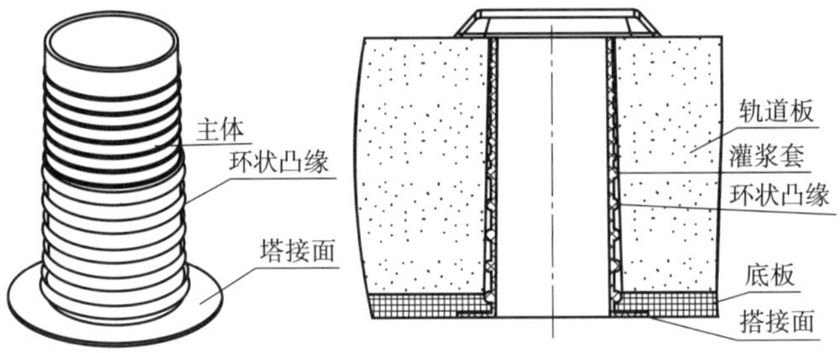

图 7-7 灌浆套结构及安装示意

灌浆套采用了"魔术帽"状的结构形式,其内径设计为平面构造,外部设计了相应的螺旋状棱台凸缘,并有一定的锥度,主要目的是与后浇筑的限位凸台配合,对板的纵、横向变形起到一定的缓冲作用;降低垂向振动时与限位凸台间的约束作用,减少对减振性能的影响;轨道板需更换时,降低吊板时板与灌浆套间的摩擦阻力;安装灌浆套时减少其与轨道板孔壁间的摩擦阻力。

(2)材料设计

灌浆套装配于道床板的灌浆孔位置,整体结构呈中空的筒状,底端裙边与底板的边缘贴合,顶端与轨道板上板面平齐。在不同的工程状态下灌浆套发挥着不同作用,其主要作用:浇筑施工过程中,灌浆套隔离、密封灌浆套内腔环境,避免混凝土进入弹性部件内腔占据变形空间,进而影响系统的减振效果;在轨道板与限位柱之间起缓冲作用。

在浇筑灌浆施工过程中,大量混凝土浆液通过灌浆套完成浇筑,因此要求其具有良好的耐磨性。因缓冲限位柱与道床板之间的冲击作用,要求其具备优异的扯断强度、撕裂强度等性能。可选择生胶以 SBR、NR 为主,配合高耐磨的基本材料体系。

(3)制造工艺

灌浆套产品为呈圆筒状薄壁橡胶制品,产品材料组成为纯橡胶无骨架结构,单个产品用橡胶量相对较小,胶料充模能力较好,就压延和预成型工艺来讲要求相对宽松,工艺比较容易实现。而完整的回转体形态、过小的锥度,采用整体型芯模具硫化使得产品硫化出模比较困难,后续对模具型芯结构进行分体式改良,增设模具抬升工装后,工艺问题得到解决,产品顺利投入量产。

7.1.2　减振层/隔离层复合工艺

橡胶与轨道板既要确保装配精准牢靠,又要兼顾弹性减振需求。若选用单一的刚性栓接,将对弹性部件的减振性能产生很大影响;若仅仅采用黏合剂贴合,胶黏剂水解、黏合力不足等问题难以保证连接的可靠性。

板、垫复合的难点在于轨道板和减振垫的体积大、重量重,采用何种方式能使其在运输和使用过程中一直紧密贴合,且复合的同时不能对轨道板和减振垫本身产生破坏或影响其减振性能。

基于上述难点考虑采用无弹性损失的点式复合连接方式,如图 7-8 所示,将弹性垫分为底板及端板两部分,每块轨道板由 4 块底板和 2 块端板包裹,仅轨道板的上表面外露。底板之间、底板与端板之间接缝处设置了搭接面(搭接面范围比弹性垫略薄),搭接面采用专门的搭接条连接,搭接条与底板、端板采用铆钉连接。搭接条安装完后,搭接面范围与弹性垫等厚度,以确保搭接面范围与弹性垫表面平齐。

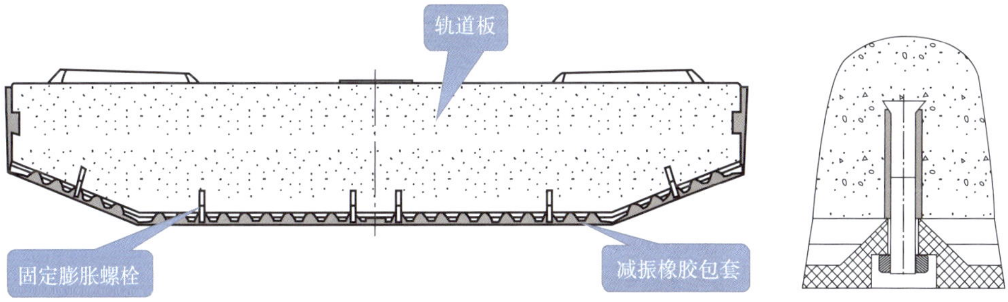

图 7-8　无弹性损失的点式复合连接方式

底板与轨道板采用底板底部用螺栓、底板侧面采用燕尾槽连接的方式。因轨道板的减振性能通过底板提供的弹性变形实现,故栓接的同时需保证不影响减振垫在荷载作用下的弹性变形,即不能因栓接导致减振短路。为避免减振短路,在底板上预留孔,确保螺栓头距离底板下表面有一定距离,各孔位处用聚氨酯密封胶完成填补。

为确保底板在轨道板各面衔接处便于弯折,弯折部分的底板无圆锥截顶,且弯折部分的减振垫通过剔槽的方式予以减薄,以便弯折更加方便。

板垫复合的具体过程如图 7-9 所示。

(a)轨道板翻转

(b)底面打磨

(c)安装底板

(d)安装端板

(e)安装灌浆套、自粘胶条、螺栓孔回填

(f)横向打包

(g)轨道板翻转(成品)

图 7-9　板垫复合过程

7.2　装配式轨道(非减振功能)用隔离层

7.2.1　隔离层的材料特性

隔离层的材料为四羟络合酯隔离材料,该材料是以四羟基乙硼烷作为中间体,将高分子丁基橡胶、聚酯、交联剂经高温反应而成的络合物,是一种高分子复合材料。该材料内部络合网状结构组成坚实的骨架，复合树脂交联后形成密度的韧性弹性体，可封闭混凝土表面，形成混凝土表面永久的致密防护涂层，起到防水(防止结构渗水对轨道板的影响)、隔离(隔离下部填充层)、绝缘(防护杂散电流)作用，并具有一定减振作用。与传统非减振功能的预制板轨道结构的隔离层采用土工布进行隔离相比，在施工便捷性、黏结性能、整体性、防水性能、隔离效果、抗疲劳、杂散电流防护等方面均体现出优势。

(1)施工便捷性

四羟络合酯隔离层材料直接在轨道板预制厂内与轨道板复合，复合方式可喷可涂，既是黏结剂又是隔离层，1 人即可完成一块轨道板隔离层复合作业。为提高复合效率，材料中添加适量固化剂，可将材料固化时间调至 1 h 内表干，3 h 内实干。

土工布隔离层施工时利用黏合胶水黏结于轨道板底部，并采用胶带封边，一般需要至少 2～3 人配合完成一块轨道板隔离层复合作业。土工布作为隔离层与轨道板复合后还需要利用滚轮碾压或者翻板后上下码放，利用轨道板自重施压，以保证黏结效果。

(2)黏结性能

四羟络合酯隔离层材料是液体材料且浸润性极强，可浸入轨道板混凝土微孔隙和微裂隙中，固化后形成钉卯结构增加黏结性能，且材料中的 NCO 基团与轨道板混凝土中的 OH 基离子形成脲类化学键，使得黏结性能更好；隔离层材料与混凝土黏结强度至少 2.0 MPa，与混凝土黏结剥离强度至少 5 N/mm。

土工布隔离层利用胶水与轨道板复合，并采用胶带封边，黏合胶水的质量与土工布和轨道板的贴合质量无法保证土工布 100%黏结于轨道板，黏结强度合格率难以保证。

(3)整体性

四羟络合酯隔离层材料内部络合网状结构组成坚实的骨架，复合树脂交联后形成密实的韧性弹性体，使隔离层具有很强的整体性，柔性隔离层撕裂强度高达 60 N/mm。运输过程中万一出现碰撞破损，也可以在安装轨道板之前进行割除清理并补喷或补涂。

土工布隔离层利用胶水与轨道板复合，并采用胶带封边，运输过程中万一出现封边脱落和碰撞破损很难修复。

(4)防水性能

四羟络合酯隔离层材料固化后形成混凝土表面永久的致密防护涂层，具有很强的不透水性，可耐 2.0 MPa 水头 2 h 都不透水，可以保护轨道板不受结构渗水的影响，且柔性隔离层在水中永不溶胀、永不涨散、永不溶解，可与主体结构同寿命。

土工布隔离层防水效果差，无法保护轨道板不受结构渗水的影响，且黏合胶水不耐水浸泡，容易出现土工布脱胶现象。

(5)隔离效果明显

四羟络合酯隔离层材料固化后在混凝土表面形成高致密、表面光滑且具有一定硬度的防护涂层，与下部填充层的隔离效果明显，方便检修时轨道板的揭板作业。

土工布隔离层多孔、纤维状的表面，加之与轨道板黏结时无法保证其表面平整，易形成褶皱。填充层在固化过程中存在与土工布的物理咬合及渗透现象，隔离效果不佳。

(6)抗疲劳性能

四羟络合酯隔离层材料经测试弹性恢复率可达 95%以上，且 300 万次动荷载疲劳试验后的性能衰减率不超过 15%。

土工布材料在弹性恢复率和抗疲劳方面则无具体要求。

(7)绝缘性能

四羟络合酯隔离层材料经测试体积电阻率可达到 $1.0\times10^{13}\ \Omega\cdot cm$ 以上，线上测试结果表明钢轨对地电阻是传统轨道结构的两倍，具有显著的防杂散电流防护功能。

7.2.2 隔离层复合工艺

传统预制板轨道结构隔离层主要采用土工布进行隔离，需现场铺设。为实现装配式轨道的轨道板与隔离层在工厂内的复合，减少现场铺设环节，并考虑一定的经济性，提出了厂内喷涂具有高黏结强度、高绝缘性、高耐久性的喷涂型弹性隔离垫(图 7-10)，且轨道结构的性能显著增强。

图 7-10 隔离层喷涂完毕的轨道板

(1)复合前准备工作

①将轨道板摆放至工作场地，轨道板底面朝上，轨道板尽量摆放平整，防止轨道板摆放不平导致材料成型厚度不均匀。

②按要求检查预制轨道板混凝土外观质量，不合格的需要对混凝土进行修补；对混凝土外观质量合格的轨道板底面及侧面和板端进行初步清理，将大颗粒杂物清除。

③对轨道板底面及侧面和板端进行打磨，清除待喷涂混凝土面的松动颗粒。

④对打磨后的混凝土面进行清理，保证待涂刷混凝土面无异物及灰尘。

(2)喷涂或涂刷工艺

①将透明宽胶带纸粘贴在轨道板侧面板顶以下 5 cm 处，以保持隔离材料线形并防止其他部位被污染。

②利用喷涂机将隔离材料均匀地喷涂至轨道板底面及侧面和板端，或者利用塑料刮板将隔离材料均匀涂刷至轨道板底面及侧面和板端，可分次分层进行，也可一次进行，使隔离层厚度达到设计要求。

③隔离材料表干后，可将轨道板四周侧边防护用透明宽胶带揭去。

④隔离材料实干后，可将轨道板转运至堆放场地或铺轨现场。

(3)注意事项

①施工过程中,须对已施工完成区域的轨道板进行有效保护,严禁碰撞、摩擦、污染。若造成任何形式的破坏,则须全面彻底进行返工处理。

②在转运已完成隔离层材料复合的轨道板时,注意保护轨道板隔离层;轨道板码放过程中禁止采用硬物垫隔,如需垫隔,必须使用橡胶块或者方木条。

③轨道板喷涂施工不能在下雨环境下作业,建议施工场地设置在非露天环境。

第 8 章　轨道板工厂化生产

8.1　制造要求

轨道板与一般钢筋混凝土结构相比，虽然制造过程中均需要有一系列模板、钢筋加工和组装、混凝土浇筑和养生等工序，但由于轨道板的形状复杂，且需要直接在轨道板上铺设钢轨，则轨道板的精度或生产过程中的变形等均是按毫米级控制，否则对钢轨的安装精度将造成很大影响，进而影响线路的平顺性。因此轨道板的生产制造要求要比普通钢筋混凝土预制构件高很多。在轨道板的制造过程中，需要齐全的工厂设备，制定周密的施工计划，配备精通混凝土施工方法的管理人员和产品质量检验人员，达到技术管理上的完备、齐全。本章以厚板为例，介绍轨道板的工厂化生产过程。

8.2　制造设备及场地

轨道板工厂化生产所需设备及场地：

(1)水泥、钢筋、圆钢、骨料及其他材料的储存场地。

(2)加工钢筋用的机械和组装，加工钢筋及圆钢的场地。

(3)混凝土的成套设备和混凝土的运输设备。

(4)混凝土及模板承台基础。

(5)防雨棚、门式起重机和轨道板翻转机。

(6)浇筑混凝土的机械。

(7)蒸汽养生设备(锅炉、自动记录温度计)。

(8)检查场(砂厂)、检查器具。

(9)洒水养生设备(洒水器)。

(10)轨道板板下橡胶垫粘贴场地(防振板)。

(11)产品堆放场地。

(12)吊装设备(起重机除外)。

8.3　预制工艺

轨道板的工厂化制作工艺一般包括设计钢模具、模具中预埋件安装、模具中放置钢筋笼、混凝土浇筑、养护脱模等环节。

轨道板生产制造宜采用流水线生产工艺，钢模具在专用走行车架上运行。当采用预应力轨道板时，宜采用固定台位生产模式。

流水线生产模式下宜顺序安排浇筑和原位养护、静停养护、水养等生产工位。浇筑养护和静停养护宜采用蒸汽养护模式。

8.3.1　预制工艺流程

轨道板的预制工艺流程如图 8-1 所示。

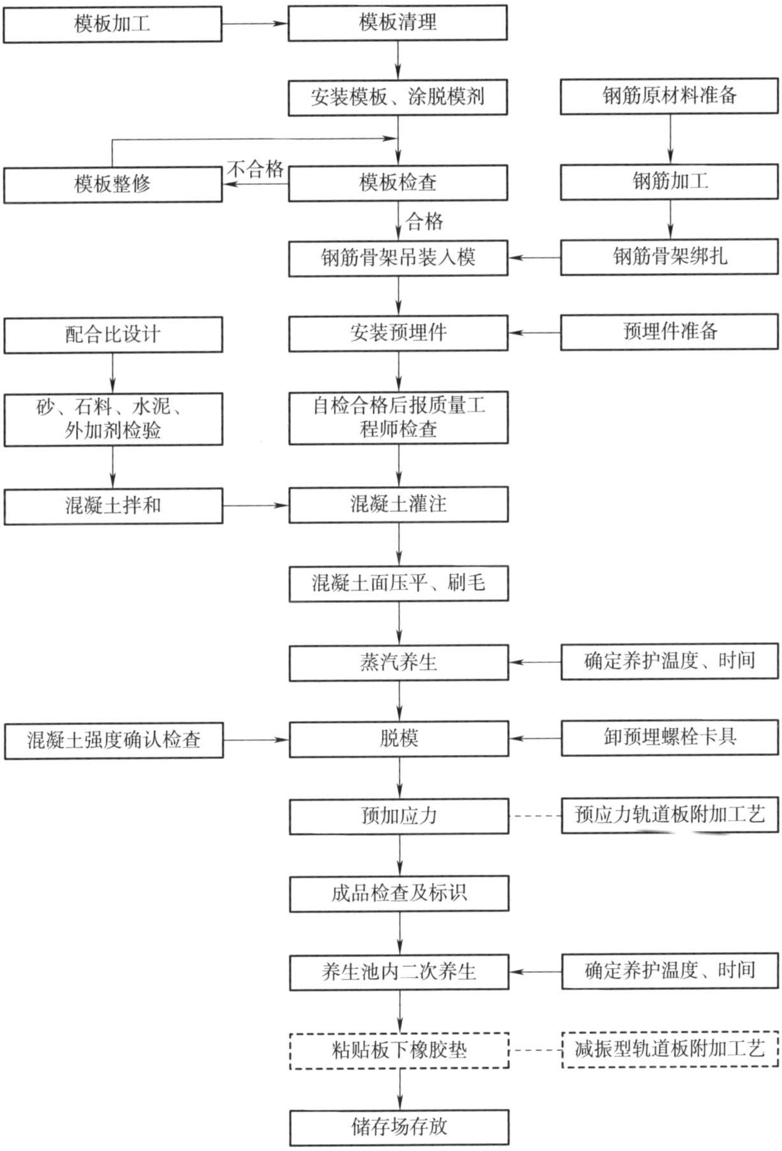

图 8-1　轨道板预制工艺流程

轨道板的现场生产过程如图 8-2 所示。

(a)钢筋笼制作

(b)清模与预埋件安装

(c)钢筋笼入模

(d)合模

(e)检查钢模拼装尺寸

(f)浇筑混凝土

(g)振捣棒振捣成型

(h)混凝土抹面

(i)脱模、打磨

图 8-2　轨道板生产过程

轨道板生产工艺的特点：

(1)预埋件安装

先将承轨台内预埋尼龙套管、起吊套管、吊钉、灌浆孔成型器、防杂散电流迷流用的铜端子、测量点预埋件、调板装置安装螺栓孔和燕尾槽不锈钢板等预埋件分别用定位螺栓安装在模具底板和侧模板上。

(2)防迷流焊接

结合工程需要，将板端部横向钢筋采用直径 16 mm 的光圆钢筋焊接成闭合圈并与所有交叉的纵向钢筋焊接，沿线路方向选两根上层纵向钢筋与所交叉的所有横向钢筋焊接。将防杂散电流迷流用的铜端子焊接至轨道板板端处直径 16 mm 的光圆钢筋。

(3)合模

先将端模安装在底模上，待所有预埋件安装到位后，再将钢筋笼吊装就位并进行防迷流焊接，最后将侧模安装到模具底板上。

(4)混凝土密实成型

为提高混凝土的密实成型效果，混凝土密实成型采用了插入式振捣器和气动附着式振捣器相结合的振动成型工艺。其振动时间控制在以混凝土表面泛出水泥浆体且平整为止。

(5)轨道板养护

为提高混凝土的早期强度和混凝土的耐久性，预制板养护采用蒸汽养护工艺。轨道板脱模后，将轨道板置于水中养生，水养后再继续保湿养护。

8.3.2 模板制作安装

轨道板模板应具有足够的强度、刚度和制作精度。轨道板模板制作精度要求高，应采用具有足够强度、刚度及稳定性的钢模。钢模设计采用固定底模，纵、横向侧模夹底模，横向侧模夹纵向侧模的方案。底模用一块厚 20 mm 的钢板与 32 号工字钢焊接而成，32 号工字钢作骨架，两部分连接后用拉拔器整平以保证模型底面平面度。钢模设计图如图 8-3 所示。

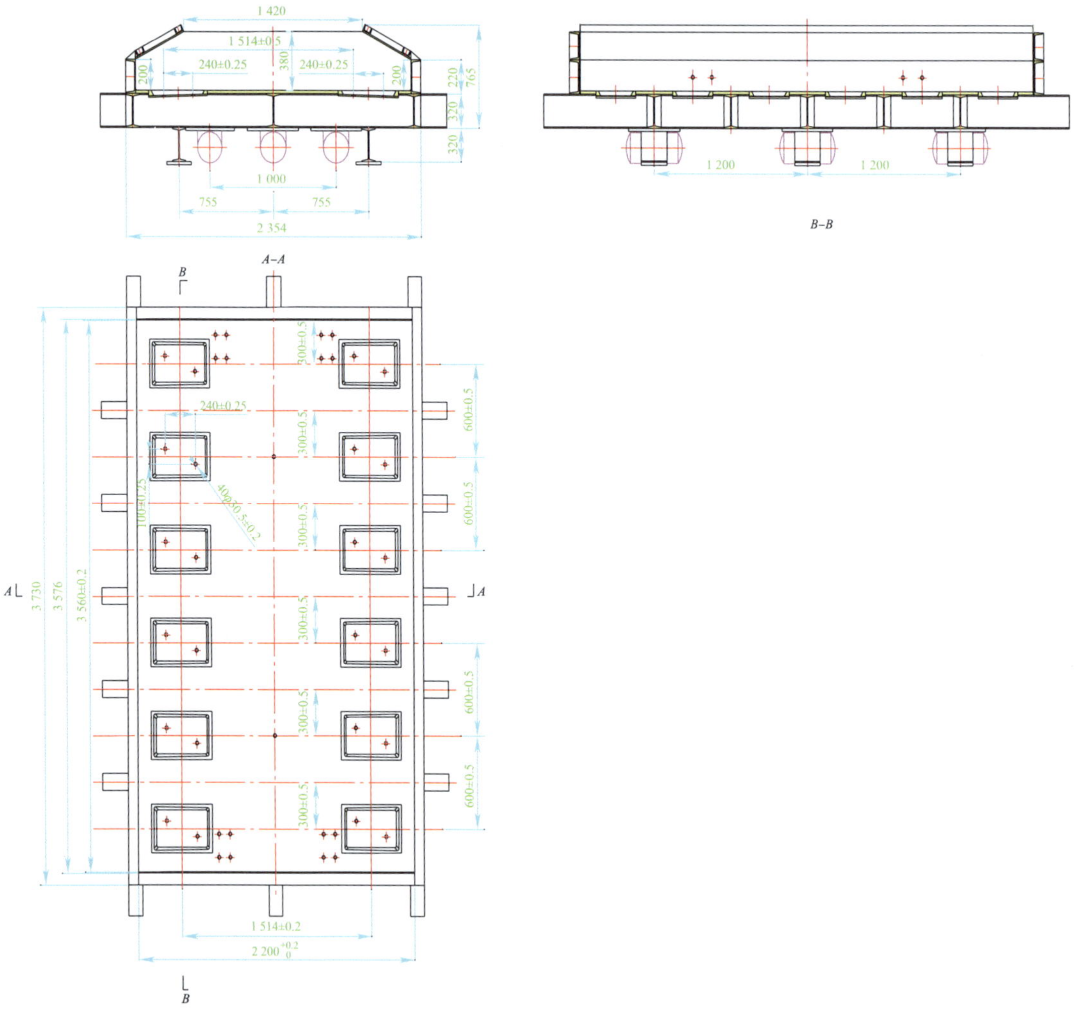

图 8-3 钢模设计图(单位：mm)

为确保模板使用过程中不变形和方便施工人员作业，需设计专用的模板台座，对台座基础的标高进行控制，以确保模板底板高度在同一水平面上，从而确保生产出来的轨道板厚度各处一致，并确保人员站在台座上作业安全。

模板首次拼装完成后进行检查，模板制造允许偏差见表 8-1。

表 8-1　模板制造允许偏差

检查项目	允许偏差/mm	备注
长度	±1.5	
宽度	±1.5	
高度	0～+1.5	
两侧螺栓孔的中心间隔	±0.5	左右的内侧
单侧螺栓孔的中心间隔	±0.5	
半圆缺口部位的直径	±1.5	
平整度	0.5	承轨面(左右)倾向
轨道板中心线	1.5	左右倾向
钢轨中心线	0.5	承轨面(左右)倾向
预埋管套钢轨方向间隔	0.5	承轨面(左右)倾向
预埋管套钢轨直角方向间隔	0.5	承轨面(左右)倾向

模板应实行日常检查和定期检查，检查结果应记录在模板检查表中。日常检查应在每一循环作业前进行，内容为模板外观；定期检查每月进行 1 次，内容包括高度和平整度。

8.3.3　钢筋和预埋件制作安装

预埋件应根据需要采用在模具上设置固定或活动定位器的方式进行预留。随钢筋笼设置的预埋件应进行可靠固定。

预埋件一般包括起吊套管、吊钉、灌浆孔成型器、调板装置安装螺栓孔和燕尾槽不锈钢板等，一般采用模具上的定位套加定位杆的方式定位，并使用定位螺栓安装在模具底板与侧模板上。

钢筋使用前首先目视检查其表面洁净、损伤、油渍、锈蚀等状态，并检查钢筋原材料试验报告及产品质量证明书。钢筋的加工、装配以及检测方法报监理工程师审批后准予施工。钢筋应在常温下按设计图加工，弯曲须一次成型，不得进行反复操作。钢筋加工允许偏差见表 8-2。

表 8-2　钢筋加工允许偏差

序号	检查项目	允许偏差/mm
1	受力钢筋全长	−5～0
2	箍筋内边距离	−5～0
3	钢筋弯钩长度	±5
4	其他钢筋尺寸偏差	±5

钢筋加工组装注意要点如下：

(1)原则上常温条件下加工钢筋，按照设计图所规定的尺寸进行加工，避免已经弯曲过的钢筋再度复原。

(2)钢筋组装,宜利用钢筋组装台,应使钢筋框架既不扭又不弯。

(3)把钢筋组装在正确的位置上,在钢筋交叉处用钢丝牢固拧紧,但对于板端没有应力作用的搭接头以焊接为宜。对于电弧焊,不得在模板内进行焊接。

(4)为正确保持钢筋和模板的间隔,应使用间隔板。

(5)已组装完毕的钢筋笼,搬运时要小心,不要造成弯扭。对临时存放的场地,应避免湿度过大且场地平坦。

注意以上各点并把绑扎完好的钢筋笼放入模板内,然后安放预埋栓、锚定板、吊环插入装置等配件。在安放作业中,作业人员不要直接在钢筋笼上行走或把器具放在上面,要搭设步行板。安放结束后,应按设计图进行检查,确认部位和间隔准确无误后,拍照留存。

预埋件按设计位置和间距进行安装,并与模板连接牢固。安装结束后,由专人按设计要求进行检查确认,并拍照留存。

8.3.4 混凝土浇筑和蒸汽养护

混凝土浇筑前,应进行配合比设计,取得满足设计条件的施工配合比报监理工程师批准后用于施工。

为了保证预应力钢筋的位置,混凝土浇筑前应采用专用吊架将预应力钢筋临时固定,并注意不得破坏乳剂涂层。

混凝土由设在预制厂内的搅拌站供应,料斗接料后采用混凝土运输车配送至预制车间内。

混凝土的浇筑以一块板为单位连续完成,采用底侧向高频振捣工艺。混凝土分两层浇筑由一端向另一端逐步进行,第一层浇筑至上层钢筋顶面后开启附着式振捣器至表面显现浮浆,再用第二层补满,开启附着式振捣器,以表面基本无气泡冒出为宜。混凝土浇筑结束后,人工整平浇筑面,采用硬毛刷进行横向拉毛。

混凝土表面修整完工后,架设蒸养支架,覆盖养护薄膜进行蒸汽养护。蒸汽养护采用自动温控装置管理,同时在蒸养过程中应安排专人监控温度曲线,当发现混凝土灌注温度、内外温差或升降温速率出现异常时,立即报告,分析原因,采取措施。温度记录及时送试验室归档。

养生是制造混凝土结构的最后一道工序,由于养生的好坏直接会给混凝土的性质带来很大的影响,因此是很重要的一道工序。

在养生中,应给以适宜的湿度,并且在未达到足够强度之前,应避免冲击或过大的负载,以防止发生损伤。

在轨道板的制作中,为提高混凝土的早期强度和混凝土的耐久性,轨道板养生采用蒸汽养护工艺。蒸汽养护分为静停、升温、恒温、降温四个阶段。采用蒸汽养护不仅可以增大混凝土早期强度,而且可早期脱模,但若管理不当,就有发生干缩龟裂从而降低抗冻融性的可能。如图 8-4 所示,一旦提高养生温度,当超过 7 d 时,混凝土的强度就会降低,因此要充分注意蒸汽养护过程中对温度的管理。

在轨道板的制造工艺中,期望早期脱模,但若由此而导致混凝土最终强度值的下降,生产出质量有缺陷的产品,则是没有意义的。因此需要对高温养生的温度进行管理,如图 8-5 所示。

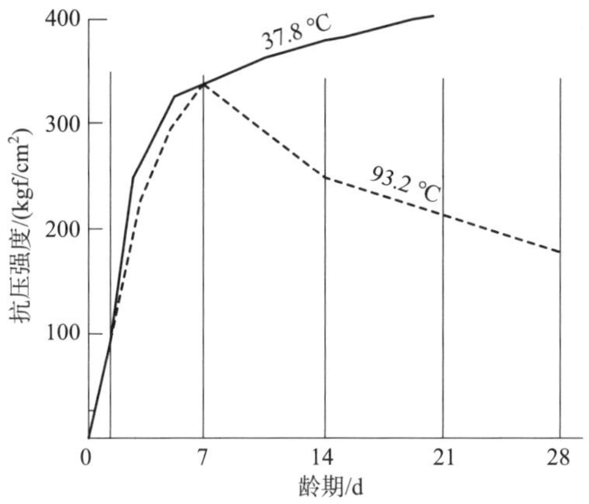

图 8-4　养生温度和抗压强度关系

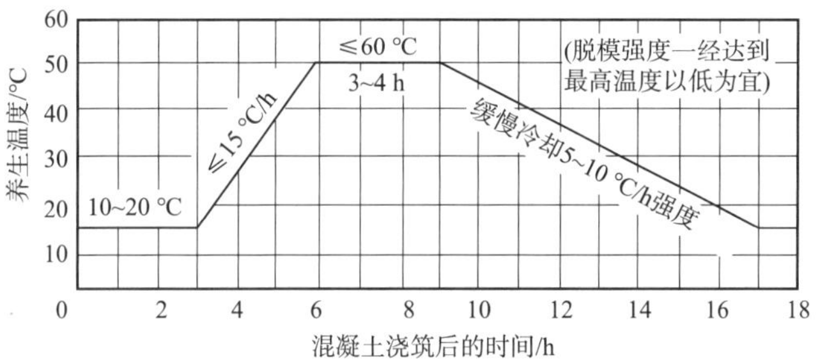

图 8-5　高温养生温度管理

浇筑完混凝土静停 3 h 后才能升温，升温、降温速度不超过 15 ℃/h，恒温控制在 40～55 ℃，最高温度不高于 60 ℃，最高温度的持续时间在 3～4 h。蒸养时尽量降低恒温并减少持续时间，温度下降时采用自然下降方式并保温至除去保护膜为止。蒸汽的出口安装在不直接接触到模板和混凝土的位置。

试验室根据同条件养护试件强度结果，出具停汽通知单后开始降温。撤除保温设施后，混凝土表层与环境温度之差不得大于 15 ℃。

8.3.5　拆模

混凝土达到设计拆模强度时方可拆模，设计无要求时，拆模强度应不低于 25 MPa，且能保证混凝土棱角完整，轨道板混凝土芯部与表层及表层与环境温差均不大于 15 ℃时方可进行拆模工作。

撤去蒸养支架和篷布，确认所有固定预埋件的螺栓均已拆除，按顺序打开模板，采用螺旋千斤顶将轨道板顶离底模约 2 cm，保证预埋件不与底模发生磕碰。

采用四点吊具将轨道板平稳吊起，临时搁置在专用支架上，拆除预埋套管固定螺栓后，吊往封锚区预施应力。

轨道板拆模时应注意以下几点：

(1)当起吊轨道板时,应确认预埋栓的锁紧螺栓、吊环插入装置的锁紧螺栓等是否完全脱离,并应尽力使其水平吊起为宜。

(2)不能使轨道板受到振动与冲击,在振动或冲击作用下,轨道板就有遭受损伤的可能。

(3)轨道板起吊时,所安装的螺栓必须充分拧紧。

拆模作业完成后,为了促进水泥的水化作用,应迅速搬运到洒水养生地点,并应进行 3 d 以上的湿润养生工作。湿润养生的方法一般有如下所述各法,具体选用时应视季节性等因素而定。

(1)喷水养生。使用喷雾器定期向混凝土表面喷水,保持表面湿润。

(2)浸水养生。利用水槽进行水中养生。

(3)覆盖养生。在混凝土表面铺设塑料薄膜,可以防止水分蒸发,保持混凝土湿润。塑料薄膜应密封好,避免空气流动导致水分快速蒸发。

(4)蒸汽养生。在封闭的空间内使用蒸汽对混凝土进行养生,适用于冬季施工或需要快速硬化时。

8.3.6 成品检测和标识

轨道板制造完毕后,采用四点吊具移运至检测区,采用 2 点吊具进行翻板作业,弹出钢轨中心线和轨道板中心线。轨道板采用各种标准尺和专用检测卡具进行检测,并做好记录。轨道板成品尺寸极限偏差及外观质量要求详见表 8-3、表 8-4。

表 8-3 轨道板成品尺寸极限偏差

成品尺寸		极限偏差
长度		±3.0 mm
宽度		±3.0 mm
厚度		±3.0 mm
预埋套管	同一承轨槽两相邻套管中心距	±0.5 mm
	凸起高度	−1.0 mm,0 mm
	单个承轨台钳口距离	±0.5 mm
	承轨台间外钳口间距	±1.0 mm
单侧承轨面中央翘曲量		≤1.0 mm
板底面平整度		5 mm/1 m

表 8-4 轨道板成品外观质量要求

外观质量	质量要求
肉眼可见裂纹	无
承轨部位表面缺陷(气孔、粘皮、麻面、裂纹等)	长度≤20 mm,深度≤5 mm
锚穴部位表面缺陷(裂纹、脱皮、起壳等)	不允许
其他部位表面缺陷(气孔、粘皮、麻面)	长度≤80 mm,深度≤8 mm
轨道板四周棱角破损和掉角	长度≤50 mm
预埋套管内混凝土淤块	不允许

续上表

外观质量	质量要求
轨道板漏筋	不允许
承轨台外框低于轨道板面	不允许
轨道板刷毛	深度 2～3 mm
轨道板板底浮浆	不允许

制造厂应以不大于 10 块轨道板为一批，附制造技术证明书，证明书中应包括以下内容：制造厂名称；规格型号；轨道板编号；检验结果；制造日期；质量检验部门印记。

轨道板顶面应按设计要求进行标识，标识内容包括轨道板型号、轨道板编号、制造厂名、制造年份和轨道板中心线。

8.3.7　成品吊装、贮存与运输

(1)轨道板存放基础应坚固平整，宜设置硬化台座，台座承载力满足沉降要求，避免出现不均匀沉降。在存放期间，应定期检测基础的变形情况。

(2)轨道板平放或立放，堆放层数一般不应超过 4 层，相邻轨道板间应放置一定厚度的木块或其他垫层进行隔离，以保护承轨台和板面不受损坏。支垫物的位置应符合设计要求，且上下对齐。

(3)轨道板存放和运输时，应在预埋套管、起吊套管和接地端子等处安装相应的防护装置。

(4)轨道板装卸时应利用轨道板上的起吊装置，使用专用吊具水平缓慢起吊，四角的起吊螺母应均匀受力，不得碰、撞、摔。

(5)轨道板装车层数应根据设备承载能力确定，一般不应超过 4 层。轨道板运输平车四周应加设轨道板固定装置。

(6)运输前应确认装车平稳，捆绑牢固，不得采用三点支撑，严防冲击。

(7)运输道路应平整、压实，上道出入口坡度不宜太大。

厂内存放的轨道板如图 8-6 所示。

图 8-6　厂内存放的轨道板

第 9 章　装配式轨道施工工艺

9.1　概述

9.1.1　传统轨道结构与装配式轨道技术施工工艺的差异

传统现浇道床和板式轨道结构均采用由下至上逐层施作的顺序进行施工，而每一道施工工序完成后，均需等待一定时间方可进入下一道施工作业，因此施工效率较低。传统现浇道床和板式轨道结构的施工工序复杂、用工数量多、作业效率低，且人工作业还会影响施工质量、精度的稳定性。

装配式轨道充分利用轨道板为预制成品的优势，摒弃传统轨道结构由下向上“顺作法”施工时繁琐的施工技术，提出了由上向下的“逆作法”施工工艺。即先铺装上层复合式轨道板，再将轨道板下基础层及限位结构一次性灌注成型，完成铺板的工序大幅简化。传统板式轨道完成铺板的工序需要 10 余道，装配式轨道铺轨的工序则主要是调板、灌注两道工序，省去了传统板式轨道基底、填充调整层施作时涉及的多个绑扎钢筋、模板架立等环节（图 9-1），解决了传统轨道结构面临的施工工序多、用工数量大、劳动强度高、施工进度慢等突出问题。

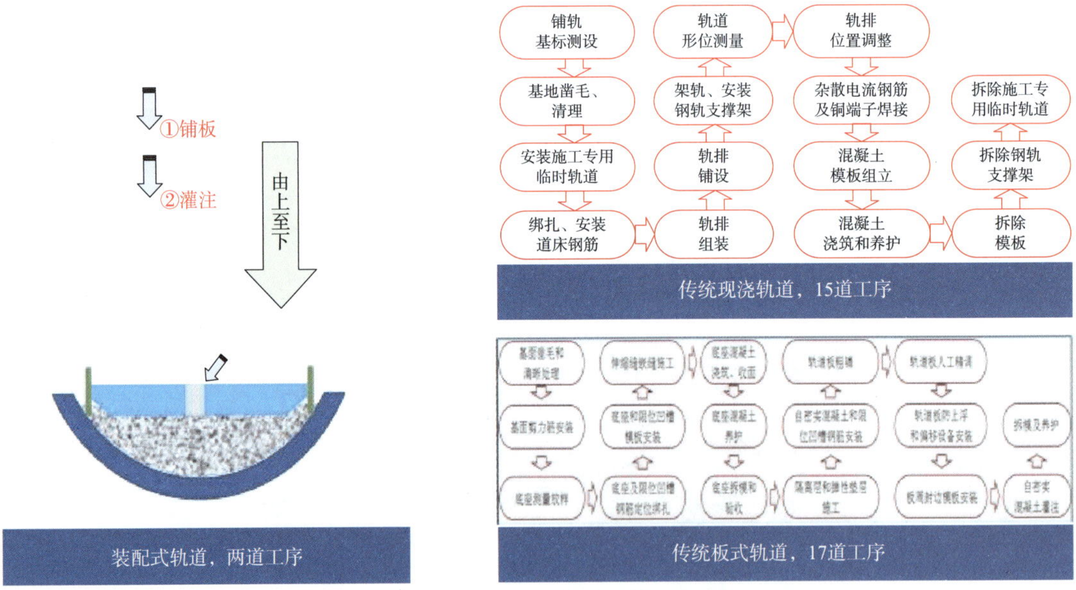

图 9-1　装配式轨道和传统轨道施工工艺比较

9.1.2 装配式轨道技术施工装备的优势

传统板式轨道结构施工中的多道工序如隧底填充、钢筋绑扎、隔离层铺设、反力架安装、模板支立、轨道板精调等均以人工施工方式为主，需要大量作业人员，且施工效率低。

装配式轨道结构一方面通过结构上的优化，省去了隧道填充、钢筋绑扎、隔离层铺设、反力架安装、模板支立等诸多工序，另一方面围绕轨道板运输、精调、混凝土灌注等关键工序，研发了一系列专用施工装备与之配套，尤其是全系列无轨走行模式的施工装备以及自动化轨道板精调车的采用，使得装配式轨道施工机械化水平大幅提升，施工作业效率大幅度提高。

常规铺轨工程施工期间为满足物料和装备进出需求，均需在施工前铺设用于装备走行的临时性运输轨道，所有物料均采用有轨运输模式，铺设临时轨道不仅费工、费时，且轨道安装还会破坏隧道结构，此外单一的轨道也无法满足交叉运输的需求，影响施工效率。装配式轨道系统技术研发过程中，重点结合洞内(桥上、路基上)的施工运输需求，研发了系列化的无轨走行施工装备。无轨走行施工装备采用轮胎走行系统直接在下部基础上行走，通过改变车轮摆角，使其能够始终与接触面保持法向接触，不仅让施工装备在不同形式的基面(圆形、弧形、平面)上正常行走，而且也使得施工交叉作业成为可能。

传统施工模式中，轨道板的调整采用人工模式，通过粗铺和精调两道作业程序才能将轨道板调整至设计位置，这一调板过程一般需 20～30 min 方可完成。

装配式轨道技术研发的轨道板精调车集智能设计、自动测量、动态计算、自动精调等功能于一体，全面取代传统的人工粗铺、精调模式，实现了轨道板的一次性、高精度、高效率自动精调到位，约 1 min 即可完成轨道板形位的调整工作，轨道板的调板效率及精度稳定性大幅提升。

9.2 装配式轨道技术的施工工艺

9.2.1 施工工艺流程

装配式轨道技术施工工艺流程如图 9-2 所示。

9.2.2 各工序的主要内容

1. 施工准备

施工前应根据具体工程特点、现场条件和技术要求编制专项施工方案，工程采用的主要材料、构配件和设备应检验合格。应对施工管理人员和作业人员进行安全、技术等交底。

2. 测量放样

工作面交付前，应进行土建结构底板及限界测量，应符合轨道施工条件，不得影响轨道铺设，同时应提前做好不同轨道结构前后的排水顺接施工。铺轨施工应设置精密控制网，优先采用 CPⅢ基础控制网系统，施工控制网的测设应符合《城市轨道交通工程测量规范》(GB/T 50308—2017)的规定。轨道控制网(CPⅢ)测设工艺流程如图 9-3 所示。

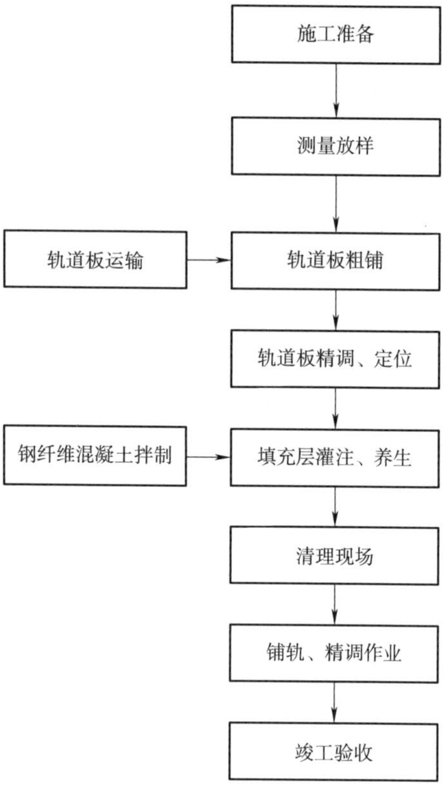

图 9-2 装配式轨道技术施工工序流程

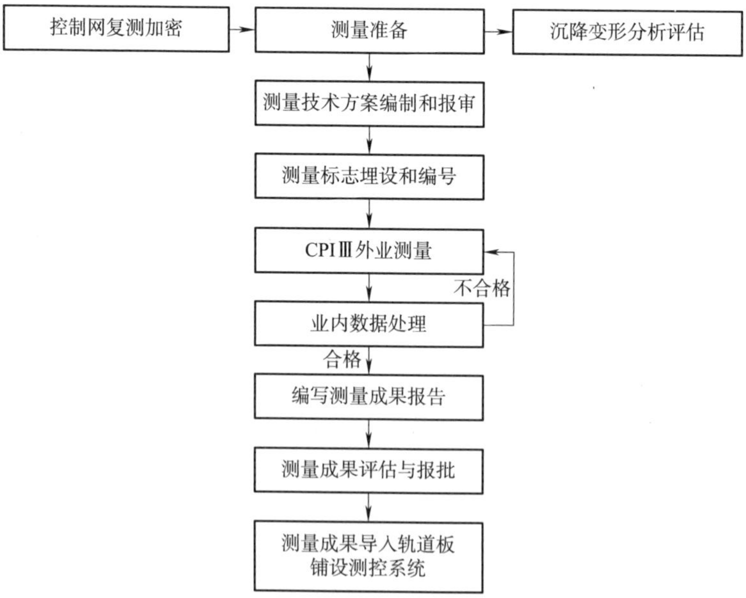

图 9-3 轨道控制网(CPⅢ)测设工艺流程

3. 轨道板粗铺

使用专用的运板车将轨道板运输至作业地点，轨道板吊装在运板车上，运板车运行至作业面后，采用无轨门吊进行粗铺作业。

隧道内运板车采用无轨运输方式，可根据隧道结构断面的不同调整走行机构，以适应不同结构形式的走行需求（平面基础及曲面基础均可），如图 9-4 所示。

图 9-4　运板车

使用无轨门吊将放置在作业面上的轨道板吊起，并在隧道内圆形盾构壁上运行，也能在水平面上运行，以适应各种不同类型的结构面（平面基础及曲面基础均可），如图 9-5 所示。

图 9-5　无轨门吊

4. 轨道板精调

在已吹扫干净的隧道结构面上开始轨道板的铺设和精调工作，精调控制允许偏差应符合表 9-1 的规定。

表 9-1　轨道板精调控制允许偏差

<table>
<tr><th>序号</th><th colspan="2">项目</th><th colspan="2">允许偏差/mm</th></tr>
<tr><td>1</td><td colspan="2">中线位置</td><td colspan="2">0.5</td></tr>
<tr><td>2</td><td colspan="2">测点处承轨面高程</td><td colspan="2">±0.5</td></tr>
<tr><td>3</td><td colspan="2">相邻轨道板接缝处承轨面相对横向偏差</td><td>0.5</td><td rowspan="2">不允许连续 3 块以上轨道板出现同向偏差</td></tr>
<tr><td>4</td><td colspan="2">相邻轨道板接缝处承轨面相对高差</td><td>0.5</td></tr>
<tr><td rowspan="2">5</td><td rowspan="2">纵向位置</td><td>曲线地段</td><td colspan="2">2</td></tr>
<tr><td>直线地段</td><td colspan="2">5</td></tr>
</table>

调板车可根据调板指令将放置于其上的轨道板进行多自由度(纵向、横向、旋转及高程等)的调整,完成轨道板精确定位。具体包括:调板控制系统指挥全站仪对于轨道板上的测量标志进行自动测量;根据测量结果计算轨道板的位置、空间姿态及设计位置的偏差;向调板车发出调板指令;调板车完成调整动作。完成调板作业后,复测轨道板位置是否满足允许偏差要求,若有必要再重复上述程序,直至轨道板调整到位。

5. 填充层灌注

板下填充层混凝土灌注前,应对轨道板外观质量、轨道板固定的牢靠性、轨道板几何形位等进行检查,符合要求后方可进行灌注施工。填充层灌注车如图 9-6 所示。

图 9-6　填充层灌注车

板下填充层混凝土的配合比及其施工性能应通过试验确定。板下填充层应采用一次性灌注方案,限位桩部分的混凝土可适当滞后灌注。当轨道结构高度过大时,可在板下填充层下先施作一层混凝土底座。

混凝土运输设备不得直接利用固定好的轨道板承载,轨道板支撑工装应固定可靠,施工期间应减少其上作业人员数量。

灌注材料正式使用前应通过试验测定和选用适合的混凝土配方和坍落度,确保混凝土及灌注后的质量满足要求。

混凝土灌注需要利用模板辅助成型时，应合理确定模板的形式及其与轨道板的位置关系，并根据需要预留排气条件。有曲线超高地段应设置防止轨道板侧移的固定装置。混凝土灌注时可利用灌注孔或观察孔，通过手持式振捣棒振捣辅助成型。

高架段装配式轨道结构的板下填充层在轨道板周边与轨道板底隔离层/减振层下表面平齐，应在灌注板下填充层时符合下列规定：

(1)板下填充层封边模板在轨道板的四角处应预留排气孔。

(2)轨道板上表面应安装轨道板抗上浮压梁。

应确保混凝土灌注的连续性，每块板的混凝土灌注时间不得超过混凝土的初凝时间。

板下填充层混凝土灌注后，应及时复测轨道板平面位置及高程，允许偏差应符合表 9-2 的规定。

表 9-2　板下填充层混凝土灌注后轨道板位置允许偏差

<table>
<tr><th>序号</th><th colspan="2">项目</th><th colspan="2">允许偏差/mm</th></tr>
<tr><td>1</td><td colspan="2">中线位置</td><td colspan="2">2</td></tr>
<tr><td>2</td><td colspan="2">测点处承轨面高程</td><td colspan="2">±2</td></tr>
<tr><td>3</td><td colspan="2">相邻轨道板接缝处承轨面相对横向偏差</td><td>1</td><td rowspan="2">不允许连续 3 块以上轨道板出现同向偏差</td></tr>
<tr><td>4</td><td colspan="2">相邻轨道板接缝处承轨面相对高差</td><td>1</td></tr>
<tr><td rowspan="2">5</td><td rowspan="2">纵向位置</td><td>曲线地段</td><td colspan="2">5</td></tr>
<tr><td>直线地段</td><td colspan="2">10</td></tr>
</table>

6. 填充层养生

混凝土浇筑完毕，应及时采用覆盖、蓄水、薄膜保湿、喷涂或涂刷养护剂等养护措施。

拆除模板应在混凝土强度大于 10 MPa 时进行，拆除后及时进行道床修整，并应及时养护模板位置，保持混凝土湿润。

7. 铺轨、精调

无砟轨道铺设一定长度后，可根据施工安排安装扣件及钢轨，并进行精调。

8. 验收及检查

轨道几何尺寸验收及检查应按照《铁路轨道工程施工质量验收标准》(TB 10413—2018)执行。混凝土质量验收应根据《铁路轨道工程施工质量验收标准》(TB 10413—2018)和《铁路混凝土工程施工质量验收标准》(TB 10424—2018)执行。

9.3　施工所需主要装备

主要铺设装备见表 9-3。

表 9-3　主要铺设装备

序号	设备名称	功能作用
1	无轨运板车	用于轨道施工物料(预制板、钢轨、扣配件等)、工装、模板及其他辅料的运输

续上表

序号	设备名称	功能作用
2	无轨门吊	用于施工物料装卸、倒运、调整和安装
3	无轨式混凝土运输车	混凝土运输、搅拌、浇筑布料等功能
4	轨道板铺换车	轨道板铺换、维修
5	轨道板精调车	轨道板精确定位
6	轨道板固定工装	在混凝土灌注时固定轨道板位置
7	全站仪	为轨道板精调提供空间定位数据

各种铺设装备如图 9-7 所示。

图 9-7　铺设装备

9.3.1　无轨运板车

自适应低高度多功能运板车简称“无轨运板车”。结合城市轨道交通铺轨工程施工情况，隧道内或桥面上运输的功能需求，研发适用于隧道内和桥面上行驶的专用低高度多功能运板车。可根据不同的施工需求进行配套定制，具体技术参数详见 10.2 节。

9.3.2　无轨门吊

自变形轮胎式轨道施工车简称“无轨门吊”。整机采用可变形结构设计，根据现场施工的断面结构尺寸，进行调节变形，以满足圆形隧道、矩形隧道及马蹄形隧道的施工要求。施工作业时，可用于施工物料装卸、倒运、调整和安装，能与自适应断面工程运输车、自变形轮轨式混凝土施工车及其他施工装备交叉运行，避免各工序间施工干涉，影响施工效率。

可根据工程需求进行配套定制，现有常用机型有载重 10 t(简易型)、12 t、16 t 和 22 t 等规格。具体技术参数详见 10.3 节。

9.3.3　自变形轮轨式混凝土施工车

自变形轮轨式混凝土施工车又称“双模式混凝土施工车”，是集混凝土运输、搅拌、浇筑布料等功能于一体的新型施工装备。该设备满足矩形隧道断面、马蹄形隧道断面、圆弧形隧道断面及桥梁桥面等工况施工要求。为提高施工效率，长距离行走时，用内轨行走系统在标准轨道上高速行驶，到达作业面时，变跨到外轮胎运行布料；短距离行走时，直接用外轮胎行驶运输并布料施工。

无轨式混凝土运输车按其行驶方式分为轮胎式、轮轨式、轨道式，轮胎式采用实心轮胎行走系统；轮轨式采用标准钢轮与外实心轮胎相结合的结构；轨道式则采用内轨标准钢轨轮与外轨定制钢轨轮相结合结构。各类型式满足了不同施工工艺的要求。按额定载重量主要分为 6 m^3、8 m^3 和 10 m^3 三种规格，可根据需求配套定制。具体技术参数详见 10.4 节。

9.3.4　轨道板铺换车

轨道板铺换车又名“道床铺换车”，主要用于轨道板换铺、整体道床维修、轨道设备安装维修等方面。

轨道板铺换车主要由平板车、车架结构、起吊小车、支撑机构、供电系统、控制系统、安全照明系统等几大部件组成。具体技术参数详见 10.5 节。

9.3.5　轨道板精调车

轨道板精调车是装配式轨道技术施工装备中技术含量最高、研发难度最大的装备，目前已完成三代产品的研发。

(1)一代轨道板精调车。兼顾卸板及调板功能，运板车将板自动传送到此装备上后，由此装备实现卸板及精调板的功能。组成机构方面，精调车在运板车基础上改进完成，即在运板车基础上增加了精调相关的部件，运板及走行部分的结构与运板车相当。为实现精调功能增加了支腿、精调轨道梁的支架，精调轨道梁、精调机构、抓板吊具等。其中精调机构分纵向、横向、竖向及水平摆动结构，以实现轨道板空间六个自由度的调整。

(2)二代轨道板精调车。与一代相比具有以下特点：

①动力组成采用三元锂电池配快速充电器＋无级变速直流电机，更加绿色环保，更加节约运营成本。

②仅保留调板功能，运板部分由其他设备完成，工作更加灵活，效率更高。

③满足调板内部空间需求的同时满足小曲线、人防门、站台等通过性要求，也可与无轨门吊实现错车。

④操控方式更加灵活。具备方向盘、脚踏板驾驶模式，保证司机的操作适应性，同时配备无线遥控，可无线驾驶，保证操作视野。

⑤全站仪、倾斜传感器与测控系统、测控系统与精调机构的车载设备之间实现了无线传输功能，在保证数据的及时性、准确性同时，减免线缆连接时带来的收放工作量及拉扯隐患。

⑥提供了精调设备检修的便利性。

(3)三代轨道板精调车。相比前两代精调车体量更小，使用更加灵活便捷。精调可采用手动和全自动两种模式。通过全方位的感知系统(传感技术和红外技术)、全数字化链接和中控系统，实现轨道板的全自动化精调，速度更快、精度更高、可靠性更高；可通过无线连接传输，实现全过程的可视化监控和数据存储，提供更加完善的管理系统。

具体技术参数详见 10.6 节。

9.4 质量控制

9.4.1 质量标准

（1）混凝土必须满足《混凝土结构工程施工质量验收规范》(GB 50204—2015)的要求。

（2）轨道几何尺寸必须满足《地下铁道工程施工质量验收标准》(GB/T 50299—2018)及《铁路轨道工程施工质量验收标准》(TB 10413—2018)的要求。

（3）及时准确地做好施工前的原材料进厂及检验工作。

（4）橡胶材料柔性隔离层、喷涂型材料柔性隔离层、钢纤维细石混凝土填充调整层、自密实混凝土填充层、防水材料等均要满足相应的技术要求。

9.4.2 质量控制措施

（1）隧道限界检查。因隧道施工时的误差及区间车站的调线调坡测量等原因，可能造成轨道板无法满足铺设要求。因此，施工前应检查土建预留轨道结构高度及隧道中心线同线路中心线的偏差，是否满足轨道板铺设的技术要求，发现问题及时同调线调坡设计及轨道专业设计单位进行沟通，确定解决方案。

（2）轨道板及减振垫的保护措施。减振垫的安装在轨道板预制工厂内完成，减振垫运输过程及轨道板运输过程中，应严格保护减振垫，避免损坏减振垫及轨道板。

（3）轨道板高程及中线控制措施。严格按照设计图纸要求控制轨道板的高程及中线。轨道板精调中严格执行“三检”制度，即混凝土灌注前检查、灌注中检查、灌注后检查。

（4）混凝土质量控制。灌注过程应保持连续性，并分块浇筑，因特殊情况中断，应检查混凝土和易性满足施工要求，再继续进行灌注。

9.5 安全措施

（1）作业人员必须经过培训考核，持证上岗，严禁无证作业。

（2）作业时，严禁打闹，严禁酒后作业，作业人员必须穿防滑鞋，并按规定佩戴劳保防护用品。各道工序应保持适当间隔，并有机衔接与配合。

（3）轨道板运输车、调板车及其他起重设备的安全保护装置必须齐全、完好、灵敏可靠，并指定专人定期检查。操作时，需有专人进行指挥。吊装作业半径下不允许有施工人员停留。

（4）配电箱和开关箱应安装牢固，便于操作和维修，其进线口和出线口宜设在箱的下面或侧面，电源的引出线应穿管并设防水弯头。

（5）配电箱、开关箱内安装的接触器、刀闸、开关等电器设备应动作灵活，接触良好可靠，触头没有严重烧蚀现象。

（6）在配电室、配电柜配置灭火器。

9.6 填充层技术要求

9.6.1 钢纤维细石混凝土填充层技术要求

1. 技术要求

钢纤维细石混凝土拌和物性能应满足表 9-4 的要求。

表 9-4　钢纤维细石混凝土拌和物性能

序号	检验项目	技术要求
1	坍落度	550～650 mm
2	扩展时间 T_{500}	3～7 s
3	含气量	3%～6%
4	泌水率	0
5	钢纤维含量	偏差在±10%设计掺量内
6	钢纤维均匀性	目测无钢纤维结团现象

钢纤维细石混凝土硬化体性能应满足表 9-5 的要求。

表 9-5　钢纤维细石混凝土硬化体性能

序号	检验项目	技术要求
1	28 d 抗压强度	≥40 MPa
2	28 d 抗折强度	≥4.2 MPa
3	28 d 弯曲韧度比值	≥0.5
4	28 d 残余弯拉强度 $f_{R1k}/f^{f}_{ctk,L}$	>0.4
5	28 d 残余弯拉强度 $f_{R3k}/f^{f}_{ctk,L}$	>0.5
6	56 d 弹性模量	≥3.15×10^{4} MPa
7	56 d 电通量	≤1 000 C
8	56 d 抗冻融等级	地下段不做要求
		高架段≥F300

注：$f^{f}_{ctk,L}$ 为钢纤维混凝土的比例极限弯拉强度标准值（N/mm^2），f_{R1k} 为对应于试验梁切口张开水平位移为 0.5 mm 时的钢纤维混凝土残余弯拉强度标准值（N/mm^2），f_{R3k} 为对应于试验梁切口张开水平位移为 2.5 mm 时的钢纤维混凝土残余弯拉强度标准值（N/mm^2）。

钢纤维细石混凝土有害物质含量应满足表 9-6 的要求。

表 9-6　钢纤维细石混凝土有害物质含量

序号	检验项目	技术要求
1	氯离子含量	不大于胶凝材料总量的 0.06%
2	碱含量	不大于 3.0 kg/m^3
3	三氧化硫含量	不大于胶凝材料总量的 4.0%

钢纤维细石混凝土灌注体质量应满足表 9-7 的要求。

表 9-7 钢纤维细石混凝土灌注体质量

序号	检验项目	技术要求
1	厚度	偏差为±10.0 mm
2	充盈度	钢纤维细石混凝土与轨道板底面和底座表面接触良好，充盈饱满
3	表面状态	表面无泌水状态、无松软发泡层、无可见裂纹、无明显水纹
		表面密实、平整，无露石、露筋以及蜂窝等现象
		表面无面积大于 50 cm^2 以上的气泡，6 cm^2 及以上气泡的面积之和不宜超过板面积的 5%
4	断面状态	断面骨料分布均匀，无骨料堆积、骨料分离、上下贯通气孔、蜂窝等现象
5	侧面状态	侧面不应有空洞、麻面
		侧面应平整，凸出或凹进轨道板边缘的混凝土厚度不应超过 10 mm

2. 试验方法

(1)坍落扩展度试验应按《城市轨道交通无砟轨道技术条件》(GB/T 38695—2020)附录 O 的要求进行。

(2)泌水率和含气量按照《普通混凝土拌合物性能试验方法标准》(GB/T 50080—2016)规定的方法测定。

(3)钢纤维含量与均匀性测定依据《一般用途低碳钢丝》(YB/T 5294—2009)进行。

(4)抗压强度、抗折强度和弹性模量按照《混凝土物理力学性能试验方法标准》(GB/T 50081—2019)的要求进行。

(5)电通量按照《普通混凝土长期性能和耐久性能试验方法标准》(GB/T 50082—2009)规定的方法测定。

(6)钢纤维细石混凝土抗冻等级按照《铁路混凝土》(TB/T 3275—2018)确定。

(7)钢纤维细石混凝土氯离子含量、碱含量和三氧化硫含量按照《铁路混凝土》(TB/T 3275—2018)的要求测定。

(8)钢纤维细石混凝土残余抗弯拉强度性能按照《混凝土用钢纤维》(GB/T 39147—2020)确定。

(9)钢纤维细石混凝土弯曲韧度比性能按照 ASTM C1609/C1609M 的要求测定。

(10)钢纤维细石混凝土灌注体厚度采用钢尺检测；充盈度和表面泡沫层采用目测或锤击法检测；表面密实度采用目测或切开断面目测检测；表面气泡采用钢尺或百格网板量测；裂纹采用目测或放大镜观察；流水痕迹和泌水性采用目测检测；断面均匀度采用沿长度方向切开两个断面目测和沿宽度方向切开 1 个断面目测检测；侧面空洞、麻面采用目测法检测；侧面平整度采用钢尺或角尺检测。

9.6.2 自密实混凝土填充层技术要求

1. 技术要求

自密实混凝土拌和物性能应满足表 9-8 的要求。

表 9-8　自密实混凝土拌和物性能

序号	检验项目	技术要求
1	坍落度	≤680 mm
2	扩展时间 T_{500}	3～7 s
3	J 环障碍高差	<18 mm
4	L 型仪充填比	≥0.80
5	泌水率	0
6	含气量	≥3.0%
7	竖向膨胀率	0～1.0%

自密实混凝土硬化体性能应满足表 9-9 的要求。

表 9-9　自密实混凝土硬化体性能

序号	检验项目	技术要求
1	56 d 抗压强度	≥40.0 MPa
2	56 d 抗折强度	≥6.0 MPa
3	56 d 弹性模量	$(3.00\sim3.80)\times10^4$ MPa
4	56 d 电通量	≤1 000 C
5	56 d 抗盐冻性(28 次冻融循环剥落量)	≤1 000 g/m^2
6		≤500 g/m^2(严寒和寒冷条件)
7	56 d 干燥收缩值	$\leq400\times10^{-6}$

自密实混凝土有害物质含量应满足表 9-10 的要求。

表 9-10　自密实混凝土有害物质含量

序号	检验项目	技术要求
1	氯离子含量	不大于胶凝材料总量的 0.10%
2	碱含量	不大于 3.0 kg/m^3
3	三氧化硫含量	不大于胶凝材料总量的 4.0%

自密实混凝土灌注体质量要求符合表 9-7。

2. 试验方法

(1)坍落扩展度试验应按《城市轨道交通无砟轨道技术条件》(GB/T 38695—2020)附录 O 的要求进行。

(2)J 环障碍高差按照《城市轨道交通无砟轨道技术条件》(GB/T 38695—2020)附录 P 规定的方法测定。

(3)L 型仪充填比按照《城市轨道交通无砟轨道技术条件》(GB/T 38695—2020)附录 Q 规定的方法测定。

(4)泌水率和含气量按应按照《普通混凝土拌合物性能试验方法标准》(GB/T 50080—

2016)规定的方法测定。

(5)竖向膨胀率按照《城市轨道交通无砟轨道技术条件》(GB/T 38695—2020)附录R规定的方法测定。

(6)抗压强度、抗折强度和弹性模量按照《混凝土物理力学性能试验方法标准》(GB/T 50081—2019)的要求进行。

(7)电通量和抗盐冻性按照《普通混凝土长期性能和耐久性能试验方法标准》(GB/T 50082—2009)规定的方法测定。

(8)干燥收缩率值按照《普通混凝土长期性能和耐久性能试验方法标准》(GB/T 50082—2009)规定的接触法测定。

(9)自密实混凝土的氯离子含量、碱含量和三氧化硫含量按照《铁路混凝土》(TB/T 3275—2018)的要求测定。

(10)自密实混凝土灌注体厚度采用钢尺检测;充盈度和表面泡沫层采用目测或锤击法检测;表面密实度采用目测或切开断面目测检测;表面气泡采用钢尺或百格网板量测;裂纹采用目测或放大镜观察;流水痕迹和泌水性采用目测检测;断面均匀度采用沿长度方向切开两个断面目测和沿宽度方向切开1个断面目测检测;侧面空洞、麻面采用目测法检测,侧面平整采用钢尺或角尺检测。

第 10 章　施工装备的研制

10.1　施工装备研制的必要性

传统轨道施工需要首先铺设临时轨道(图 10-1),同时单一轨道模式无法进行交互施工作业(图 10-2),对管片结构的伤害也不容忽视(图 10-3)。在研发装配式轨道技术的过程中,结合装配式轨道的结构特点和施工工艺要求,研发了一系列与之相配套的机械化施工装备,这些装备着力于克服传统轨道结构施工工艺中存在的问题的同时,重点在于更好地满足装配式轨道施工工艺需求,提升装配式轨道施工的机械化和自动化水平。

图 10-1　传统轨道施工临时轨

图 10-2　传统轨道施工临时轨上门式起重机

图 10-3　架设临时轨对盾构管片的破坏

在研发装配式轨道成套技术的同时，结合装配式轨道的结构特点和施工工艺要求，布局研发了一系列与之相配套的机械化施工装备。这些装备着力于克服传统轨道结构施工工艺中存在的问题的同时，重点在于更好地满足装配式轨道施工工艺需求，提升装配式轨道施工的机械化和自动化水平，成为全新一代装配式轨道建造技术的重要支柱。装备研发和突破重点集中于以下几个方面：

1. 研发的装备系统全面覆盖各施工环节

装备系统主要是成套的无轨系列施工装备，包含自适应低高度多功能运板车、自变形轮胎式轨道施工车、自变形轮轨式混凝土施工车、道床铺换车、轨道板精调车等，覆盖轨道施工的主要环节。

装配式轨道结构施工的主要环节涵盖物料的运输、吊装、调整及混凝土运输和布料等方面。自适应低高度多功能运板车负责各种物料的运输，自变形轮胎式轨道施工车负责物料的吊装和轨道板的定位调整，自变形轮轨式混凝土施工车负责混凝土的运输和布料，轨道板精调车负责轨道板的精确定位调整，道床铺换车用于运营线轨道板换铺、整体道床维修、轨道设备安装维修等方面。

2. 研发自变形和自适应无轨化走行系统

城市轨道交通轨道施工大部分为地下线。传统的轨道施工设备采用的是安装辅助轨的方式行走，其缺点是装拆辅助轨道的过程费工、费时，效率低。要解决此问题，必须改变靠安装辅助轨走行的模式，让设备直接在基础上行驶。

为满足各种不同隧道断面类型、断面尺寸的要求，施工装备在结构设计上，必须具备变形功能。设备采用辅助支撑支立于隧道管片，设备主结构与隧道无接触，呈悬置状态，再由操作控制变形机构，按隧道内空间实际要求，进行变跨和变幅。此外，走行系统为适应矩形、马蹄形隧道断面结构和高架桥基础面，要求走行系统的轮组须具有可控摆角功能。摆角方式分为两种：一种是驱动式摆角，由驱动机构改变轮组的偏摆角度，主要应用在自变形轮胎式轨道施工车、自变形轮轨式混凝土施工车外轮组系统；另一种是自适应式摆角，由设备重力与行驶面夹角及轮组的布置结构，通过力平衡自主改变轮组的偏摆角度，主要应用在自适应低高度多功能运板车的轮组系统。

3. 轨道板的自动化、智能化调整

决定施工精度的环节主要是轨道板的定位安装，执行该工序的装备是轨道板精调车。精调车集智能设计、自动测量、动态计算、自动精调等功能于一体，全面取代传统的人工粗铺、人工精调模式，实现了轨道板的一次性、高精度、高效率自动精调到位。

(1)精调流程

轨道板精调流程如图 10-4 所示。

(2)轨道线型数据输入

轨道板在精调前，先将线路的理论三维线型参数导入设计软件中，根据线路情况，对精调车上的棱镜进行编号，通过蓝牙/Wi-Fi 信号将数据传输到全站仪处理，在设站完毕之后，对轨道板上相应的棱镜进行测量，测量结果通过蓝牙/Wi-Fi 传输到工控机。

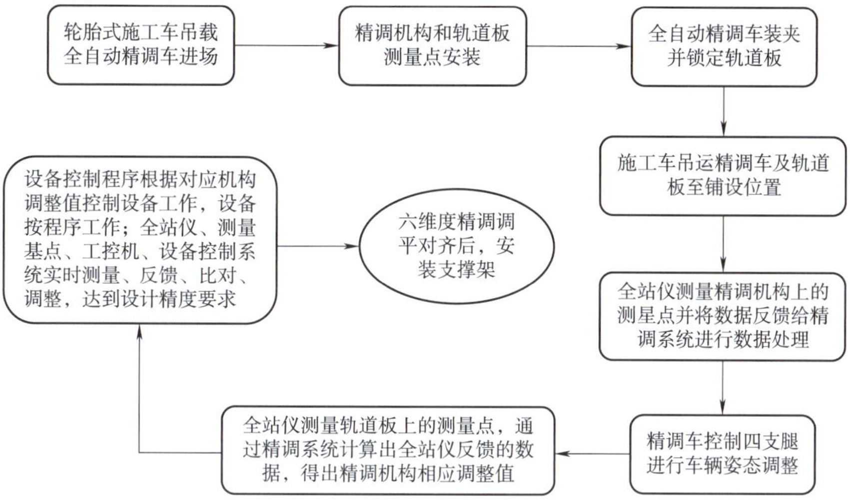

图 10-4　轨道板精调流程

(3)轨道板精调

轨道板初步铺设后，轨道板中间安装倾角传感器，注意传感器与道床板间设置支撑平面(采用钢板加工)，为了避免倾角传感器测量出错，首先在道床板上安装 4 个棱镜(根据预留的指定位置)。精调过程中水平联动，避免单点受力过大造成轨道板吊装晃动较大。

精调车上的操作人员可以通过显示器看到待调的轨道板的偏差，设备自动进行调整，直至合格。调整完成之后，全站仪进行复测，直到轨道板达到设计要求后，转入下块板调整。

4. 一机多用和多机协调

新型无轨系列施工装备实现了一机多用、多机协调施工，如图 10-5、图 10-6 所示，解决了传统轨道施工装备无法交叉施工的突出问题。

图 10-5　自变形轮胎式轨道施工车与自适应低高度多功能运板车配合施工

图 10-6　自变形轮胎式轨道施工车与自变形轮轨式混凝土施工车交汇施工

自变形轮胎式轨道施工车因其独特的设计结构和轮胎式走行系统，在轨道施工中可进行多种施工工序作业,如钢筋模板等物料的吊运;轨道板的吊运并进行调整定位施工;可以两台同时吊装轨排,并辅助调整定位;可以吊运传统的料斗进行混凝土布料施工。

无轨系列施工装备最大的优点是解决了不同施工工序间的交互作业问题:自变形轮胎式轨道施工车可以与自适应断面工程运输车配合穿行,进行物料的运输与装卸作业;自变形轮轨式混凝土施工车可以下穿通过自变形轮胎式轨道施工车,进行混凝土布料。

5. 其他施工方式的应用

无轨系列施工装备的研制,不仅在装配式轨道结构施工中发挥重要作用,在传统的现浇整体式道床及预制板式轨道结构施工中也同样适用,如自变形轮胎式轨道施工车可以两台协同作业,进行轨排吊装施工,可辅助吊装料斗进行混凝土施工,如图 10-7 所示;自变形轮轨式混凝土施工车可以对调整安装到位的轨排进行现浇混凝土施工,如图 10-8 所示。

图 10-7　自变形轮胎式轨道施工车吊运轨排

图 10-8　自变形轮轨式混凝土施工车浇筑混凝土

10.2　自适应低高度多功能运板车

10.2.1　功能要求

(1)运板(从井口到施工作业面间运输)。

(2)可在各类下部基础(矩形、马蹄形、圆弧形及高架桥面等)运行。

(3)具有自身行驶纠偏功能(满足超高路线运行安全)。

(4)可双向行驶(带双驾驶室)。

(5)道床板可在车架上前后转移。

(6)防护装置(运输过程中防止道床板的滑动)。

(7)缓冲系统(装载过程中防止对车体的冲击)。

(8)同型车可换挂,两车板块床板可倒运。

(9)快速液压输出接口(可与卸板机构连接)。

(10)可装载运输多种形式板式道床。

(11)上坡停车后应能再次启动爬坡。

(12)下坡不得有失速(加速下滑)现象。

(13)具备行车制动、停车制动功能。

(14)结构尺寸满足在各种施工中与无轨门吊交叉作业。

10.2.2　主要技术参数

技术参数是说明机械设备工作性能的指标,是设计机械设备的原始依据。为满足城市轨道交通铺轨工程施工需求,32 t 自适应低高度多功能运板车的主要设计参数如下:

(1)设备自重:G=18 t。

(2)设备载重:Q=32 t。

(3)装机功率:194 kW。

(4)行驶速度:0～20 km/h(高低速双速系统,空载低速,重载高速)。

(5)爬坡能力:≤40‰。

(6)转弯半径:≥100 m。

(7)牵引板速度:0～15 m/min。

(8)控制方式:电、液控制。

(9)操作室:双司机室(双向驾驶)。

(10)适用路况:隧道断面(矩形、马蹄形、圆弧形)、高架桥面。

(11)动力源:发动机 QSC8.3-C260-Ⅳ/铅酸蓄电池组。

(12)外形尺寸:9 900 mm(长)×2 600 mm(宽)×1 650 mm(高)。

10.2.3　主要结构及特点

自适应低高度多功能运板车主要由车架结构、驾驶室、主动台车、动力舱、输送定位装置、从动台车、安全防护装置、制动系统、安全报警系统、照明系统、控制系统等组成,如图 10-9 所示。

1—车架结构;2—驾驶室;3—主动台车;4—动力舱;5—输送定位装置;
6—安全防护装置;7—从动台车;8—制动系统。

图 10-9　自适应低高度多功能运板车主要结构组成

该设备为驾驶运行设备,在施工中需要与无轨门吊配合作业,因此结合无轨门吊尺寸和隧道圆弧尺寸,整车在满足技术要求的情况下,设计高度越小越好。

1. 车架结构

车架结构采用钢结构平板设计形式,结构尺寸设计满足单次运输各类型预制道床板多块,以提高运输效率,同时考虑隧道施工盾构井的结构尺寸,方便设备吊装下井。

2. 驾驶室

在隧道内施工不同于路面施工，施工设备在隧道内无法掉头运行，设备整体高度较低，因此整车驾驶室布置在车架结构两端部的正下方。

3. 主、从动台车

为满足设备在运行过程中，保证所有的承载轮胎均衡受力，以及防止驱动轮胎出现悬置发生空转而引起无法驱动行驶，故在设计结构时，前后台车采用不同结构形式的主动台车和从动台车。主动台车为整体刚性连接结构(图 10-10)，与车架结构连接，从动台车则为销轴铰接结构(图 10-11)，与车架结构连接，这种组合结构形式，使车架结构成三点支撑，从而确保了整车在四组轮组均衡承载。

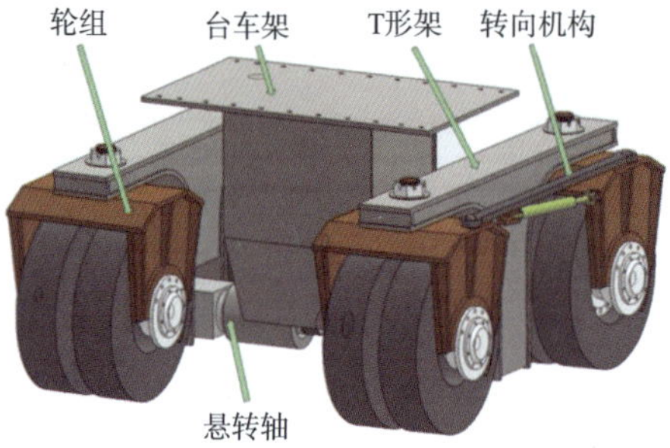

图 10-10 主动台车

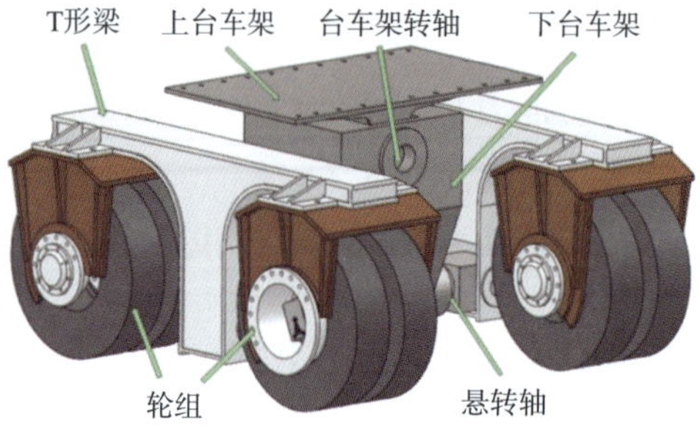

图 10-11 从动台车

主、从动台车均由驱动轮组、从动轮组、台车架、悬挂轴、T 形梁及转向机构等组成。该结构形式的设计，实现设备在各种不同的施工断面上运行，并且能达到从矩形断面向圆弧断面以及其他断面间的自适应过渡运行，如图 10-12 所示。

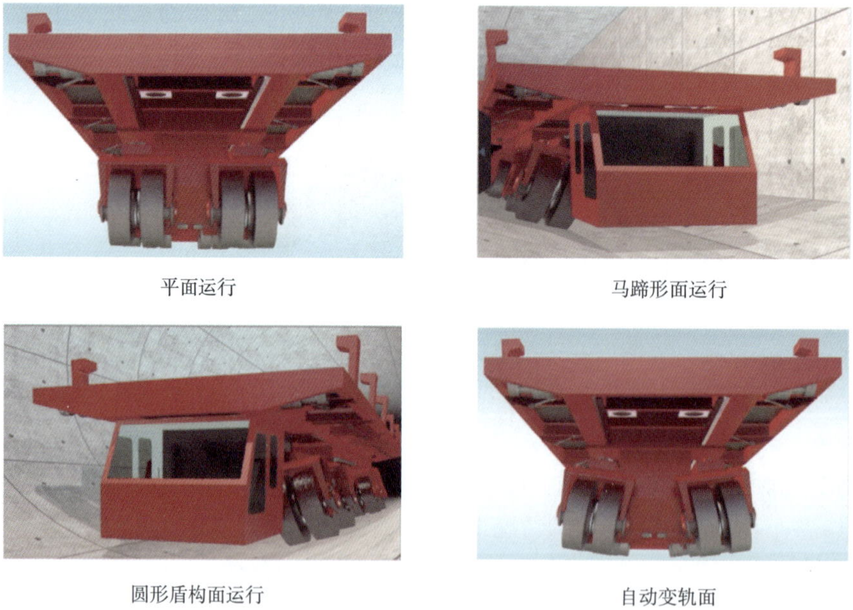

图 10-12 自适应低高度多功能运板车自适应走行机构

4. 动力舱

动力舱是整车的核心部分，由柴油发动机（或者动力电池组）驱动液压泵组为整车在动力元件提供动力源。包含液压油箱、燃油箱、发动机蓄电池及散热装置等。

5. 输送定位装置

输送定位装置由输送链和顶升装置组成。输送链可实现两车连挂输送倒运物料，输送链配合顶升装置同时使用，配合道床铺换车，可满足既有线路在道床维修施工的要求。

6. 安全防护装置

主要是安装在车架平台结构四周的挡杆，在装载物料运输过程中，防止物料滑出、倾翻或运行过程中紧急制动时物料因惯性而冲出车架，造成安全事故。

7. 制动系统

共有三级制动：一是液压系统的制动功能；二是驱动马达内置制动器；三是轮组的钳盘制动器。三级制动系统保障了设备在运输作业过程中的运行安全。

8. 安全报警系统

车辆安装有倾角传感系统，在车辆运行过程中，当车身发生倾斜大于设定安全角度时，系统提供三级安全报警：一级警示灯；二级声光报警；三级停车。

9. 照明系统

提供夜间行车及行驶安全灯光。

10. 控制系统

控制系统分为液压控制和电气控制。整车执行元件均为液压元器件，通过液压操作先导阀手柄，控制车辆的前进、后退、车速变化以及其他功能机构的实现等。

10.2.4　调试及现场使用

1. 空载试车调试

装备组装完成后，车辆将进行水平路面的空载试车，其目的是在模拟现场试车前，确保整车所有功能动作满足设计要求，动力系统运行正常，控制系统操作正常。

2. 模拟试车调试

在整车完成空载试车后，进入模拟现场试车程序。其内容包括重载圆弧面运行、重载爬坡、重载坡道启动、制动及与无轨门吊联合试车等。其目的是确保设备满足现场实际工况需求，设备结构强度、稳定性等满足设计要求，所有系统运行正常，符合出厂要求。

3. 装备的现场使用

现场使用情况是最终评判设备性能、检验设备可靠性的标准。图 10-13 是自适应低高度多功能运板车不同工况的施工现场。

图 10-13　自适应低高度多功能运板车施工现场

10.3　自变形轮胎式轨道施工车

10.3.1　功能要求

(1)起吊重物,四吊点可独立升降,也可同步升降。
(2)水平、垂直支腿变幅(变跨)。
(3)轮组摆角。
(4)起升小车水平调整、角度调整。
(5)行走高、低速度切换控制。
(6)辅助支腿辅助变形。
(7)行驶视频监控。
(8)吊具适用于吊板、料斗、轨排及辅料等。
(9)操作台控制,手持遥控。
(10)安全防护装置。
(11)电缆供电,可自行放缆、收缆。

10.3.2　主要技术参数

以下主要技术参数为常规型号产品(16 t 自变形轮胎式轨道施工车):
(1)设备自重:18 t。
(2)额定起重量:16 t。
(3)行走速度:0～50 m/min。
(4)爬坡能力:≤35‰。
(5)最小转弯半径:≥200 m。
(6)起升速度:3 m/min。
(7)起升高度:3.0 m。
(8)起吊横移调整范围:±170 mm。
(9)起吊调整角度:3°。

(10)门架伸展后最大内净宽度:≤3.5 m(圆弧)。

(11)门架伸缩高度:≤3.5 m(圆弧)。

(12)动力源:电缆供电(标配电缆长度 150 m)。

(13)操作方式:操作台控制。

(14)外形尺寸:7 300 mm(长)×2 800 mm(宽)×2 950 mm(高)(收缩);7 300 mm(长)×4 400 mm(宽)×4 250 mm(高)(伸展)。

10.3.3　主要结构及特点

自变形轮胎式轨道施工车为可变形结构,主要部件为电气平台、轮组机构、变跨支腿、主梁机架、起升机构、安全防护装置、视频影像系统、操作控制系统、液压平台、变幅支腿等,如图 10-14 所示。

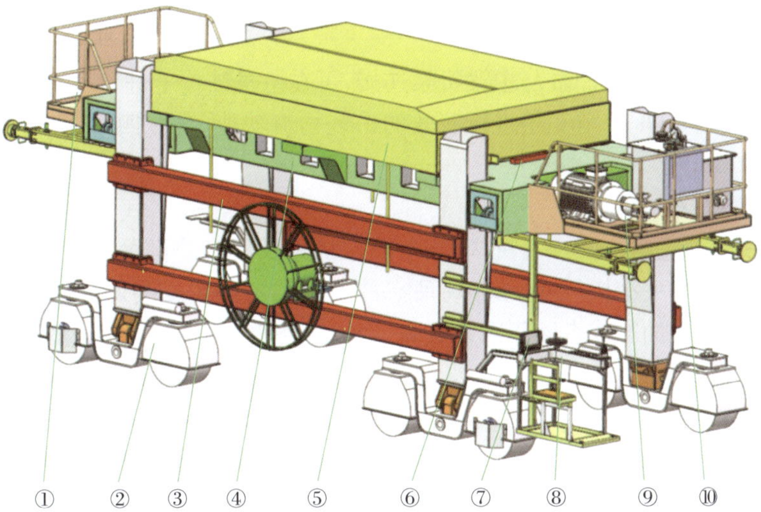

①—电气平台;②—轮组机构;③—变跨支腿;④—主梁机架;⑤—起升机构;⑥—安全防护装置;⑦—视频影像系统;⑧—操作控制系统;⑨—液压平台;⑩—变幅支腿。

图 10-14　自变形轮胎式轨道施工车

由于受隧道内施工限界尺寸和公路运输车辆(限高、限宽等)的限制,整机的外形尺寸在完全收缩状态时,宽度≤3 000 mm,高度≤3 200 mm。为保证隧道内施工,设备变形后内净空间要求满足自变形轮轨式混凝土施工车顺利通行,自适应断面工程运输车顺利装、卸物料。

1. 电气平台

电气平台承载安装电气控制柜。

2. 轮组机构

轮组机构包含 T 形梁、主动轮、从动轮、转向机构及驱动马达等。

3. 变跨支腿

变跨支腿由 L 形支腿结构、垂直伸缩臂、水平支腿油缸、垂直支腿油缸、摆动架等结构组成。可实现水平伸缩、垂直伸缩,满足整机在隧道内的变形尺寸要求,如图 10-15 所示。

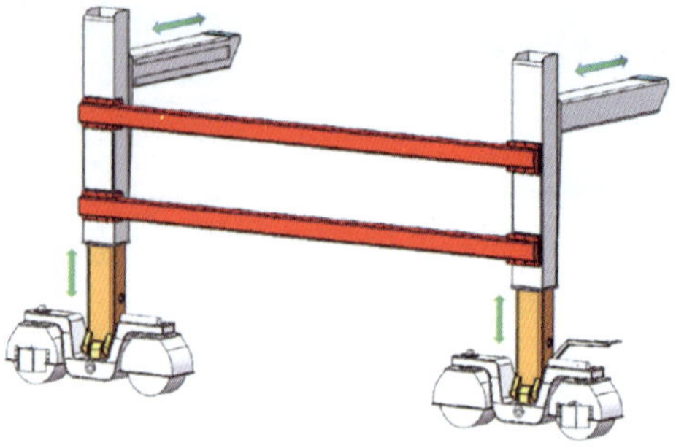

图 10-15 自变形轮胎式轨道施工车变跨支腿

4. 主梁机架

主梁机架为整机的承载结构平台。

5. 起升机构

起升机构通过水平调整油缸与主梁机架连接，可在主机结构上进行水平调整及转角调整。起升机构采用起升油缸配合滑轮组进行有效的吊装物料功能，设置四吊点，可同步升降，亦可独立升降。

6. 安全防护装置

安全防护装置由垂直支腿锁紧机构、摆角限位机构及起升防倾翻装置等组成。在同一施工断面，设备变形到最大结构尺寸后，须将所有的安全防护装置安装调整到位，防止设备在重载施工作业时，因液压油缸或者液压系统故障，造成设备受力不均衡，结构变形失稳。

7. 视频影像系统

自变形轮胎式轨道施工车配置有一套视频影像系统，四个支腿轮组分别安装有摄像头，在设备吊装物料时，由于视野盲区，无法有效判断设备运行情况，此时可通过视频影像系统观察轮组行驶轨迹情况，控制设备运行。

8. 操作控制台

操作控制台是设备在施工过程中，人员控制操作的地方，设备所有功能按钮和手柄均布置在操作台。

9. 液压平台

液压平台承载安装液压泵站及主控制阀块等。

10. 变幅支腿

变幅支腿采用两级伸缩结构，伸缩长度由等距的销轴控制，其作用是辅助整机在隧道内变形调整。

10.3.4 调试及现场使用

1. 空载试车调试

生产组装完成后，设备将进行水平路面空载变形、行驶及起升机构的调整等试车，其目的是在模拟现场试车前，确保整机所有功能动作满足设计要求，动力系统运行正常，控制系统操作正常。

2. 模拟试车调试

在整机完成空载试车后，进入模拟现场试车程序。内容包括重载圆弧面运行、重载爬坡、重载坡道启动、制动及与无轨门吊联合试车等。目的是确保设备满足现场实际工况需求，设备结构强度、稳定性等满足设计要求，所有系统运行正常，符合出厂要求。

3. 装备的现场使用

自变形轮胎式轨道施工车在隧道内可进行施工物料（钢筋、模板及工装等）、轨排吊装调整（两车配合施工）、轨道板吊装调整等施工作业，如图 10-16～图 10-18 所示。

图 10-16　自变形轮胎式轨道施工车现场施工

图 10-17　自变形轮胎式轨道施工车与混凝土施工车交叉作业

图 10-18　自变形轮胎式轨道施工车与运板车配合作业

10.4 自变形轮轨式混凝土施工车

10.4.1 功能要求

(1)运输、搅拌混凝土。
(2)可双向行驶带双驾驶室。
(3)水平、垂直支腿变幅(变跨)。
(4)内轨行走变外轮胎行走。
(5)行走高、低速度切换控制。
(6)辅助支腿辅助变形。
(7)行驶视频监控。
(8)轮组摆角。
(9)可在各种施工断面(矩形、马蹄形、圆弧形及高架桥面等)运行。
(10)安全防护装置。
(11)上坡停车后应能再次启动爬坡。
(12)下坡不得有失速(加速下滑)现象。
(13)具备行车制动、停车制动功能。
(14)结构尺寸满足在各种施工工况与无轨门吊交叉作业。

10.4.2 主要技术参数

以下主要技术参数以 10 m^3 自变形轮轨式混凝土施工车为例:
(1)整车重量:24 t。
(2)额定载重量:10 m^3(25 t)。
(3)在标准轨道上行驶的速度:0~20 km/h。
(4)采用外轮胎时的行驶速度:0~7 km/h。
(5)爬坡度:35‰。
(6)允许转弯半径:≥250 m。
(7)转弯最大倾角:5°。
(8)轮组最大偏角:53°。
(9)行驶路面:圆弧形断面隧道、矩形断面隧道、马蹄形断面隧道。
(10)外形尺寸:9.7 m(长)×2.96 m(宽)×3.2 m(高)。

10.4.3 主要结构及特点

自变形轮轨式混凝土施工车主要由驾驶室、车架结构、搅拌系统、内轨轮对、轮组系统、辅助支腿、卸料系统、控制系统、动力系统、安全防护装置、照明系统、视频影像系统组成,如图 10-19 所示。

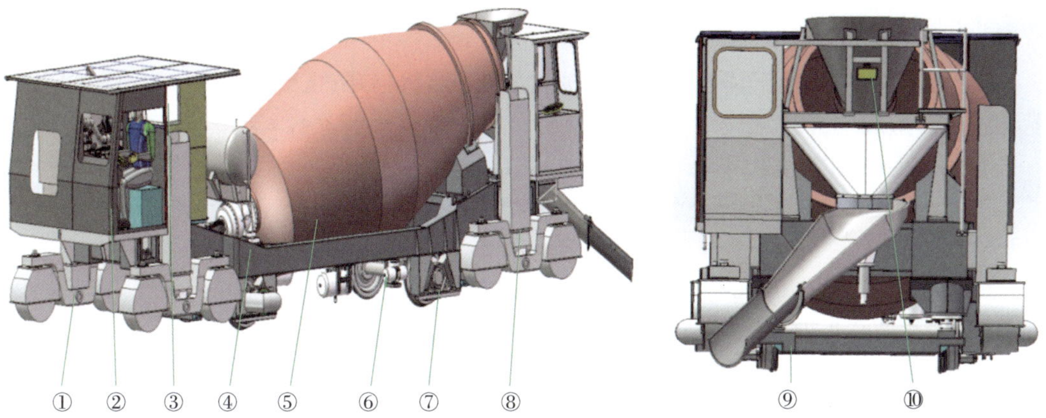

①—外轮组机构；②—驾驶室和动力系统；③—控制系统；④—车架结构；⑤—内轨轮组机构；
⑥—搅拌、卸料系统；⑦—制动系统；⑧—安全防护装置；⑨—辅助支腿机构；⑩—视频影像系统。

图 10-19　自变形轮轨式混凝土施工车

1. 外轮组机构

外轮组机构是指外轮胎行走机构，包含变跨支腿、T 形梁、摆动架、轮组和转向机构等。该系统可满足设备在各种施工断面运行要求。

2. 驾驶室和动力系统

在隧道内施工不同于路面施工，施工设备在隧道内无法掉头运行，另外该设备的装、卸料布置在车尾部，在装卸料特别是混凝土布料时，需要边行驶边布料。因此，在设备前后均布置有驾驶室，便于驾驶员配合施工人员操作及提高施工安全。

动力系统是整车的核心部分，由柴油发动机（或者动力电池组）驱动液压泵组为整车在动力元件提供动力源。包含液压油箱、燃油箱、发动机蓄电池及散热装置等。

3. 控制系统

控制系统包含液压控制和电气控制，两种控制系统相辅相成，液压系统通过电磁阀等液压元件与电控系统相结合，采用手动按钮或者旋钮来控制执行机构的动作，实现设备的功能要求。

4. 车架结构

车架结构为整车承载结构。

5. 内轨轮组机构

内轨轮组机构为标准轨道行走轮，提供长距离轨道运输。

6. 搅拌、卸料系统

搅拌系统为混凝土搅拌罐系统，进行装、卸混凝土，在运输混凝土的同时，可进行搅拌，能有效防止混凝土的离析。

卸料系统可满足混凝土均匀布料、灌注自密实混凝土功能。

7. 制动系统

制动系统包含停车制动和驻车制动。停车制动在车辆行驶过程中到达目的地或者遇到紧急情况时使用，驻车制动在车辆停车不运行时使用，防止车辆溜车等情况发生。为运行提供安全保障。

8. 安全防护装置

安全防护装置是保证车辆在变跨完成后，支腿锁紧机构，防止支腿油缸发生泄漏而引起支腿突然下降，造成危害。

9. 辅助支腿机构

辅助支腿机构是在车辆施工作业时，由内轨轮组行驶转换为外轮胎行驶过程中辅助变形使用。

10. 视频影像系统

视频影像系统为驾驶员在操控车辆时提供全视角影像，保证行车安全。

10.4.4 调试及现场使用

1. 空载试车调试

生产组装完成后，设备将进行水平路面空载变形、行驶及起升机构的调整等试车，其目的是在模拟现场试车前，确保整机所有功能动作满足设计要求，动力系统运行正常，控制系统操作正常。

2. 模拟试车调试

在整机完成空载试车后，进入模拟现场试车程序。其内容包括重载圆弧面运行、重载爬坡、重载坡道启动、制动及与无轨门吊联合试车等。其目的是确保设备满足现场实际工况需求，设备结构强度、稳定性等满足设计要求，所有系统运行正常，符合出厂要求。

3. 装备的现场使用

自变形轮轨式混凝土施工车现场施工如图 10-20 所示。

外轮胎施工作业　　内轨施工作业

图 10-20　自变形轮轨式混凝土施工车现场施工

10.5 道床铺换车

10.5.1 功能要求

(1)更换轨道板。

(2)更换钢轨。

(3)维修整体道床。

(4)更换维修疏散平台。

(5)与铁路机车连挂运行。

(6)对更换的轨道板进行粗调定位。

(7)起吊小车在车架上进行前后移动。

(8)满足作业面的施工安全要求。

10.5.2　主要技术参数

1. 铺换车参数

(1)自重:约 31.5 t。

(2)起吊小车起重量:≤20 t。

(3)允许坡度:≤35/1 000。

(4)内轨允许转弯半径:≥300 m。

(5)起吊小车起升速度:6 m/min。

(6)起吊小车起升高度:3 m。

(7)起吊小车运行速度:10 m/min。

(8)机车牵引速度:0～60 km/h。

(9)铺拆板型最大尺寸:6 250 mm×2 450 mm×330 mm。

(10)整车尺寸:长 20 000 mm×宽 2 800 mm×高 3 700 mm。

2. PC-40 平板车参数

(1)轨距:1 435 mm。

(2)车辆定距:9 500 mm。

(3)转向架固定轴距:1 600 mm。

(4)轮径:650 mm。

(5)通过最小曲线半径:110 m。

(6)最高运行速度:80 km/h。

(7)载重:40 t。

(8)制动方式:空气制动及停车手制动。

(9)车钩:2 号钩。

(10)车钩中心线距轨面高度:880 mm±10 mm。

(11)自重:约 16.5 t。

(12)车架面积(长×宽):13 500 mm×2 800 mm。

(13)底板面距轨面高度:800 mm。

(14)外形尺寸:长 14 480 mm×宽 2 800 mm×高 1 480 mm。

10.5.3　主要结构及特点

道床铺换车由 PC-40 平板车、车架结构、起吊小车、支撑机构、供电系统、控制系统、安全照明系统等几大部件组成,如图 10-21 所示。

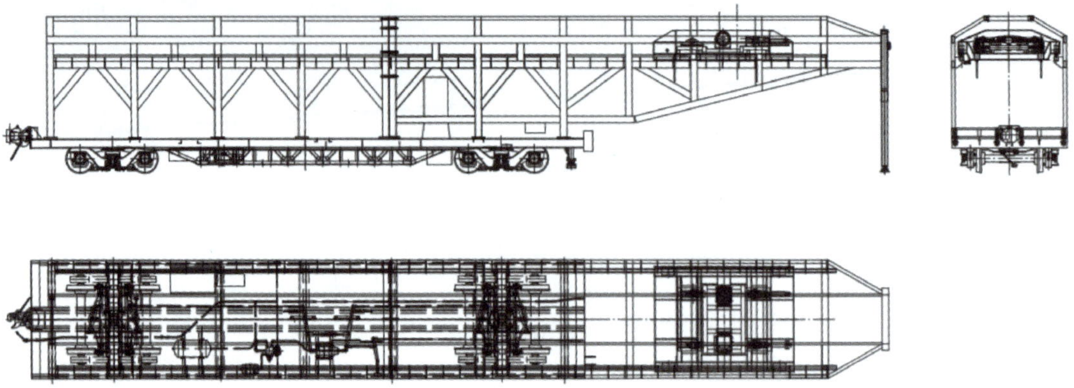

图 10-21 道床铺换车

1. PC-40 平板车

PC-40 平板车为轨道交通用运载平板车，是承载平台，可与机车连挂运行。

2. 车架结构

车架结构为桁架设计结构，两侧安装有运行的轨道，供起吊小车往复运行和起吊承载架，整套机构安装固定在 PC-40 平板车上。

3. 起吊小车

起吊小车主要包含起升机构和运行机构，运行机构可保证小车在车架结构的运行轨道上往复运行移动，起升机构则提供起降轨道板的动力。小车上四吊点可以上下、左右、前后移动，还可以单个分别移动，每个吊点的单独移动，可完成轨道板的三维六自由度调整和定位。

4. 支撑机构

车架结构悬臂端部支腿和平板车端部支腿构成整车的支撑系统，支撑整车在既有线路更换轨道板承受的强大起升力，将板块脱离下部基础，如图 10-22 所示。

图 10-22 支撑机构

5. 供电系统

供电系统是设备的动力源，通过电缆供电方式提供给电机和控制电源。

6. 控制系统

整车的控制系统由液压系统和电控系统组成，控制整车的功能动作，通过液压控制手柄进行设备操控。

10.5.4　调试及现场使用

1. 空载试车调试

生产组装完成后，设备将进行水平轨道面行驶及起升机构的调整等试车，其目的是在模拟现场试车前，确保整机所有功能动作满足设计要求，动力系统运行正常，控制系统操作正常。

2. 模拟试车调试

在整机完成空载试车后，进入模拟现场试车程序。其内容包括重载爬坡、重载坡道启动、制动试车等。其目的是确保设备满足现场实际工况需求，设备结构强度、稳定性等满足设计要求，所有系统运行正常，符合出厂要求。

3. 装备的现场使用

道床铺换车现场施工如图 10-23、图 10-24 所示。

图 10-23　道床铺换车与机车连挂运行

图 10-24　道床铺换车现场吊装轨道板、钢轨

10.6 轨道板精调车

10.6.1 一代精调车

一代精调车兼顾卸板及调板功能。组成机构方面，精调车在运板车基础上改进完成，即在运板车基础上增加了精调相关的部件，如图 10-25、图 10-26 所示，运板及走行部分的结构与运板车相当。为实现精调功能增加了支腿、精调轨梁的支架、精调轨道梁、精调机构、抓板吊具等。其中精调机构分纵向、横向、竖向及水平摆动结构，以实现轨道板空间六个自由度的调整。

图 10-25 轨道板精调车

图 10-26 精调机构

研发的测控系统主要用于与精调车的配套使用，以完成轨道板的自动精调功能，解决轨道板传统施工工艺中需要人工放板及铺板的问题。测控系统可自动测量数据，并将测量数据提供给精调机构，指导精调机构完成自动化调板。

轨道板精调测控系统的工作示意图如图 10-27 所示。硬件部分主要包括全站仪、倾斜传感器标架、测量棱镜及工装(图 10-28)、精调信息显示、控制单元、计算机、车载控制器等，此外还有测量系统相关的供电装置、接插件和通信线缆。

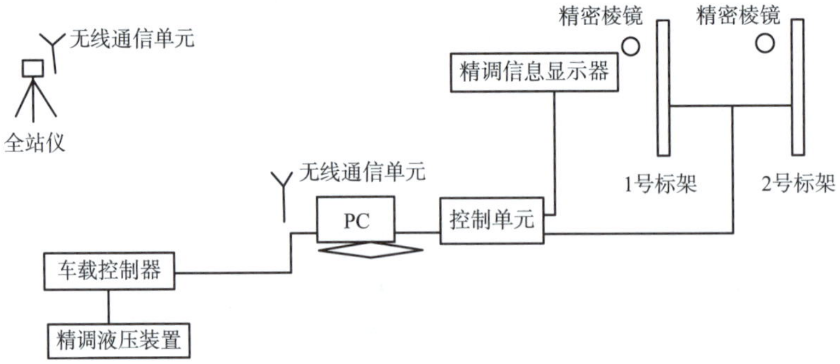

图 10-27 预制板精调测控系统工作示意

图 10-28　测量棱镜及标架

软件部分主要用来控制全站仪及相关传感器工作，并承担与车载控制器系统通信，如图 10-29、图 10-30 所示。软件部分的主要功能模块包括：线路线型数据的输入及编辑模块，全站仪、标架传感器控制及系统精调参数的设置模块，全站仪系统的设站及检查模块，轨道板精调测量模块。轨道板精调测量模块是软件的核心，控制全站仪及传感器工作，并将计算结果实时发送给车载控制器，开展板的铺设工作。

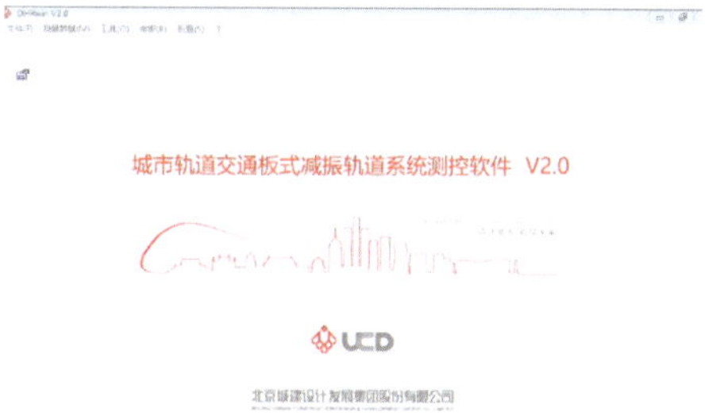

图 10-29　测控软件主界面

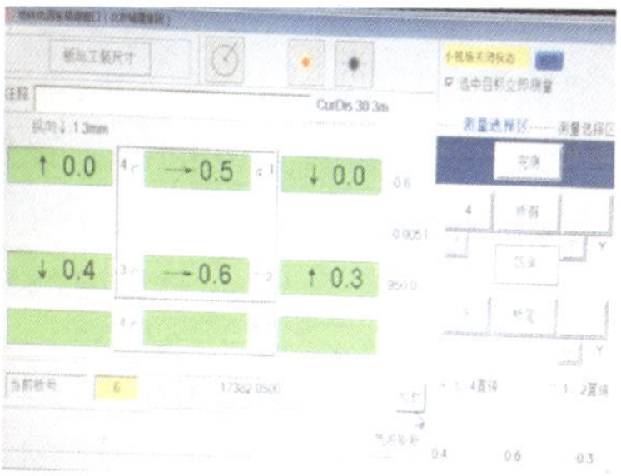

图 10-30　测控软件显示的轨道板精调结果

测控系统的工作主要分测量工作准备和精调过程两部分。

1. 测量前期准备工作

(1)测量基础数据的收集及数据可靠性核实。基础数据有线路平纵断面参数、轨道参数和测量控制网参数等，如平纵断面曲线要素、超高、断链、CPⅢ控制网数据等，收集齐全后核实数据的可靠性。

(2)测量数据的录入及正确性验证。数据录入之后需进行录入数据正确性的验证，这是所有现场测量工作开展的前提，需保证基础数据的绝对正确及输入正确。

2. 精调过程

(1)施工装备系统组装及调试

①精调机构组装及检查。主要检查机械安装是否到位，其中的重要一环是检查各个油压系统的行程是否流畅，是否有漏油等问题，否则在精调过程中可能会影响调板精度。

②测量控制系统的组装及通信测试，主要包括以下三个部分：

a. 油缸控制系统。通过手动操作检查油缸自由行程的动作是否能够正常实现，包括提升、旋转、平移等；抓板油缸及活塞是否正常；配套的感应传感器是否正常工作等。

b. 测量系统模块与车载控制系统的通信控制。测量控制模块通过有线模式与精调机构的控制系统连接。采用交互式工作，通过建立的协议进行通信工作。

c. 测量控制系统模块。主要工作包括：站点应架设在稳定且不易被走动人员所碰到的地方，应保证与安置在板的精密工装棱镜之间保持良好的通视；测量控制系统的线路组装及通信连接，包括控制盒的安装、无线通信模块供电电池的安装、标架测量传感器的连接及测试等。保证一整套的测量数据都可实时获取及正常通信。标架测量传感器还需要进行角度标定工作。

(2)测控系统与精调机构联动

各环节准备就绪后，可开始进行预制板精调数据测量与精调机构调板两个过程之间的联动。

精调车将板抓起并将板运到线路上相应的精调区域(远比人工铺板的粗铺精度低)，此时启动测控系统。

测量控制系统指挥全站仪自动对中并获取测量板上的两个目标棱镜的数据，同时获取板上标架传感器数据，所有数据获取后，测控系统经过计算得到轨道板目前位置与理论位置的相对位置关系，即所需的精调数据。

精调数据作为输入参数发送给车载控制器，车载控制器进一步将数据进转化为精调机构所需的精调数据。

车载控制器根据计算得到的精调数据，开始指挥精调机构进行自动调整，直至轨道板定位精度达到设定的误差要求为止。轨道板自动调整时，要求的定位精度见表 10-1，此精度要求中，中线偏差及高程偏差要求与目前地铁人工铺设轨道板的精度要求一致，前后位置偏差要求则更严格(纵向位置偏差一般人工铺设要求为曲线±2 mm，直线±5 mm)。

表 10-1 轨道板铺设定位精调测量偏差

序号	检查项目	允许偏差/mm
1	预制板中心线与线路中线	±0.5
2	预制板顶面(承轨台处)高程	±0.5
3	前后位置	±2

轨道板精调到位后，安装板的固定工装(应注意确保固定工装安装牢靠)，最后精调机构与轨道板脱离，完成卸板、调板、固定板的全过程。

轨道板固定完毕后，关注板下填充层，安装钢轨及扣件、焊接钢轨等。

为确保精调车的各性能满足要求，为工程示范奠定基础，在装备生产厂的厂内建设了长度 60 m 的试验段，其中 20 m 直线、20 m 缓和曲线、20 m 圆曲线，如图 10-31 所示。圆曲线按正线最不利条件考虑，设置为 300 m，曲线超高 50 mm。此外，为评估装备是否侵限，以建筑限界圆的直径 2 400 mm 为标准模拟了隧道断面(图 10-32)。模拟的圆形隧道采用方管搭设骨架，为保证隧道外观察装备的工作效果，骨架之间采用了 PVC 透明板。试验段建设如图 10-33 所示，试验段内装备的调试及验收如图 10-34～图 10-41 所示。

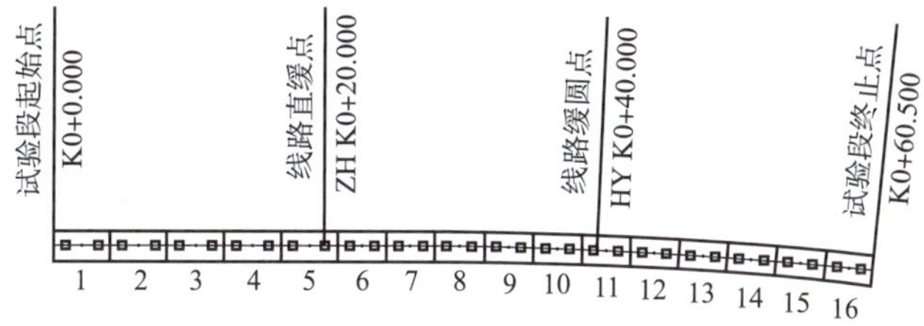

图 10-31　试验段线路平面曲线

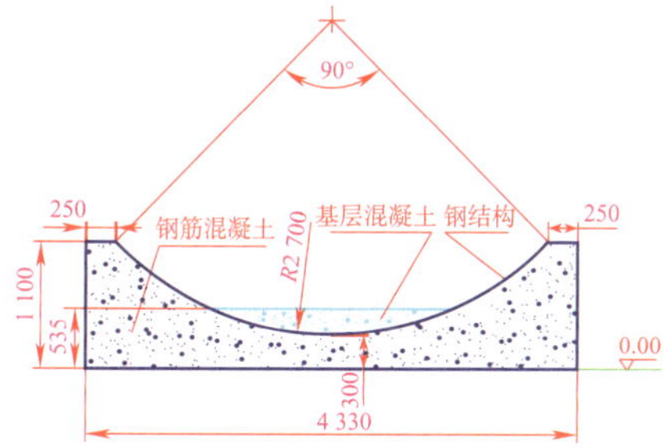

图 10-32　试验段下部基础断面(单位:mm)

图 10-33　厂内试验段建设

图 10-34　轨道板在厂内吊上运板车

图 10-35　板的运输及传递(厂内空地)

图 10-36　板的精调(厂内空地)

图 10-37　试验段上调试

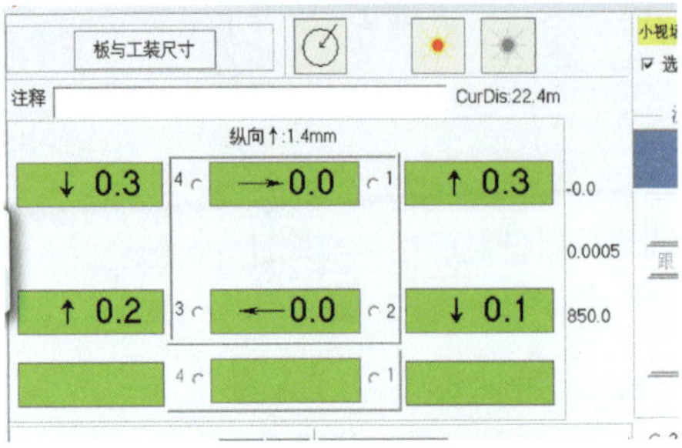

图 10-38　精调结果

图 10-39　厂内精调完成后的轨道板

图 10-40　施工装备厂内验收会议

图 10-41　施工装备现场验收

通过在厂内试验段上对施工装备的各项性能的调试，确保施工装备自动化运板、卸板、调板过程能顺利完成。施工装备的铺板精度满足设计要求，其中高程、中线的定位精度误差不超过 1 mm，且精度的稳定性良好。

10.6.2　二代精调车

为进一步提升精调车的综合性能，在吸取一代精调车经验的基础上研发了二代精调车(图 10-42)。与一代相比，二代精调车具有以下特点：

图 10-42　二代精调车

(1)动力组成采用三元锂电池配快速充电器＋无级变速直流电机，相比一代精调车采用的柴油发动机提供动力的模式，更加绿色环保，同时相对燃油发动机更加节约运营成本。电池具备快充功能，以保障精调作业的用电需求，无级变速直流电机可实现速度的平稳提升及降速，避免了启动及停车的瞬间冲击。

(2)仅保留调板功能，运板部分由其他设备完成(相当于在无轨门吊基础上增加精调系统)，因此大大简化了精调机构的体量，工作更加灵活，效率更高。

(3)满足调板的内部空间需求，同时满足小曲线、人防门、站台等通过性要求，也可与无轨门吊实现错车。

(4)操控方式更加灵活。具备方向盘、脚踏板驾驶模式，保证司机的操作适应性，同时配备无线遥控，可无线驾驶，保证操作视野。

(5)全站仪、倾斜传感器与测控系统，测控系统与精调机构的车载设备之间实现了无线传输功能，在保证数据的及时性、准确性同时，减免线缆连接时带来的收放工作量及拉扯隐患。

(6)提供了精调设备检修的便利性。整体系统采用模块化设计，线缆的连接由快速接头完成实现即插即用。此外显示屏的操作界面具有故障诊断功能，会把故障点在显示界面显示出来，便于检修。

10.6.3　三代精调车

三代精调车，相比前两代精调车的体量更小，实用且更加灵活便捷。精调可采用手动和全自动两种模式。通过全方位的感知系统(传感技术和红外技术)、全数字化链接和中控系统，实现轨道板的全自动化精调，速度更快、精度更高、可靠性更高；可通过无线连接传输，实现全过程的可视化监控和数据存储，提供更加完善的管理系统。

三代精调车与自变形轮胎式轨道施工车配合施工，精调车的动力系统由自变形轮胎式轨道施工车提供，可独立进行轨道板的精调施工作业，如图 10-43 所示。

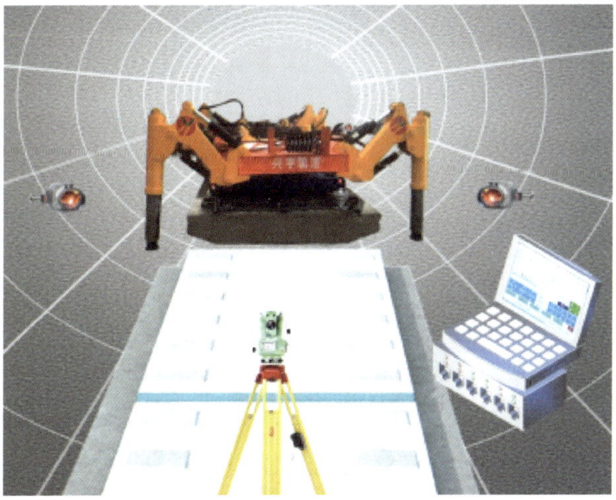

图 10-43　三代精调车

1. 结构设计

(1)外形尺寸：长 3 800 mm、宽 2 100 mm、高 1 200 mm(非工作状态)。

(2)支撑机构:支腿四连杆支撑机构,液压电气动力来自自变形轮胎式施工车动力单元。水平向调整结构采用液压伺服缸,动力来自精调机构独立动力单元,能够满足横向、纵向100 mm范围内自动调整到合适位置的要求,精度可达0.1 mm。竖向调平机构采用液压伺服缸,动力来自精调机构独立动力单元,能够满足竖直方向100 mm范围内自动调平,精度达0.1 mm。

2. 精调车调板作业流程

精调车的控制为全数字化控制方式,包含线位设计系统、测量控制系统、视觉显示系统、设备控制系统、设备监控系统等。

(1)将设计线性坐标和里程通过设计软件编程,输入线位设计系统,得出每块轨道板的坐标参数。

(2)现场通过全站仪及车载测量点测量出板下精调小车的具体位置参数,施工过程中,通过线位设计系统参数与测量控制系统控制自变形轮胎式轨道施工车运行到预定位置(精调小车可调整范围内)。

(3)停车完毕后开始进行调板作业,通过轨道板上设定的四个测量点测出轨道板的具体位置,反馈测量数据给工控系统。

(4)通过设计的软件程序计算比对全站仪反馈测量数据,运算出设备对应机构调整值。

(5)设备控制程序根据对应机构调整值控制设备工作,设备按程序工作。

(6)全站仪、测量基点、工控机、设备控制系统适时测量、反馈、比对、调整,达到设计精度要求。

(7)可实现手自一体化操作。

三代精调车作业流程如图10-44所示。

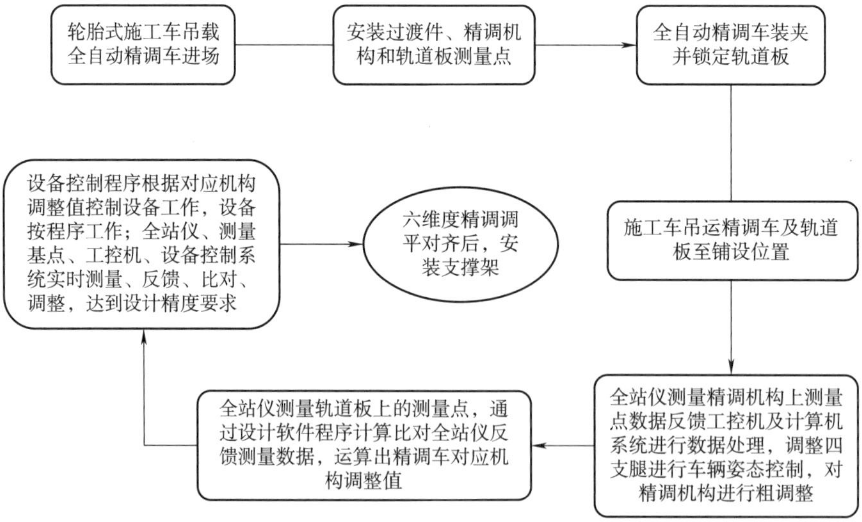

图10-44　三代精调车作业流程

10.7　其他轨道施工装备的研究

除以上已经制造并推广应用的装备外，还开展了其他施工装备类型的研究。

1. 轨道板翻转机

轨道板在工厂制作完成后，为在轨道板上复合减振层/隔离层，需将轨道板翻转 180°放置。传统的起重机只能起吊，没有翻转功能，因此研制了一种专用的起吊翻转机来进行施工。

轨道板翻转机设计形式如图 10-45 所示。

图 10-45　轨道板翻转机

轨道板翻转机包括机架、翻转机构、行走机构、控制系统及操作系统。翻转机构主要由纵向移动机构、横向移动机构、垂直升降机构、翻转机构及专用夹具等组成。纵向移动机构与横向移动机构间通过滑道与滑槽相连接，横向移动机构与垂直升降机构间通过滑道与滑槽相连接，翻转机构与垂直升降机构间通过旋转机构相连接，专用夹具固定在翻转机构的一端。整个装置安装于起吊设备的主梁结构上。

2. 板式轨道运输自卸车

拟定的板式轨道自卸车方案包括自卸装置、车架机构、转运装置、旋转驾驶室和曲面行走机构，如图 10-46 所示。自卸装置安装在车架结构的尾部，夹紧装置布置在车架结构的两侧，转运装置布置在车架结构的平板下方，旋转驾驶室布置在整车的前部。

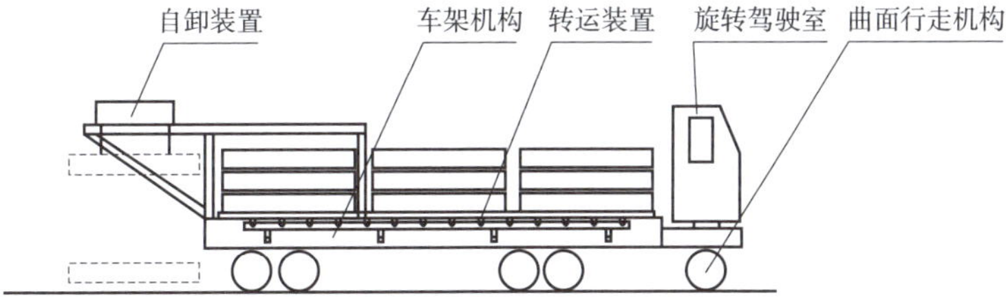

图 10-46　板式轨道运输自卸车

板式轨道运输自卸车可同时运输多块轨道板，由曲面行走机构来保证车辆在不同隧道断面（圆弧形、马蹄形及矩形等）自由行驶，无需搭建临时运输轨道。到达目的地后，通过转运装置将轨道板转移到自卸装置架下方，由自卸装置的起升结构将轨道板卸放到隧道管片上。专用夹具采用可伸缩臂的自动调节结构，能满足不同宽度轨道板的夹取或松放要求，节省了人工对位操作。

第 11 章　装配式轨道技术工程示范

11.1　工程示范一

11.1.1　工程方案

1. 工程概况

西安市地铁 4 号线线路全长 35.2 km，均为地下线。工程设计最高速度 80 km/h，采用标准 B 型车，6 辆编组，DC 1 500 V 架空接触网供电。

该工程铺设的装配式轨道区段为减振型装配式轨道，共计 1.2 km。

2. 主要设计方案

铺设的装配式轨道结构采用 60 kg/m 钢轨、无缝线路、DTⅥ2 型扣件，轨道结构的预制板尺寸为左线 3 600 mm(长)×2 200 mm(宽)×330 mm(厚)，右线 4 100 mm(长)×2 150 mm(宽)×200 mm(厚)。

3. 现场施工情况

本工程为装配式轨道结构和配套施工装备首次全面应用于城市轨道交通线路。铺板前及铺设过程中就工程示范的要点及注意事项开展了广泛的交流、研讨，确保工程示范能够顺利完成，如图 11-1、图 11-2 所示。铺设施工工艺如图 11-3～图 11-13 所示。

图 11-1　铺板现场考察

图 11-2　铺设前的交流、研讨

图 11-3　减振垫轨道板存放

图 11-4　运板车运输轨道板

图 11-5 轨道板隧道内运输

图 11-6 隧道内卸板

图 11-7 传送到精调车上的轨道板

图 11-8 一代精调车抓板到板初定位的过程

图 11-9 轨道板初定位后测量棱镜、标架的安装

图 11-10 测量数据获取及传输

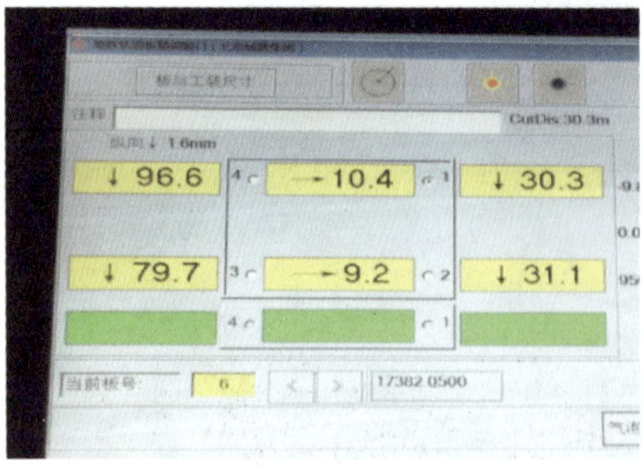

图 11-11 测控系统指挥精调机构开始调板

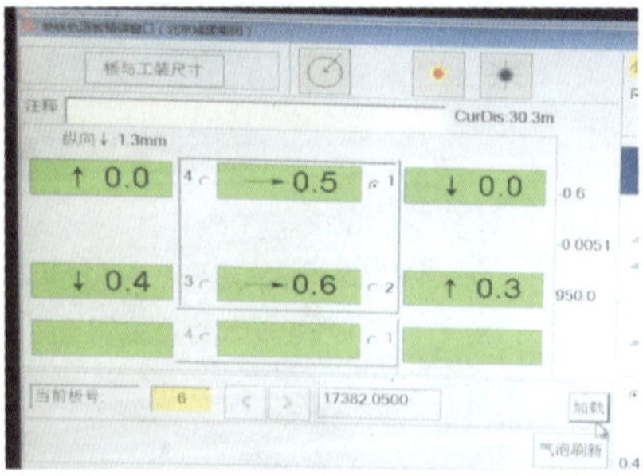

图 11-12 测控系统显示轨道板精调到位

图 11-13　成型的减振垫轨道板轨道结构

11.1.2　应用效果

1. 实施效果总体评价

(1)装配式减振轨道方案因取消了现场铺垫的环节，降低了施工单位的现场工作量，且工厂内板垫复合牢靠，美观性也较，得到了施工单位的一致认可。

(2)研制的施工装备功能全面，具备自动化运板、卸板、调板等功能。装备自动调板的定位精度不低于人工铺设轨道板的精度。对于轨道板的高程、中线偏差，采用本施工装备后轨道板的定位精度最高可控制在±0.5 mm 以内，纵向偏差因要求不高，一般控制在±2 mm 以内即可满足设计要求。

(3)采用本套施工装备施工时，因具有不需对轨道板进行粗铺放线，调板速度比人工调板快，现场钢筋绑扎工作量小，人工精调工作量降低等特点，故简化了施工工序，减小了现场施工工作量，提升了施工效率。经施工单位初步测算，综合进度比传统轨道板轨道施工提高 100%以上。

2. 主要技术经济指标

(1)第三方室内试验给出的效果评估结论

自振特性测试结论：减振垫轨道板道床竖向自振频率为 15 Hz，振动阻尼比为 8.4%，300 万次疲劳试验后减振垫轨道板竖向自振频率为 14.5 Hz，振动阻尼比为 7.6%，300 万次疲劳试验前后减振垫轨道板竖向自振特性未发生明显变化。

静载试验结论：在试验所施加荷载范围内，轨道板均为弹性变形，无开裂现象发生，满足轨道结构强度要求。

落锤冲击试验结论：减振垫轨道板减振效果为 11.8 dB，且疲劳试验前后的减振效果相差很小，变化幅度不超过 5%。

减振垫动静刚度比测试结论：三组减振垫试件动静刚度比均约 1.15，满足设计要求。

(2)第三方线上测试给出的效果评估结论

①普通整体道床隧道壁 VL_{zmax} 为 80.3 dB，装配式减振轨道隧道壁 VL_{zmax} 为 69.5 dB，插入损失 ΔVL_{zmax} 为 10.8 dB，满足设计要求的高等减振需求。

②实测列车通过时减振垫道床的轨道板竖向动位移为 1.00～1.20 mm，钢轨竖向位移为 1.43～1.67 mm，满足设计对竖向动位移的控制要求。

隧道壁、钢轨及道床测点如图 11-14 所示。

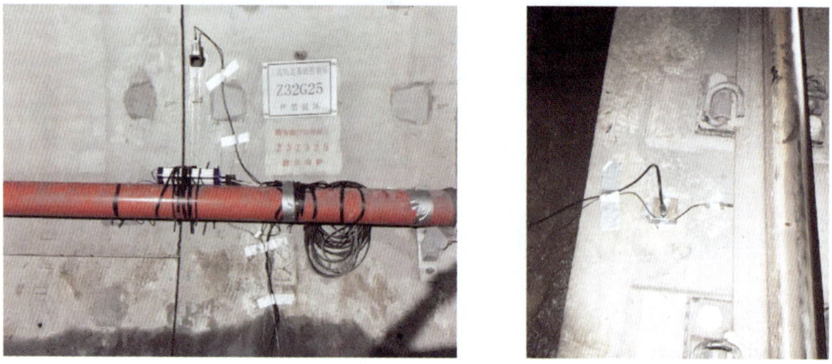

图 11-14 隧道壁、钢轨及道床测点

11.2 工程示范二

11.2.1 工程方案

1. 工程概况

苏州地铁 5 号线路全长 44.2 km，地下线 43.842 km，地面线 0.358 km。该工程设计最高时速 80 km，采用标准 B 型车，6 辆编组，DC 1 500 V 架空接触网供电。装配式轨道示范段位于上供路—木渎南区间左线盾构区间，长度 414 m。

2. 主要设计方案

示范段装配式轨道由钢轨、扣件、轨道板(含隔离层)、钢纤维细石混凝土填充层等部分组成。采用与填充层一体化施工的凸台限位，限位凸台与预制板之间通过缓冲层隔离。

(1)轨道板采用工厂化制作。轨道板为非预应力结构，混凝土强度 C50。规格长×宽×厚为 3 450 mm×2 200 mm×330 mm，为提高隧道断面的适应能力，矩形断面两端靠下的边角进行倒棱处理。

(2)轨道板底部首次采用了厂内喷涂改性聚氨酯隔离材料的方法实现与下部填充层的隔离，如图 11-15 所示。省去了传统轨道板隔离层与限位凹槽采用人工现场铺设施工的工序，在简化施工工序的同时，提高了绝缘性能，有利于杂散电流防护。

图 11-15 厂内喷涂完隔离层的轨道板

(3)板下填充层首次采用了C40钢纤维细石混凝土,如图11-16所示,连同两侧水沟一次浇筑成型,取消了以往板下需采用混凝土底座及板下调整层的两层结构,且填充层内无需绑扎钢筋。在确保板下填充层抗裂性满足要求的同时,大幅简化了施工工序。需说明的是,板下填充层的性能对于装配式轨道结构至关重要。因钢纤维细石混凝土为国内首次在轨道板下填充层中采用,为确保应用效果,在实施前通过抗裂性检算及多次的厂内试配及揭板试验后,最终确定了钢纤维细石混凝土的技术条件。

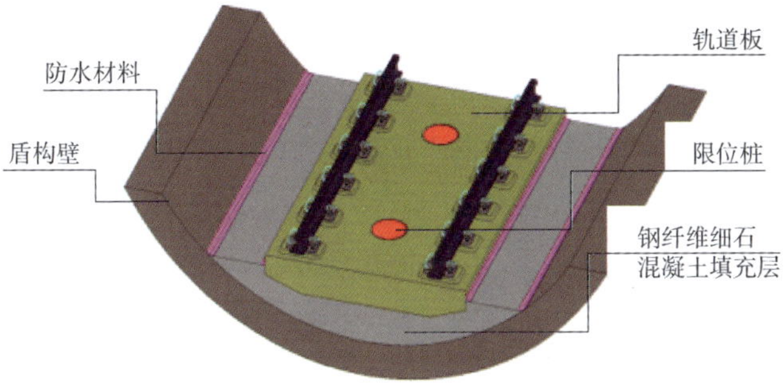

图11-16　装配式轨道结构

(4)限位凸台在填充层灌注时插入钢筋笼,连同填充层同步浇筑完成。

(5)板缝处无过轨需求及排水需求地段,填充C40补偿收缩混凝土以消除板缝。

3. 现场施工情况

现场施工采用了全系列装配式轨道施工专用装备,运输、精调、灌注全过程的机械化施工和无轨化作业,如图11-17所示。

图11-17　系列化施工装备

(1)自变形轮胎式轨道施工车可根据现场施工的断面结构尺寸,进行调节变形,以满足圆形隧道、矩形隧道及马蹄形隧道的施工要求。此类装备已在上海、深圳等多个城市的地铁中推广应用。

(2)自变形轮轨式混凝土施工车是集混凝土运输、搅拌、浇筑布料等功能于一体的新型施工装备。该设备满足矩形隧道断面、马蹄形隧道断面、圆弧形隧道断面及桥梁桥面等工况施工要求。为提高施工效率,长距离行走时,用内轨行走系统在标准轨道上高速行驶,到达作业面时,变跨到外轮胎运行布料;短距离行走时,直接用外轮胎行驶运输并布料施工。钢纤维细石混凝土通过此装备运至工作面进行灌注。此类装备已在上海、深圳等多个城市地铁中推广应用。

(3)本项目首次采用了三代精调车,是试验段施工装备方面的一大亮点。研发了“测-控-调”一体化自动精调技术及精调装备。通过测控系统指挥全站仪和精调设备自动完成轨道板位置测量、调整量计算、形位调整等作业程序,实现了轨道板快速、自动调整到位,如图 11-18 所示。

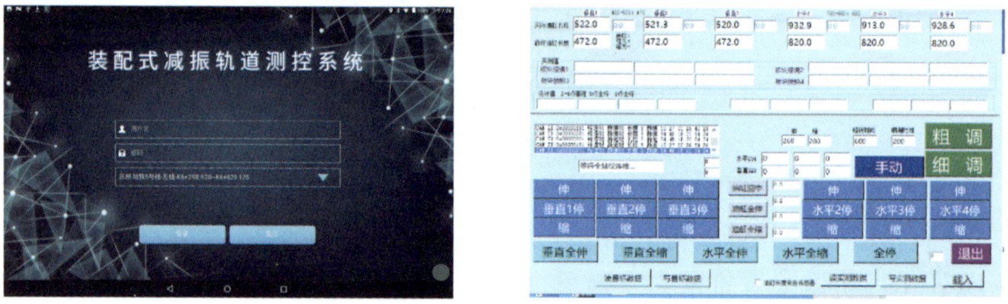

图 11-18 新版装配式轨道测控系统

(4)示范段采用的施工工艺。通过采用新一代的装配式轨道形式及配套专用施工装备,使得施工工序相比传统预制板轨道结构施工大幅简化,主要工序包括控制网测试、轨道板的铺设及精调、钢纤维细石混凝土灌注、安装扣件及钢轨精调、板缝回填及水沟防水等,体现了装配化施工的理念。

11.2.2 应用效果

1. 实施效果总体评价

示范段的应用表明,装配式轨道技术较传统预制板轨道结构技术优势明显。节省工序 10 余道,用工数量减少约 70%,综合施工进度提高约 2 倍。基底填充层采用钢纤维细石混凝土后,省去了传统预制板轨道结构基底填充层中的钢筋设计,且相比传统自密实混凝土填充层,大幅降低了对拌制、运输及浇筑过程的施工控制难度。轨道板采用厂内喷涂型隔离材料的方法实现轨道板与填充层的隔离,在简化施工工序的同时,提高了绝缘性能,有利于杂散电流的防护。采用了系列化的轨道施工专用装备,实现了涵盖运输、铺设、精调、灌注全过程的机械化施工和无轨化作业。开通运营至今,示范段的应用效果优良,轨道状态正常,车辆运行平稳,维保工作量少。

2. 主要技术经济指标

(1)关键技术指标比传统预制板轨道结构有大幅提升,节省工序 10 余道,填充层灌注效率提高约 3 倍,综合施工进度提高约 2 倍。

(2)通过精调装备及测控系统的研发，真正实现了轨道施工专用装备的系列化，为实现涵盖运输、铺设、精调、灌注全过程的机械化施工和无轨化作业提供了重要支撑。

(3)钢纤维细石混凝土的采用，省去了传统预制板轨道结构中的钢筋设计，降低了传统自密实混凝土的拌制、运输及浇筑要求，大幅降低了施工质量控制难度。

装配式轨道示范段的实施表明，装配式轨道技术通过创新轨道结构形式、简化轨道施工工艺、研发成套铺轨装备等工作，实现了轨道结构的智能化装配及绿色建造。该技术具有施工工序简单、施工速度快、施工精度高、轨道平顺性好、劳动强度低、用工数量少等诸多优点。

11.3　工程示范三

11.3.1　工程方案

1. 工程概况

杭州地铁 19 号线(杭州机场轨道快线)全长 59.14 km，其中地下线长 47.105 km，高架段长 12.034 km。本工程设计最高时速 120 km，采用市域 A 型车，6 辆编组，DC 1 500 V 架空接触网供电。本工程在创景路站至海创园站区间、萧山国际机场站至永盛路站区间采用了装配式轨道建造技术，示范工程总长 10.2 km。

2. 主要设计方案

装配式轨道结构采用 60 kg/m 钢轨、无缝线路、DTⅢ2-1 型扣件。轨道板尺寸：直线及 $R>500$ m 曲线地段为 4 700 mm(长)×2 200 mm(宽)×330 mm(厚)；$R\leqslant 500$ m 地段为 3 500 mm(长)×2 200 mm(宽)×330 mm(厚)。

3. 现场施工情况

本工程为装配式轨道技术首次应用于最高时速 120 km 的市域快线级别线路上。结合机场轨道快线的工程特点及运营的实际需求，开展了大量的技术交流、设计优化、厂内试验工作。创新性地采用了调轨法施工工法，即先进行轨道板粗铺，然后安装钢轨、扣件、两侧水沟模板及抗上浮工装，采用轨检精调小车精调轨道，最后浇筑钢纤维混凝土一次成型。施工现场情况如图 11-19～图 11-32 所示。该工法省去了轨道板精调步骤，优化了施工工艺，减少了工序时间，大幅提高了施工效率，加快了施工进度，是装配式轨道技术应用于地铁工程领域的突破和创新。

图 11-19　首件验收

图 11-20　铺板方案讨论

图 11-21 轨道板吊运

图 11-22 轨道板提前安装好垫板

图 11-23 轨道板定位放点

图 11-24 轨道板铺设

图 11-25 轨道板粗铺

图 11-26 安装钢轨、扣件

图 11-27 水沟模板安装

图 11-28 抗上浮装置安装

图 11-29　轨道精调

图 11-30　钢纤维混凝土浇筑

图 11-31　道床养护

图 11-32　运营效果

11.3.2　应用效果

装配式轨道建造技术在杭州地铁 19 号线工程做了进一步完善，据统计，装配式轨道技术示范段铺轨日进度达 120 m 以上，用工数量降低 70%左右，比城市轨道交通传统预制板轨道技术的施工工序大幅简化，得到了业主单位、施工单位的广泛好评。装配式轨道技术作为推动城市轨道交通工业化、绿色建造技术发展的重要途径之一，对于杭州地铁线路轨道技术水平的提升也起到了重要的引领、示范作用。

11.4　工程示范四

11.4.1　工程方案

1. 工程概况

苏州市轨道交通 8 号线全长 36.8 km，全部为地下线。本工程设计最高时速 80 km，采用 B 型车，6 辆编组，DC 1 500 V 架空接触网供电。全线采用装配式轨道建造技术。

2. 主要设计方案

装配式轨道结构采用 60 kg/m 钢轨、无缝线路、DTⅢ2-2 型扣件。轨道板尺寸，直线及 $R>800$ m 曲线地段为 5 850 mm(长)×2 200 mm(宽)×330 mm(厚)，$R\leqslant 800$ m 地段为 3 470 mm(长)×2 200 mm(宽)×330 mm(厚)。

3. 现场施工情况

本工程轨道板施工主要采用逆作法，即先进行轨道板粗铺，然后采用精调标架进行轨道板精调，安装两侧水沟模板，浇筑钢纤维混凝土一次成型，最后再安装扣件、钢轨。施工现场情况如图 11-33～图 11-44 所示。

图 11-33　基底清理

图 11-34　测量放线

图 11-35　轨道板运输

图 11-36　轨道板粗铺

图 11-37　轨道板精调

图 11-38　水沟模板安装

图 11-39　浇筑前清理

图 11-40　混凝土浇筑

图 11-41　混凝土收面

图 11-42　道床养护

图 11-43　钢轨扣件安装

图 11-44　装配式轨道铺设完毕

该工法采用先铺板、后铺轨的施工工艺，减少了道床浇筑前的钢轨、扣件安装工序干扰，提高了施工效率，加快了施工进度，是装配式轨道技术应用于地铁工程领域的突破和创新。

11.4.2　应用效果

苏州市轨道交通8号线工程铺设完成后，获得了业主的高度评价。苏州市轨道交通8号线工程全线采用了装配式轨道技术方案(包含正线、道岔区和内置泵房等区段)。现场应用表明，装配式轨道技术较传统预制板轨道结构技术优势明显。相较于传统预制板轨道结构施工方案,有施工工序简单、施工速度快、劳动强度低、用工数量少、施工质量好等诸多优点。装配式轨道技术已成为当前轨道技术的主要发展方向,对于提高轨道工程建设质量、提高铺轨效率、缓解劳动力紧缺、方便轨道维修及改造等具有重要作用,同时引领了城市轨道交通工业化、绿色建造技术的发展,对于推动行业科技进步作用巨大。

参考文献

[1] 杨秀仁,陈鹏,高亮,等.城市轨道交通智能装配式减振轨道系统成套技术[J].都市快轨交通,2019,32(6):51-55.

[2] 杨秀仁,廖翌棋,陈鹏,等.城市轨道交通智能装配式减振轨道自动铺装测量控制系统的设计与研究[J].都市快轨交通,2020,33(3):8-11.

[3] 厉敏辉,王博,杨秀仁,等.城市轨道交通预制板轨道弹性部件的研制及应用[J].都市快轨交通,2020,33(6):50-56.

[4] 王占生,陈鹏,徐寿伟,等.装配式轨道成套技术在苏州地铁中的优化应用[J].都市快轨交通,2021,34(5):100-104.

[5] 陈鹏,辛涛.橡胶垫浮置板轨道变形控制及减振分析[J].北京交通大学学报,2018,42(1):34-39.

[6] 杨秀仁,陈鹏,高亮,等.城市轨道交通轨道结构装配化建造关键技术及应用[J].建设科技,2022(7):42-44.

[7] 吴鲁京,陈鹏,许四喜,等.装配式轨道杂散电流防护设计模型试验[J].都市快轨交通,2022,35(6):158-162.

[8] 杨秀仁.地铁车站装配式结构建造技术研究与应用[J].隧道建设(中英文),2022,42(3):345-354.

[9] 杨秀仁.城市轨道交通轨道工程技术与应用[M].北京:中国建筑工业出版社,2016.

[10] 李林凌,王博,张浩勤,等.阻尼技术与工程应用[M].北京:化学工业出版社,2017.

[11] 杨秀仁.明挖地铁车站预制装配结构理论与实践[D].北京:北京交通大学,2020.

[12] 北京城建设计发展集团股份有限公司,安徽兴宇轨道装备有限公司,浙江天铁实业股份有限公司.一种预制板式减振轨道结构系统及配套施工方法:105625104B[P].2018-08-24.

[13] 北京城建设计发展集团股份有限公司,北京交通大学.轨道交通用预制板式减振轨道结构:105525541B[P].2018-05-18.

[14] 北京城建设计发展集团股份有限公司.一体灌装式预制板减振轨道结构:105603833B[P].2018-03-20.

[15] 北京城建设计发展集团股份有限公司,浙江天铁实业股份有限公司.用于轨道交通道床板下部的键状隔振垫:105648848B[P].2018-05-15.

[16] 北京城建设计发展集团股份有限公司,浙江天铁实业股份有限公司.无弹性损失的弹性片材与硬质材料点式复合连接方法:105604193B[P].2017-11-03.

[17] 北京交通大学,北京城建设计发展集团股份有限公司.城市轨道交通用预制板式减振轨道结构综合检测方法:105651502B[P].2019-02-19.

[18] 北京城建设计发展集团股份有限公司,北京交通大学. 预制式减振轨道板施工方法:105625105B[P]. 2017-09-26.
[19] 北京城建设计发展集团股份有限公司,北京安捷工程咨询有限公司. 一种安装城市轨道交通板式轨道结构自动控制方法:105603839B[P]. 2017-03-22.
[20] 陈鹏. 高速铁路无砟轨道结构力学特性的研究[D]. 北京:北京交通大学,2009.
[21] 赵磊. 高速铁路无砟轨道空间精细化分析方法及其应用研究[D]. 北京:北京交通大学,2015.
[22] 曲村. 高速铁路长大桥梁无砟轨道无缝线路设计理论及方法研究[D]. 北京:北京交通大学,2013.
[23] 陈杨,李成辉. CRTS Ⅰ型板式无砟轨道凸型挡台纵向力分析[J]. 路基工程,2010(4):28-30.
[24] 赵国堂,高亮,赵磊,等. CRTS Ⅱ型板式无砟轨道板下离缝动力影响分析及运营评估[J]. 铁道学报,2017,39(1):1-10.
[25] 熊德辉. 高速铁路 CRTS Ⅲ型板式无砟轨道养护维修技术研究[D]. 北京:中国铁道科学研究院,2014.
[26] 王其昌,韩启孟. 板式轨道设计与施工[M]. 成都:西南交通大学出版社,2002.
[27] 高亮. 轨道工程[M]. 北京:中国铁道出版社,2010.
[28] 赵国堂. 高速铁路无碴轨道结构[M]. 北京:中国铁道出版社,2006.
[29] 李成辉. 轨道[M]. 成都:西南交通大学出版社,2005.
[30] 广钟岩. 铁路无缝线路[M]. 北京:中国铁道出版社,2005.
[31] 范俊杰. 现代铁路轨道[M]. 北京:中国铁道出版社,2004.
[32] 何华武. 无碴轨道技术[M]. 北京:中国铁道出版社,2005.
[33] 郭超. 钢弹簧浮置板道床的减振性能及养护维修分析研究[D]. 成都:西南交通大学,2017.
[34] 曹德志. 时速 200 km 及以上有砟轨道铺砟整道及精调技术[J]. 高速铁路技术,2010,1(4):58-61.
[35] 屈文波. 城市轨道交通工程多种轨道结构施工技术研究[D]. 成都:西南交通大学,2013.
[36] 严隽耄. 车辆工程[M]. 北京:中国铁道出版社,1993.
[37] 黄学群,唐敬麟,栾桂鹏. 运输机械选型设计手册[M]. 北京:化学工业出版社,2011.
[38] 闻邦椿,张义民,鄂中凯,等. 机械设计手册[M]. 北京:机械工业出版社,2015.